若者が考える「日中の未来」vol.3

日中外交関係の改善における
環境協力の役割

― 学生懸賞論文集 ―

元中国大使
宮本 雄二 監修　日本日中関係学会 編

日本僑報社

まえがき

　日本日中関係学会（会長：宮本雄二元中国大使）が 2016 年に募集した第 5回宮本賞（学生懸賞論文）の受賞論文 15 本を全文掲載し、皆様にお送りします。受賞したいずれの論文にも、若者らしい斬新な切り口と興味深い分析が溢れており、これから日中関係を発展させていくうえで、貴重なヒント、手掛かりを提供してくれるものと確信いたします。

　第 5 回宮本賞では、「学部生の部」で 38 本、「大学院生の部」で 24 本、合計 62 本の応募がありました。応募論文数は第 1 回（2012 年）12 本、第 2 回（2013 年）27 本、第 3 回（2014 年）49 本、第 4 回（2015 年）51 本と増えてきましたが、今回はさらに前年を上回りました。中国大陸の多くの大学からも応募があり、論文のレベルも年々向上著しいものがあります。

　2016 年 12 月に審査委員が集まり、厳正な審査を行った結果、「学部生の部」の最優秀賞に苑意・李文心さん「日中外交関係の改善における環境協力の役割 ―歴史と展望―」、「大学院生の部」の最優秀賞に楊湘云さん「21 世紀中国における日本文学翻訳の特徴～文潔若『春の雪』新旧訳の比較を通して～」をそれぞれ選出しました。このほか「学部生の部」で優秀賞 3 本、特別賞 4本、「大学院生の部」で優秀賞 3 本、特別賞 3 本をそれぞれ選びました。

　「宮本賞」のテーマは「日本と中国ないし東アジアの関係に関わる内容の論文、レポート」です。また分野は政治・外交、経済・経営・産業、文化・教育・社会、環境、メディアなどと幅広く設定しております。

　ただ、単なる学術論文やレポートではなく、論文内容がこれからの日中関係にどのような意味を持つか、提言も含めて必ず書き入れていただいています。今回の受賞論文の中にも、日中関係の改善のために環境協力の面でどのようなことができるか、中国に進出している日系企業が成功するにはどうしたらよいか、生活系廃棄物を減量させるにはどんな対策が必要か、など傾聴に値する具体的な提言がいくつも見られました。この点が「宮本賞」の他に類を見ない、大きな特徴であろうかと思います。

　日中関係は、これから日中両国にとってだけではなく、この地域全体にとってもますます重要になってまいります。とりわけ若い世代の皆さんの果たす役割は大きいものがあります。若い世代の皆さんが、日本と中国ないし東

アジアの関係に強い関心を持ち、よりよい関係の構築のために大きな力を発揮していただきたい。日中関係学会などの諸活動にも積極的に参加し、この地域の世論をリードしていってもらいたい。宮本賞はそのための人材発掘・育成を目的として創設いたしました。

　宮本賞はすっかり軌道に乗り、日中の若者による相互理解を深める上で、大きな役割を発揮し始めています。2017年も第6回宮本賞の募集を行います。皆様方のご協力を得て、よりすばらしい「宮本賞」にしていけたらと願っております。

日本日中関係学会会長・「宮本賞」審査委員長
宮本雄二

第5回宮本賞（学生懸賞論文）の実施プログラムは、国際交流基金からの助成を受けております。

❖ 目 次 ❖

まえがき ……………………………………………………………… 3

最優秀賞

日中外交関係の改善における環境協力の役割
－歴史と展望－

苑意（東京大学教養学部 3 年）、李文心（東京大学経済学部 3 年）……………… 7

21 世紀中国における日本文学翻訳の特徴
〜文潔若『春の雪』新旧訳の比較を通して〜

楊湘云（北京第二外国語学院日本語言語文学研究科 2015 年 7 月卒業）……… 19

優秀賞

日中関係のカギを握るメディア
－ CRI 日本語部での経験を交えて－

高橋豪（早稲田大学法学部 3 年）………………………………………… 39

日系企業の中国進出についての文化経営研究
－ユニクロを例にして－

王嘉龍（北京第二外国語学院日本語学部 2016 年 7 月卒業）……………… 57

「草の根」の日中関係の新たな構築
〜農業者、農協の交流を通して〜

宮嵜健太（早稲田大学商学部 1 年）……………………………………… 73

日中関係における競争と協力のメカニズム
〜アジア開発銀行（ADB）とアジアインフラ投資銀行（AIIB）の
相互作用を事例として〜

田中マリア（早稲田大学政治学研究科博士課程後期 2016 年 3 月満期退学）……… 85

中日におけるパンダ交流の考察

李坤（南京大学外国語学部博士課程前期 2 年）…………………………… 97

草の根からの日中平和
－紫金草平和運動を中心に－

賈玉龍（大阪大学大学院人間科学研究科博士課程後期 1 年）………………107

特別賞

ハイアールのネット化戦略を読み解く
－日立、アイリスオーヤマとの比較を中心に－
渡邊進太郎（日本大学商学部3年＝代表）、岡野正吾（同4年）、
河合紗莉亜（同2年）、橋本清汰（同2年）・山口掌（同2年）⋯⋯⋯⋯125

日中における東アジアFTA政策
戴岑仔（上海外国語大学日本文化経済学院4年）⋯⋯⋯⋯⋯⋯⋯⋯⋯⋯⋯141

アリババが生む中国的ビジネスイノベーション
－ビジネス・エコシステムの新展開－
小泉裕梨絵（日本大学商学部3年＝代表）、原田朋子（同4年）、林智英（同3年）、
池田真也（同3年）、伊東耕（同2年）、仲井真優豪（同2年）⋯⋯⋯⋯155

爆買いの衰退から見る日中関係
岩波直輝（明治大学経営学部4年）⋯⋯⋯⋯⋯⋯⋯⋯⋯⋯⋯⋯⋯⋯⋯⋯⋯169

大豆貿易の政治的商品への過程
－日中の協力と競争をめぐって－
エバン・ウェルス（アメリカ・カナダ大学連合日本研究センター
ウィスコンシン大学マディソン校歴史学部博士課程後期3年）⋯⋯⋯⋯181

歴史認識と中日の未来
～歴史に学び、歴史に束縛されないように～
勾宇威（北京師範大学歴史学院博士課程前期1年）⋯⋯⋯⋯⋯⋯⋯⋯⋯⋯⋯191

日中における生活系廃棄物減量化について
～ベストプラクティスに見るゴミを減らすためのソリューション～
村上昂音（東京外国語大学総合国際学研究科博士課程後期2年）⋯⋯⋯⋯203

付録⋯⋯⋯⋯⋯⋯⋯⋯⋯⋯⋯⋯⋯⋯⋯⋯⋯⋯⋯⋯⋯⋯⋯⋯⋯⋯⋯⋯⋯⋯⋯218
日中関係学会主催「第5回宮本賞（学生懸賞論文）」募集のご案内⋯⋯⋯218
これまでの主な応募大学一覧⋯⋯⋯⋯⋯⋯⋯⋯⋯⋯⋯⋯⋯⋯⋯⋯⋯⋯⋯221
第5回宮本賞：審査委員会・推薦委員会・実行委員会メンバー⋯⋯⋯⋯⋯222
第1回宮本賞受賞者（2012年）⋯⋯⋯⋯⋯⋯⋯⋯⋯⋯⋯⋯⋯⋯⋯⋯⋯⋯224
第2回宮本賞受賞者（2013年）⋯⋯⋯⋯⋯⋯⋯⋯⋯⋯⋯⋯⋯⋯⋯⋯⋯⋯225
第3回宮本賞受賞者（2014年）⋯⋯⋯⋯⋯⋯⋯⋯⋯⋯⋯⋯⋯⋯⋯⋯⋯⋯226
第4回宮本賞受賞者（2015年）⋯⋯⋯⋯⋯⋯⋯⋯⋯⋯⋯⋯⋯⋯⋯⋯⋯⋯227

最優秀賞

日中外交関係の改善における環境協力の役割
―歴史と展望―

東京大学教養学部3年
苑意

東京大学経済学部3年
李文心

一、日中環境協力の必要性について

　中華人民共和国は建国以来、著しい経済発展を成し遂げる一方、環境面において重い代償を払ってきた。急速な工業化と高い経済成長の背後では、大量の資源・エネルギー消費と汚染物質の排出という環境負担が増加し、環境汚染や生態系の破壊が急速に進行した。産業公害、大気汚染、水汚染、土壌汚染などの環境問題は国全体の生態環境をますます悪化させ、国民の健康を脅かし、経済成長への制約となっている。そして、中国は 20 世紀末から、従来の環境問題に加え、温暖化問題や酸性雨問題をはじめとする地球環境問題にも直面するようになり、二酸化炭素の排出量は世界最大の国となった。

　もちろん、中国政府は環境問題を軽視してきたわけではない。中国政府は 1972 年から環境汚染が深刻であることを認め、翌年から環境保護対策に取り組んできた。1979 年に「環境保護法」が試行され、1989 年に全国で実施された。また、中央や地方の環境行政組織も整備され、中央政府には国家環境保護局が、また各省や主要都市にも環境保護局が置かれ、環境科学研究所や監視測定局も合わせて設置された[1]。

　そして中国は 2006 年に、循環型経済政策を国家政策として採用した。習近平政権期から「生態文明建設」という考え方が提起され、持続可能な発展を目指し、経済発展と環境保護の両立を主軸におくようになった。さらに中国は 2015 年に、「各国が自主的に決定する約束草案」（INDC）を国連気候変動枠組み条約事務局に提出し、「責任ある主要国」として、地球環境問題での国際協力に積極的に参加する姿勢をより鮮明にした。

　確かに、中国の環境立法や環境政策は内容的には充実してきており、環境行政は順調に発展してきているように見える。しかし、実際には中央の指導力の限界や行政・司法制度の未熟、資金と技術の不足など、解決しなければならない問題を数多く抱えている。そしてこれらの問題は現在、中国の環境政策が実効性を発揮するのに大きな障壁となっている。

　一方隣国であり、先進国でもある日本も、高度経済成長期には環境問題・公害問題を経験した。当時日本は、大気汚染や水質汚濁をはじめとする環境悪化、そして水俣病や四日市喘息といった公害による切実な健康被害に直面していたが、市民・企業・行政など各主体の努力によって、これら重大な公害・環境問題を克服してきた。最初に行動したのは公害の被害者である市民

1　　井村秀文・勝原健『中国の環境問題』東洋経済新報社、1995、p11

であった。彼らは公害対策を行うよう住民運動を開始し、全国的な広がりを
みせ、公害対策を行うことでの国民的合意が形成されていった[2]。そして、い
くつかの先進的な自治体が市民の声を受けとめ、国の規制に先行して独自に
公害防止条例を制定したり、自治体と企業との間で公害防止協定を締結させ
たりして、公害を克服すべく努力を行ってきた[3]。

　国の対応は遅れたが、これに続く「公害国会」において環境対策基本法の
制定など公害関連法が整備され、全国の地方公共団体においても公害防止条
例が制定された。また、日本は第一次オイルショックを一大「国難」として
受け止め、産業界は省エネルギーと公害防止の技術開発に資金を注ぎ、実用
化のめどがたつや否や直ちに投資し始めた[4]。このように、1970年代前半か
ら民間の公害防止投資額が急増し、公害防止技術も格段に磨かれていった[5]。
一般廃棄物処理の技術などの面でも進展があり、大型排煙脱硫プロセスや自
動車エンジンの改良、各種の排水処理装置の開発が活発に行われた。また、国
や自治体、大学、企業などによって様々な公害研究が行われ、その過程の中
で「産・官・学」による公害克服への取り組み体制が徐々に整えられていき、
産官学連携によって公害の発生防止やエネルギー・資源の節約を目的とした
技術や装置・設備の開発が行われていった[6]。

　環境保全の重要性をますます認識し始めた中国は、環境改善のためには環
境対策の経験が豊かで最先端の科学技術を持つ隣国の日本に学ぶことが必要
である。同時に、日本は公害を克服した経験とノウハウを蓄積しており、資
金や公害防止・省エネルギー技術、「持続可能な」発展モデルなど、中国に協
力できる分野は大変多い。従って、日中両国は環境問題の解決において、様々
な交流や協力を展開すべきである。

　さらに現代史の経験から学ぶべきことは、環境分野における協力関係の構
築が、国家間の緊張を緩和する糸口になりうることであり、冷戦期ヨーロッ
パの酸性雨外交はその好例である。1979年に条約の署名が開始され、1983年
に発効した長距離越境大気汚染条約（LRTAP）は、欧州全域を対象とした初
めての環境条約であったが、同時にこの政治的枠組みは、米ソ関係が悪化し
た時期において東西の意思疎通が可能な数少ないテーブルでもあった。1985

2　　南川秀樹「日本の公害経験と国際協力」日本公共政策学会年報、1998、p5
3　　南川、前掲論文、p5
4　　米本昌平「地球変動のポリティクス―温暖化という脅威」弘文堂、2011、p72
5　　南川、前掲論文、p6-7
6　　石井邦宜（監修）『20世紀の日本環境史』産業環境管理協会、2002、p73

年のヘルシンキ議定書は、ミサイル危機で東西の緊張が高まった際の緊張緩和策として成立した経緯は見逃せない。つまり、冷戦時代の環境分野での協力は、東西対決に対する政治的な緩衝材の役割をも担ったのである[7]。

この欧州の体験を念頭に、私たちは日中間の環境外交が現在の外交的難局の打破に貢献できると信じている。日中両国は、領土・領海の問題、歴史認識の問題を抱えており、これらはただちに解決されそうにない。また政権が交代すれば指導者の考え方如何で外交政策が変わることもある。特に近年、領土・領海問題や歴史認識の問題をめぐって、両国の関係が悪化しつつある。これに対して、環境分野における協力はイデオロギーや政治的な面から離れ、それとは別個に日中間で協力できる点が多く、共通利益も非常に大きいと考えられる。こうした状況下、環境協力は 21 世紀の日中間に友好的で安定した二国間関係を構築する有力な手段の一つになりうると考える。

有効な環境協力の関係を構築するためには、包括的な枠組みや具体的な政策決定をめぐって関係国の官僚同士が頻繁に交渉し、相手の考えを深く理解し合わなければならない。ゆえに、環境協力対話の開催は、両国が交流を強化するチャンスとなり、相互信頼関係の育成にもつながるはずである。また、エネルギーと環境分野の協力は両国企業間の交流を促進し、貿易と投資分野の協力の深化をもたらし、広い意味での安全保障面も含めた、互恵とウィン・ウィンの成果を促進することができる。両国の関係者の頻繁な相互訪問と共同活動の積み重ねによって、関連分野での日中両国民の交流が促進され、相互の理解と信頼を深めることができると期待される[8]。このように、環境協力が相互交流の一つのチャンネルとして、信頼・互恵関係を築き上げることは、両国間の緊張関係を緩和し、政治的問題の解決の基礎となることが期待できる。

二、 日中環境協力の経緯

日本の対中環境協力は 1980 年代後半から始まり、今日まで様々な分野で交流が継続的に行われてきている。実施の主体は両国の政府だけでなく、地方自治体や大学、研究機関、企業、NGO など多様な機関も関与している。実施形態は政府開発援助（ODA）によるものに限らず、政策対話やセミナー、共

7　米本、前掲書、p69-79

8　小島朋之・厳綱林『日中環境政策協調の実践』慶応義塾大学出版会、2008、p249-255

同研究、人材育成など幅広い活動が展開されてきている。

1988年に開催された日中首脳会談において、日中平和友好条約10周年記念事業として「日中友好環境保全センター」の設立が提案されたことは、日本の対中環境協力の一つの起点となっている。もう一つの起点は、1994年の「日中環境保護協力協定」締結である。これをきっかけに、1990年代には規模の大きいプロジェクト協力が進められた。その中で注目されたのは、1997年に両国総理が合意した「21世紀に向けた日中環境協力」に基づく「日中環境モデル都市構想」や「環境情報ネットワーク構想」というプロジェクトである。また、90年代に日本から派遣された対中環境協力調査団の提案によって「日中環境協力総合フォーラム」が設立され、これが環境保護分野における官民を含めた包括的な対話のプラットフォームとして、政府間協力を推進するとともに、自治体間による独自の環境協力や産業界・NGO等の民間レベルにおける交流を拡大・強化をする機能を果たした。

1990年代は二国間の環境協力交流が活発となり様々な成果が見られたが、2000年代に入ってから、中国の経済面での急速な成長と日本の厳しい経済・財政事情、また中国の継続的な軍備増強など両国間の微妙な政治関係の変化を反映して、ハイレベルでの二国間交流が減少する状況となった。具体的に日本政府は、2001年に「対中国経済協力計画」を新たに公表し、対中国ODAの縮小と援助対象分野の重点化の方向性を打ち出した。

にもかかわらず、中国国内の様々な環境問題が深刻化する中、2006年から日中間の環境協力が再び活発化するようになった。2006年には日中共同主催で第1回「日中省エネルギー・環境総合フォーラム」が開催された。その後毎回、日本側からは経済産業省、環境省、日中経済協会など、中国側からは商務部、国家発展改革委員会、駐日中国大使館などが参加して開かれている。

2007年には「環境保護協力の一層の強化に関する共同声明」が両国の外相間で結ばれ、日中間の環境協力における政策対話や事業構想が再び活発化する契機となった。また、日中エネルギー閣僚政策対話も行われ、日中省エネ環境ビジネスモデル事業や省エネ政策研修の実施なども合意されており、ODA中心から脱却し新しい日中環境協力の方向性が打ち出された。更に同じ年に、両国政府は「環境・エネルギー分野における協力推進に関する共同コミュニケ」や「気候変動問題を対象とした科学技術協力の一層の強化に関する共同声明」を発表し、気候変動対策として技術移転による環境協力の意思を明確に打ち出した。

2008年の日中合意による円借款の新規供与停止を契機に、日本の環境協力

は大きな転換点を迎えた。日本の対中環境協力案件は大幅に減少し、従来の円借款や無償資金協力を中心としたやり方を見直す機運が日本国内で高まってきている。2008 年以降は、有償技術協力や草の根技術協力などの ODA スキームによって、毎年 10 案件前後の対中環境協力事業が行われるようになった。大気汚染関連案件や温室効果ガス削減対応、環境教育、自然災害対策等新たな課題に対応するプロジェクトの増加がその特徴である[9]。

　さらに、中央政府以外にも、地方自治体や民間が主体となった環境協力活動も活発に展開されている。地方自治体レベルでは、姉妹都市間の交流団の派遣・受け入れや研修生の受け入れなどといった独自の事業として行うものと、環境省、外務省や公益法人等の事業を活用して実施しているものがある。そして、民間企業は企業戦略又は社会貢献の一環として、中国側の地方自治体や産業界、企業との連携、日中の NGO などに対する資金的支援などを通じて協力している。また、中国における環境保全ニーズの増大に伴い、日本企業が有する環境保全技術が移転され、環境効率の良い製品が流通することによって、ビジネスを通じて中国の環境保全に貢献できる機会も大きくなっている。

　学術研究機関も日中環境協力の担い手として活躍している。例えば、黄砂問題をはじめとする環境問題について、日中共同研究が行われた。また、日本の多くの大学が中国と協定を結び、学生の受け入れや共同プログラムを実施し、その一環として環境を対象とする教育を行ってきた。その他、日本のNGO も両国の環境協力に大きく貢献し、特に砂漠化地域などにおける植林・緑化事業に取り組んできた[10]。

三、展望

　従来の日中間の環境協力は、両国間の相対的に良好な関係の存在を背景に行われてきた。そして、その環境協力は主に環境分野のみに止まっていた。しかし近年、日中関係は激しい変化と巨大なチャレンジを迎えてきた。2010 年、中国の国民総生産（GDP）が日本を抜き、世界第二位となった。同年の尖閣諸島（釣魚島）中国漁船衝突事件や 2012 年の尖閣諸島国有化により、日中関

9　　科学技術振興機構中国総合研究交流センター『日本政府の対中環境協力の現状及び今後の展望に関する調査研究報告書』科学技術振興機構中国総合研究交流センター、2015、p5-8

10　　環境省「持続可能な社会の構築に向けた日中環境協力のあり方　報告書」2006、p15-22　を参照

係が急速に冷え込んでしまった。さらに、安倍政権主導の集団的自衛権の承認や中国の本格的な東シナ海・南シナ海への海洋進出などにより、日中関係は悪化している。日中関係が国交正常化以来、前例のないほど緊張感が高まってきたことを背景に、今後の日中環境協力はどの方向に向かっていくのか不透明な部分がある。それに対して両国環境協力は現在、両国間に横たわっている外交的難局を打破するために何ができるか。日中両国は環境協力を通じてどのように緊張関係を緩和し、友好関係を築き上げていくか。これは新時代における日中環境協力が直面している重要な課題である。この課題に取り組むために、私たちは以下のようなアプローチを呈示したいと思う。

　まず、日中両国の環境協力関係の健全化を図らなければならない。環境協力を行う過程で、日中両国間でコストの分担や利益の分配が公平な形でなされていないのであれば、両国間の協力関係が健全だとは言えず、協力関係自体も長続きしないと考えられる。日中環境協力は、日中友好時代の日本が片務的に提供する関係から、「両国の比較優位を互いに認識して適切な責任を分担し」、「国際社会が優先する共通課題の解決の実現に向けて、ともに協力していく」[11]という水平関係へ移行すべきであろう。これからの日中両国は、相互の利益を追求しつつ、同時にコストを適切に負担してこそ、両国の間で持続可能な環境協力の仕組みを構築し、対等で協同の運営をすることができる。国際地位の向上や急速な経済成長を遂げている現在の中国は、今までのように日本からの環境協力を単にそのまま受け入れ恩恵を享受するのではなく、これからは日本との協力を通じて、自らの力で環境問題を解決する能力をもっと高めていかなければならない。

　例えば、公害防止技術の移転や人材教育を通じて、中国は独自の技術開発・普及を行えるように努力する必要があり、国内の実状に適した環境技術を低コストで提供できる環境産業の育成をさらに強化すべきである。そして環境対策が厳格に実行されるために、中国政府全体で環境問題への取り組みを強化し、確固たる方針とリーダーシップの確立が必要である。

　具体的には、環境基準・規制などの環境に関する法体系の整備や事業に対する環境アセスメントやモニタリングの厳正な実行、さらには政府による行政指導が必要である。もちろん、中央政府の環境重視政策だけでは不十分である。環境政策の執行を担当する地方組織の能力強化や企業における環境意識の徹底、市民の意識向上も必要である。

11　前掲報告書、p24

地方レベルでは、具体的な問題を処理し解決する能力を高めなければならない。また、企業は幹部や従業員に対する研修や教育を積極的に行い、自発的に環境対策を実行していくように誘導していくことも重要である。そして、国民の一人一人が環境問題の重要性を認識し、国民の意思が国や自治体の施策、企業の行動に反映されるように、政治や行政の制度的仕組みを改善していくことが必要である[12]。このように、中国は環境問題の対処能力を高めることができるのであれば、環境の分野において日本と対等な立場に立つことができ、効果的な環境協力関係の構築ができる。

　次に、健全化した環境協力を通じて、両国の政府と民間の交流チャンネルを増やし、国民間の相互理解を増進しなければならない。環境協力を進めるに当たっては、両国の考え方の接点を見出していく必要がある。そのためには、日中両国の政府関係者は同じテーブルに座り、協力を行いうる課題の前提条件や協力の対象分野、対象地域、協力の主体、手法など、各自果たすべき責任について十分に議論する必要がある。

　特に内政干渉の懸念を払拭させるために、政府を含めた多層で多様な関係者間で、お互いの意図を確認し理解するための政策対話が、絶対不可欠であろう[13]。地方自治体や企業、学術研究機関、NGO なども両国間の環境協力の主要な担い手であり、これらの主体が提携関係で結ばれ、環境分野における両国の民間交流活発化の担い手となることが期待される。そして、活発な民間交流によるプラスの効果は他の分野にも広がり、両国の関係者の頻繁な相互訪問と共同活動の積み重ねによって、互いに対する理解をより一層促進することができる。

　そして地球環境問題の解決につながる多国間の枠組みは、特定の二国間の関係に左右されにくいため、対立に陥った両国間の対話の重要なチャンネルとなる。日中両国ともに参加している多国間の枠組みのうち、日中韓三カ国環境大臣会合（TEMM）はその好例である。1999 年 1 月に開催されてから2016 年 4 月まで、毎年一度、定期的に行われ、一回も中止されたことがない[14]。特に歴史問題や領土紛争で日中・日韓関係が悪化し、首脳会談が開催されにくい近年において、数少ない公式会合として機能してきた。日中両国も今後

12　　井村秀文ら、前掲書、p274-276

13　　米本前掲書、p223

14　　日中韓三か国環境大臣会合日本オフィシャルサイト
　　　（https://www.env.go.jp/earth/coop/temm/aboutus/organization.html）を参考

このような対話のチャンスを更に活用し、より多くの機会を拡大していくべきである。

また、日本の環境協力が中国国内で適切に評価されることも大事である。両国協力の実施状況や成果について、的確に両国民に伝えるよう努力し、両国民の理解を得るよう、政府やメディアは責任を尽くさなければならない[15]。特に、両国とも相手国への好感度が低下している現在、お互いのマイナス面ばかりに注目し自国民に伝えることは、外交関係の改善にはつながらない。環境協力などの成果が適切に伝わらないと、国民間の誤解や偏見の軽減、修正にはつながらない。真の理解と信頼のためには、やはり直接の人的交流も重要である。前述した環境問題に対する共同研究や教師・学生の交換プログラムはもちろん大切であるが、研究・学術面での交流に留まらず、より広く一般市民の草の根交流をいかに促進するかも大事な課題である。以上のように、両国間の交流のチャンネルの増加と相互理解・信頼の増進は、日中間の緊張関係の緩和と友好関係の強化に寄与することができる。

さらに日中環境協力は、日本と中国との狭い二国間関係のみで見るのではなく、地域的・広域的な視点に立つことが重要である。温暖化問題における協力を例とすると、日中両国は様々なチャレンジに直面しながら、協力できる余地が十分あると考えられる。一方、中国は様々な環境問題を抱えると同時に、世界最大のCO_2排出国であり、急成長した国でもある。他方東シナ海を隔てた東隣の日本は、国内の省エネ・公害防止投資をほぼ一巡させ、循環型社会に取り組んできた先進国である。温暖化問題でこれほど非対称的な国が隣り合わせになっている地域は、世界に例がない。

しかし、この非対称性があるからこそ、考え抜かれた政治的枠組みがさらに重要となり、より深い協力関係が築き上げられる可能性があると考えられる[16]。温暖化問題へ積極的に取り組む姿勢を示した中国は、環境改善のノウハウや技術力が高く人材が豊かな日本と、需要と供給を合致させることができるはずである。地球温暖化問題という世界共通の脅威に向けて、日中両国は手を携え、より深い協力関係を築けば、共通の利益を生み出しうるはずである。

さらに、経済と環境の両立案を積極的に模索している中国は、アジア地域のほかの途上国のモデルにもなりうる。現在中国が直面している国内の深刻

15　前掲報告書、p34

16　米本、前掲書 p221、222、228 ; 前掲報告書、p28

な環境問題は、単に中国一国の問題ではなく、アジアの発展途上国が共通して抱えている問題である。アジア諸国はそれぞれ制度や経済状況が違い、異質性があるが、環境改善と経済成長を共に求めれば、様々な協力を必ずや展開できるだろう。

　例えば、アジア諸国共有の環境問題の解決を目標とする国際的な枠組みを設ける可能性を考えるべきである。そのためには、各国間の環境外交の推進を支える学術的研究が不可欠である。特にデータの科学的客観性や透明性、外交的有用性を確保することが重要である。なぜなら、学術的研究は環境関連の外交交渉の土台となるデータの収集・編纂・評価を提供し、外交交渉の基盤を形成する役割を果たすことができるからである。

　信頼に足る科学データの収集や継続的な提供は、安定し且つ持続可能な政策の制定やアジア地域間の環境協力枠組みの構築につながる[17]。これによって、各国の環境外交における国益の競合が抑えられ、地域全体の環境改善と国民生活水準の向上という共通の利益が生み出されることが期待できるだろう。ここで、アジアの大国としての日中両国は、これを意図した学術的研究を協力して行う必要がある。今までの環境協力を通じて積み上げられてきた経験やノウハウを活かし、日中両国は環境保護分野におけるそれぞれの経験と強みを持ち寄って、アジア地域の環境ガバナンス構築に向けた取り組みを共同でリードしていくことは、両国の共通利益の実現につながり、地域の安定にも寄与できるはずである。これによって、日中両国間の良好な関係の発展にも役立つであろうと確信している。

　日中両国は歴史問題と領土紛争に拘るべきではなく、環境問題の解決を伝統的な安全保障問題と同格なレベルに格上げし、長い目で両国にとって共通利益となる環境保護協力に取り組むべきだと考える。政府レベル、民間レベルの交流を同時進行させることによって、交流のチャンネルを増やし、両国間の真の理解を促進し、真の信頼関係を構築することが最優先課題とされるべきだと思う。環境協力を端緒に信頼関係を築き上げられてこそ、両国の緊張関係が緩和され、外交的難局が緩和され、敏感な政治問題が円滑に解決される可能性が生まれるだろう。さらに、環境大国であり、アジアにおける最大の先進国である日本と、急速な経済成長を達成しながらも、深刻な環境問題を抱える中国とが手を繋げば、それは同時にアジア全域の環境協力を促進し、地域全体の平和と安定にもつながりうると信じている。

17　　米本、前掲書、p69-70

参考文献：

井村秀文・勝原健『中国の環境問題』東洋経済新報社、1995 年。

石井邦宜（監修）『20 世紀の日本環境史』産業環境管理協会、2002 年。

榧根勇等編 『叢書 現代中国学の構築に向けて（５）中国の環境問題』日本評論社、2008 年。北川秀樹『中国の環境政策とガバナンス―西北部における環境保全の視座から』龍谷政策学論集、2014 年。

小島朋之・厳綱林『日中環境政策協調の実践』慶応義塾大学出版会、2008 年。南川秀樹『日本の公害経験と国際協力』日本公共政策学会年報、1998 年。

米本昌平『地球変動のポリティクス―温暖化という脅威』弘文堂、2011 年。

科学技術振興機構中国総合研究交流センター『日本政府の対中環境協力の現状及び今後の展望に関する調査研究報告書』科学技術振興機構中国総合研究交流センター、2015 年。

環境省『持続可能な社会の構築に向けた日中環境協力のあり方 報告書』、2006 年。

包茂紅著・北川秀樹監訳『中国の環境ガバナンスと東北アジアの環境協力』はる書房、2009 年。

日中韓三か国環境大臣会合日本オフィシャルサイト

（https://www.env.go.jp/earth/coop/temm/aboutus/organization.html）

18

最優秀賞

21世紀中国における
日本文学翻訳の特徴
～文潔若『春の雪』新旧訳の比較を通して～

北京第二外国語学院
日本語言語文学研究科 2015 年 7 月卒業
楊湘云

はじめに

　中国が 1979 年に改革開放政策に踏み出してから、文芸界にも多様な方向が現れ、日本文学の翻訳面においても著しい発展がみられる。特に 21 世紀に入り、日本文学を含む外国文学の翻訳界では今までにない活況を呈し、既に翻訳された日本の優秀な作品に、更に修正、潤色などを加えて再度出版する動きが現れている。それとともに旧訳と新訳を比較することを通じて、新訳にどういう変化が現れたかを考察する研究、議論が注目を集めるようになった。

　まず日本での研究を見てみよう。四方田犬彦（2005）の「訳と逆に。訳に。―金時鐘による金素雲『朝鮮詩集』再訳をめぐって―」[1]では、金素雲の旧訳と金時鐘の新訳を比較し、時代変化を背景にそれぞれの特徴を明らかにした。尹永順（2011）の「中国語訳『鍵』のイデオロギーによるリライトについて―性に関わる表現を中心に―」[2]では、同じ翻訳者による谷崎潤一郎『鍵』の旧訳と新訳を比較し、そこから見られる翻訳者のイデオロギーの変化を論じた。

　中国では、宿久高（2012）は「論日本文学作品漢訳中的異化現象―以山崎豊子作品的漢訳為例―」[3]で、違う訳者が違う年代に訳した『白色巨塔』を対象に、外国作品の翻訳にあたって表れる現象の例を分析した。余知倚（2012）は「従翻訳語境視角看余光中対『老人与海』的重訳」[4]において、75 の事例を抽出し、重訳の深層原因を究明した。中国において新旧訳の対照に関する研究はほとんど「同じ作品に対する異なる訳本」を対象としたものであり、「同じ訳者による異なる時代」の訳本に関する研究は見当たらない。

　本論文では文潔若[5]が訳した三島由紀夫の小説『春の雪』を研究対象にし、

1　　四方田犬彦　「訳と逆に。訳に。―金時鐘による金素雲『朝鮮詩集』再訳をめぐって―」[J]
　　　言語文化　2005 年 3 月第 22 号　p118-142

2　　尹永順　「中国語訳『鍵』のイデオロギーによるリライトについて―性に関わる表現を中心に―」[J]　通訳翻訳研究　2011 年第 11 号

3　　宿久高　「論日本文学作品漢訳中的異化現象―以山崎豊子作品的漢訳為例―」[J]　解放軍外国語学院学報　2012 年第 35 巻第 2 期

4　　余知倚　「従翻訳語境視角看余光中対『老人与海』的重訳」[D]　修士論文　2010 年

5　　文潔若は中国の有名な女性翻訳家であると同時に日本文学研究の専門家である。個人として日本文学をもっとも多く翻訳した翻訳家である。半世紀にわたって 14 部の長編小説、18 部の中編小説、100 部を超えた短編小説を翻訳し、「日本文学」シリーズ 19 巻を編集した。翻訳した文字数は 800 万字を超えた。2000 年日本外務大臣表彰賞、2002 年日本の瑞宝章、2012 年中国翻訳家協会の文化終身成就賞を受賞した。

新旧訳の異なる箇所を事例として取りあげ、統計、分類などを行い、同じ訳者の新旧訳の比較を通じて21世紀中国における日本文学翻訳の特徴を明らかにすることを目的とする。

　本論文は三つの部分からなっている。第1章では2000年以降、同じ訳者による日本文学の新訳の全体的な出版状況を概観する。第2章では研究対象とする文潔若の『春の雪』の旧訳と新訳について、異なる箇所を取り上げて分析する。第3章ではさらに、新訳に見られる訳語の異国化翻訳傾向について考察を加える。この過程で21世紀における日本文学翻訳の特徴を明らかにしたい。

第1章　同じ訳者による日本文学新訳の翻訳状況

1-1　同じ訳者による新訳の出版状況

　20世紀中国における日本文学の翻訳について、王向遠（2001）は著書『二十世紀中国日本翻訳文学史』[6]で詳しく紹介している。この中で、王は中国における日本文学の翻訳と紹介を五つの時期に分けている。第五の時期は改革開放から現在まで（1979-2000年）の期間であり、約1400部の作品が訳された。20世紀すべての訳本の三分の二を占めている。

　特に21世紀に入ってからの出版市場は、これまでにない活況を呈している。日本文学の主力出版社、上海訳文出版社を例にすると、2001年から2012年の10年間、約250部の日本文学の訳本が出版された。筆者は、21世紀に入ってから一部の翻訳家が以前に訳した作品を訳し直し、再び出版する動きがあることに気付いた。旧訳に更に修正が行われた新訳本は、斬新な姿で再び市場に現れた。ここで同じ訳者による新訳の出版状況を次の表にまとめてみる。

表1-1 同じ訳者による日本文学新訳の出版状況

訳者	作品名	旧訳	新訳
唐月梅	春の雪 春雪	中国文聯出版 1986	上海訳文出版社 2010
	金閣寺 金閣寺	作家出版社 1995	上海訳文出版社 2009
	太陽と鉄 太陽与鉄	中国文聯出版 2000	上海訳文出版社 2012
	仮面の告白・潮騒 假面的告白・潮騒	作家出版社 1995	上海訳文出版社 2009

6　　王向遠　『二十世紀中国日本翻訳文学史』[M] 北京師範大学出版社　2001年3月第1版

	愛の飢渇・午後の曳航 愛的飢渇・午後曳航	作家出版社 1995	上海訳文出版社 2009
	華麗なる一族 浮華世家	上海訳文出版 1981	東方出版社 2006
	古都・雪国 古都・雪国	山東人民出版 1981	南海出版社 2010
許金龍	奔馬 奔馬	作家出版社 1995	上海訳文出版社 2010
汪正球	純白の夜 純白之夜	作家出版社 1999	上海訳文出版社 2011
林少华	金閣寺 金閣寺	花城出版社 1992	青島出版社 2010
	ノルウェイの森 挪威的森林	漓江出版社 1989	上海訳文出版社 2014
	風の歌を聴け 且聴風吟	上海訳文出版社 2001	上海訳文出版社 2014
	1973年のピンボール 一九七三年的弾子球	上海訳文出版社 20C1	上海訳文出版社 2014
	羊をめぐる冒険 尋羊冒険記	漓江出版社 1997	上海訳文出版社 2014
	ダンス・ダンス・ダンス 舞！舞！舞！	漓江出版社 1989	上海訳文出版社 2014
	世界の終りとハードボイルド・ワンダーランド 世界的尽頭与冷酷仙境	漓江出版社 1992	上海訳文出版社 2014
	国境の南、太陽の西 国境以南、太陽以西	上海訳文出版社 2001	上海訳文出版社 2014
	スプートニクの恋人 斯普特尼克恋人	上海訳文出版社 2C01	上海訳文出版社 2014
	ねじまき鳥クロニクル 奇鳥行状録	訳林出版社 1997	上海訳文出版社 2014
	海辺のカフカ 海辺的卡夫卡	訳林出版社 2003	上海訳文出版社 2014
文潔若	日本の黒霧 日本的黒霧	人民文学出版社 1965	人民文学出版社 2012
	深層海流 深層海流	国際文化出版社 1987	人民文学出版社 2012
	天人五衰 天人五衰	中国友誼出版社 1990	重慶出版社 2014
	春の雪 春雪	中国友誼出版社 1990	重慶出版社 2014
竺家栄	失楽園 失楽園	珠海出版社 1998	作家出版社 2010
	瘋癲老人日記 瘋癲老人日記	中国文聯出版社 2000	上海訳文出版社 2010
	卍 卍	中国文聯出版社 2000	上海訳文出版社 2010
	鍵 钥匙	中国文聯出版社 2000	上海訳文出版社 2010
	少将滋幹の母 少将滋幹之母	中国文聯出版社 2000	上海訳文出版社 2010
	暁の寺 暁寺	北京燕山出版社 2001	上海訳文出版社 2010

1-2 『春の雪』中訳本の出版状況

　『春の雪』は大正初期の貴族社会を舞台に、侯爵家の嫡子・松枝清顕と幼馴染である伯爵家の令嬢・綾倉聡子との禁断の悲恋を描いた壮麗な王朝恋愛の物語である。その作者である三島由紀夫は戦後の日本文学を代表する偉才である。『春の雪』は日本の評論界に「三島文学の最高の作」と評価され、「現代の源氏物語」だと川端康成に賛頌されたことがある。

　1971 年から 1973 年にかけて、軍国主義的傾向が最も表れている『豊饒の海』の四巻が人民出版社によって内部批判用として翻訳出版された。その後の十年間、中国では三島の作品に関する翻訳活動は完全に停止した。文革が終わった後、最初に『春の雪』の訳本を出したのは、唐月梅の訳を採用した中国文聯出版社である。

　『春の雪』の中国語訳を出した（表 1-2 参照）訳者は、台湾を含めて 5 人以上もいる。つい最近、唐月梅、文潔若はともに、20 年前の『春の雪』の旧訳に加筆、脚色を加えた新訳を出版した。85 歳の高齢を超えた文潔若は、謹厳な態度で翻訳を一生の仕事とし、自ら潤色や訂正を行って新訳を出した。ある読書サロンで文潔若は「三島由紀夫さんは思想上は過激だが、芸術上は成熟している。そのため『春の雪』を訳し直して読者に読んでもらいたい。それは三島の非常に素晴らしい作品だと思っているから」と述べた。文潔若は三島の芸術的成就を十分に肯定したと言える。

表 1-2『春の雪』の中国大陸と台湾の訳本

出版地	出版社	翻訳者	出版時期
中国	中国文聯出版社	唐月梅	1986 年
	作家出版社	唐月梅	1995 年
	中国文聯出版社	唐月梅	1999 年
	上海訳文出版社	唐月梅	2010 年
	中国友誼出版社	文潔若	1990 年
	重慶出版社	文潔若	2014 年
	燕山出版社	鄭民欽	2001 年
台湾	文学出版社	余阿勲	1974 年
	星光出版社	邱夢蕾	1994 年
	台湾木馬文化	唐月梅	2002 年

7　唐月梅『怪異鬼才三島由紀夫』[M]　作家出版社　1994 年 12 月第 1 版　p246

8　http://epaper.ynet.com/html/2014-11/21/content_97872.htm?div=-1 聴文潔若講翻訳故事 北京青年報 2014 年第 D14 版

第 2 章　文潔若『春の雪』の新訳についての考察

　文潔若『春の雪』の旧訳は、1990 年に中国友誼出版社、新訳は 2014 年に重慶出版社によって出版された。この章では新旧訳を比較し、表紙の変化、序文の削除、不備な箇所の訂正（誤字、訳し漏れなど）、性的描写の補完などの項目に分けてそれぞれ考察する。

2-1　表紙の変化

（『春の雪』旧訳の表紙 1990）　　　（『春の雪』新訳の表紙 2014）

　さて、上記の新、旧訳の表紙を見てみよう。新訳の表紙はハードカバーで装幀された。黒と白の二色が巧妙に用いられ、淡い雪や松の形の模様が薄く見える。題名には日本語の平仮名をそのままに用いている。旧訳の並製本の表紙より、デザイン性に溢れ、一新したイメージが伝わる。旧訳の表紙には、80 年代や 90 年代の日本小説の中訳本によく使われている表紙が採用され、文学性より物語の娯楽性が強調されている。

2-2　序文の削除

　中国建国後に出版された訳本には、長い序文が書かれたことから見ると、当時において序文は重要な翻訳の批評形式と見なされていたと考えられる。『春の雪』旧訳にも 8 ページの序文がある。『春の雪』の序文の冒頭に「世界の文学史において時には以下のような特殊な現象が起こっている：芸術上に優秀な作家は政治に対して反動的である。文学の成果をあげた作家の三島由紀夫は現代日本文学界のその一人である」[9]という説明がある。文潔若は初めから自分の立場を表明した。

9　　文潔若　『春の雪・天人五衰』[M]　中国友誼出版公司　1990 年 12 月第 1 版　p5

新訳では序文が全部カットされた。21世紀に入ってから出版に関する制限が少なくなり、訳者はわざわざ政治的立場を表明する必要がなくなったからだろう。また三島由紀夫の作品が中国に多く紹介された80年代末は、三島由紀夫が中国読者にまだ熟知されていない頃である。同じように唐月梅の1986年訳にある序文も2010年の新訳には見当たらない。こうして見れば、旧訳の序文を削除したのは、訳者本人というより、出版社の判断によるものだったかもしれない。

2-3　不備な箇所の訂正

この節では新訳にて訂正された旧訳の誤字、訳し漏れを含めた訳文の不備な所を考察する。まず新訳における旧訳の誤字の訂正を見てみよう。便宜上、下表のようにまとめた。

表2-1『春の雪』新訳における誤字の訂正

番号	訂正箇所	番号	訂正箇所
1	象→像	15	修练→修炼
2	二只→两只	16	身分→身份
3	乱嘈嘈→乱糟糟	17	明煌煌→明晃晃
4	共尽晚餐→共进晚餐	18	坐位→座位
5	越距→越矩	19	决没有→绝没有
6	消逝殆尽→消失殆尽	20	彩红→彩虹
7	探讯→探询	21	死气白赖→死乞白赖
8	开士米→开司米	22	不知怎地→不知怎的
9	作法→做法	23	希罕→稀罕
10	一古脑儿→一股脑儿	24	叫真儿→较真儿
11	惟恐→唯恐	25	忙合→忙活
12	背理→悖理	26	白濛濛→白蒙蒙
13	奔窜→奔蹿	27	三角型→三角形
14	呆→待	28	定婚→訂婚

上の表に示された通り、旧訳の訂正された語彙は合計28ヵ所もある。訂正された所はすべて誤字とはいえず、「象」と「像」のような中国語規範化の発展によって、使い方が一時混乱していた言葉がたくさん含まれている。同じように唐月梅の1986年の『春の雪』に出てきたこのような語彙も、新訳で全部訂正された。言葉の規範化によって訂正された語彙は、「身分→身份」、「希罕→稀罕」、「惟恐→唯恐」、「坐位→座位」、「定婚→訂婚」などが挙げられる。

また「カシミア」は旧訳の「开士米」から「开司米」に訂正された。それ

は誤訳とは言えない。両方とも毛織物である「カシミア」の音訳で、両方とも現在使われている。ただし「开司米」の方が広く使われている。

そして、2014年に上海訳文出版社が新しく出版した『ノルウェイの森』を含めた村上春樹の10部の作品では、多くの物の名称が訂正された。例えば、時計の「罗莱克斯」は「劳力士」に、車の「西比克」は「思域」に、タバコの「百灵鸟」は「云雀」に、服装の「阿尔玛」は「阿玛尼」にそれぞれ訂正された。村上春樹の作品が初めて中国に紹介された1990年代、ほとんどの中国人読者は原作から出てくるたくさんの人名やブランド品を知らなかった。しかし今は我々の生活に馴染みの深いものになっているから、このような変化が現れた。

2014年の新訳において1カ所の訳し漏れが補完された。これは13歳の清顕がかつて宮中の新年賀会に皇后と春日宮妃殿下のお裾を一度ずつ持って歩いたことの思い出の話である。訳し漏れたのは、ちょうど皇后と妃殿下のお裾を詳しく紹介した内容である。実際には訳さなくても読者の理解に影響しないと思われるが、原作の特色を読者に忠実に伝えることが強く求められているため、訳者は新訳において全部補完したと思われる。

なお訳し漏れには、時代の制約などで訳者がわざと訳さない所も含むが、これは次節において分析する。

2-4 性的描写の補完

時代などの制約でわざと訳さないのは性的描写の箇所である。合計3カ所の描写が補完された。まず1カ所目。幼馴染の清顕の気持ちを確かめたい聡子が、結局冷たい態度を取る清顕に失望し、洞院宮家との縁談を受けてしまった。略された内容は愛し合っている二人が初めて関係を持った時の話である。省略された2段落（約200字）の描写はあまりにも露骨だが、新訳では全部補完された。

それから2カ所目。それは宮家の納采の儀が延期になったと知った清顕が、聡子を鎌倉の別荘へ呼び寄せて一夜を過ごそうと計画した時の話である。やっと会えた二人が浜で忘れがたい一夜を過ごした。そこに出てきた露骨な描写（約50字）が補完された。

最後の3カ所目。伯爵と男女関係を持っている侍女の蓼科が、伯爵に見せた春画に描かれた内容（5段落500字）が削除された。露骨な所を訳さなくても物語の筋を理解する読者に支障を与えないが、新訳では全て補完された。

このような大幅な削除は同時期の他の翻訳作品にも見られる。90年代に一

世を風靡した『ノルウェイの森』に省略された内容を3万字も補完した全訳本は、2010年に出版された。また、竺家栄が訳した2000年の『鍵』を2010年の新訳と照らし合わせると、旧訳で削除された箇所がすべて補完されたこともわかる。

竺家栄は『失楽園』の全訳本を出す際にインタビューでこう言った。「『失楽園』の旧訳を出す1998年はちょうど中国が大量に外国文学を導入する時期であって、出版業界は外国作品を導入する際に厳しく審査を受けていた。優秀な外国作品を中国の読者に紹介するため、やむを得ず敏感な箇所を婉曲化したり削除したりした」。つまり訳者の竺家栄は、中国の社会情勢が訳者の自己規制に与えた影響を認めている。

第3章　新訳における異国化翻訳の傾向

誤字の訂正、訳し漏れの補完などは、新訳を出す際にいつの時代でも必ず行う作業である。そこで、本章では誤訳とは言えない旧訳の訳語を、多く訂正した点に注目したい。

つまり新訳では、自国化翻訳が放棄されて明確に異国化翻訳の処理方法が採用されている。21世紀の中国における日本文学翻訳の一つの重要な特徴、つまり異国化翻訳が『春の雪』新訳の訳語の処理方法に鮮明に表れているのである。

異国化翻訳と自国化翻訳をめぐって、『Dictionary of Translation Studies』では以下のように定義している。異国化翻訳とは「ある程度原作の異国性を保ち、わざと目標言語の通常を打ち破り、原文化の分からない部分を極力保留する訳し方である」。自国化翻訳とは「透明でなめらかな風格を用いて最大限に原文の見慣れない感覚を淡泊化する訳し方である」。つまり、読者の立場から考えると、異国化翻訳の訳文を読む時は、異国性を感じられる。『春の雪』の新訳から、読者に異国文化を再現させようといろいろ工夫したことがわかる。それで、本章において、まず訂正された訳語を一部取り上げてか

10　http://www.cssn.cn/wx/wx_whsd/201406/t20140610_1204702.shtml　社会科学網　翻訳『失楽園』：力求伝達原作韵味 竺家栄 2014年6月

11　Shuttleworth. M&Cowie. M.『Dictionary of Translation Studies』[M]　Manchester StJerome 1997

12　注11と同じ。p43-44

13　注11と同じ。p59

ら、訳語の処理方法の変化と訳者注の活用という二つの角度から、訳文に見られる異国化翻訳の傾向を考察し、21世紀の中国における日本文学翻訳の特徴を明らかにしたい。

3-1 訳語における処理方法の変化

まず、『春の雪』の新訳に訂正された誤訳ではない訳語を以下のようにまとめた。

5、**京紅**の唇だけが暗い照りを示して、顔は、丁度爪先で弾いた花が揺れるように、輪郭を乱して揺れていた。

旧訳：只有**一抹红唇**发着暗光，那张脸仿佛给指头轻弹了一下的花朵，摇晃着，那轮廓是漂浮不定的。

新訳：只有**京红**（注：京都特产的口红，也指其颜色，被认为是上等的颜色）发着暗光，那张脸仿佛给指头轻弹了一下的花朵，摇晃着，那轮廓是漂浮不定的。

6、子供たちは各々の馬の名を馬丁からきいて喜び、手にしっかりと握り締めてきた半ば崩れた**落雁**（らくがん）を馬の黄ばんだ臼歯を目がけて、投げ込んでやったりしていた。

旧訳：孩子们向马夫一一打听出马的名字，感到喜悦，有的孩子就把紧握得半散了的**糯米团子**瞄准马的黄牙齿扔了过去。

新訳：孩子们向马夫一一打听出马的名字，感到喜悦，有的孩子就把紧握得半散了的**落雁**（注：用黄豆面和白面加糖用模子压成各种形状的点心）瞄准马的黄牙齿扔进去。

7、蓼科は言いながら、鬼子母講の札をわきに貼り付けた**水腰**九本立のこまかい格子戸をあけて、案内を乞うた。

旧訳：蓼科说着拉开**镶着细格子的门**，打了一下招呼。

新訳：蓼科说着拉开旁边贴着鬼子母神（注：梵语Hariti的意译，保护小儿的神）法会牌子、有九根竖条的细密**水腰**（注：水腰，又作水腰障子，是整体糊有纸，底部十公分左右为玻璃的推拉门）格子拉门，打了一下招呼。

8、本多はそのためわざわざ東京へゆき、**麹町**の五井家を訪ねて、彼のフォードを運転手つきで一晩かしてもらいたいと頼んだ。

旧訳：为了这件事，本多专程赶回东京，到坐落在**曲街**的五井家去，请求他把自己的福特牌汽车连司机一起借给一夜。

　新訳：为了这件事，本多专程赶回东京，到坐落在**麹町**（注：麹町东京都千代田区西部的地名）的五井家去，请求他把自己的福特牌汽车连司机一起借给一夜。

　9、**明治四十年**御造営の別邸は横浜郊外にあり、そこまでの馬車の旅は、もしこんなことでもなければ、稀に見る一家そろっての愉しい遊山と云えたであろう。

　旧訳：洞院宫府上这座**一九○七年**营造的别墅坐落在横滨市郊区。

　新訳：洞院宫府上这座**明治四十年**（注：明治四十年是一九○七年）营造的别墅坐落在横滨市郊区。

　以上でわかるように、訂正された語彙のほとんどには日本文化の要素が含まれている。日本文化の要素とは、「こたつ」や「着物」など中国の文化にももともと存在していないが、日本の文化には存在している要素を意味する。包恵南（2004）などは『中国文化与漢英翻訳』で、「文化伝承の過程において一部の言葉にはたくさんの文化情報が載せられている。文化の違いが存在しているため、これらの言葉には地域性と民族性が内包され、それに原語に載せられた文化的情報は訳語に対応できる言葉がない。このような語彙は『文化的負荷の高い言葉』である」[14]と定義付けた。すなわち「文化的負荷の高い言葉」は、原語に載せられている文化的情報を対等的に対応できる訳語がないような言葉を指している。

　異文化に関する翻訳の処理方法について、廖七一(2000) は『当代西方翻訳理論探索』において、「中英二種類の言語間に文化的違いが存在しているので、完全に対応する語彙を探すのはありえない。それでは訳者は必ず直訳＋訳者注、直訳＋意訳、あるいは意訳などの方法を使って、中英二種類の原語にある文化的違いをおぎなう」[15]と指摘した。

　例5から例9を見ると、新訳では日本語の漢字のままを訳語として使い、それに訳者注をつけたことが分かった。王冬風（1997）は「文内で直訳し、文外で訳者注する方法（直訳＋訳者注）は原作者の動機及び美学的価値をより

14　　包恵南　包昂　『中国文化与漢英翻訳』[M]　北京外文出版社　2004 年 1 月第 1 版　p10

15　　廖七一　『当代西方翻訳理論与探索』[M]　訳林出版社　2000 年 11 月第 1 版

良く表すことができると同時に、文化的知識を細かく紹介することもでき、外来語を導入するにもかなり役に立つものである。その方法は文化的違いの空白を補う一番有効的な方法である」[16]と評価した。

例5に関し、京紅の唇は「一抹红唇」から新訳では「京红」に訂正された。ここで訳者は日本語の漢字「京红」をそのまま訳語として使った。「京红」は「京都特産の口紅。また、そのような色。上品な色とされた」[17]。読者はこの訳語の訳者注を通じて、日本の伝統的な京都女性のイメージを想像できるだろう。

例6で文潔若は日本語の「落雁」をそのまま訳語として使った。落雁は、「菓子の一種。米や麦、小豆などの粉を主材料とし、砂糖、水飴、微塵粉でねり、型に押しこんで焙炉で、また自然に乾かしたもの」[18]。旧訳では「糯米団子」に訳され、自国化翻訳方法を使ったと考えられる。

例7の「水腰」はもともと中国語にはない言葉だが、訳者は新訳において大胆に日本語の漢字をそのまま訳語として使った。

例8と例9は日本の地名と時間に関する言葉である。近年、日本へ旅行する中国観光客が多くなり、日本と中国との交流が深まるにつれて、中国人は次第に「町」という字に馴染んできた。旧訳では「麹町」という地名をその「麹」の発音に似ている「曲街」に訳したが、新訳では日本語漢字の「麹町」をそのまま使った。

例9について日本では年号を使って年代を表記するが、中国では西暦の数字で年代を記す。それも文化の大きな違いである。新訳において訳者は、大胆に日本の表記方法を使って訳者注を付けることにした。独特な日本文化を読者の前に再現した。

以上から、新訳における「字形直訳＋訳者注」の処理方法は、日本文化の本来の姿を再現することができると同時に、原作により近づく要求を出している現代読者の欲求にも合致していると言える。この方法で漢字の会意性を十分に利用し、原作者の本来の意図を示すと同時に、読者の想像力を積極的に引き出す効果もある。

ただし、原語をそのまま訳語として使う時、その言葉の意味を誤解させないように、その言葉を定着させる前に適当な訳者注をつけて説明する必要が

16　王冬風「文化缺省与翻訳中的連貫重構」[J]　上海外国语大学学报 1997 年第 6 期総第 112 期　p58

17　小学館国語辞典編集部　『日本国語大辞典』[M]　2000 年 11 月第二版

18　新村出　『広辞苑』[M]　岩波書店　2008 年第 6 版

ある。直訳の処理方法を一概に論じることができない。それは社会がいかに開放され、読者がいかに日本文化に馴染んでいるかに大きく関わっている。このような異国化翻訳方法は避けられないものであると同時に、これからも長期的に存在するものだと推定できる。それも読者にとって日本文化を体験する重要な手段になる。

3-2 訳者注の活用

　前節では自国化翻訳方法で訳した旧訳を「字形直訳＋訳者注」の処理方法で訂正したことを考察した。新訳では訳者が多くの訳語に訳者注を新たに加えたことがわかる。以下の例を見てみよう。

　10、母が**帯**の間から小さな扇を出して、門跡のほうを指して敬う形をしてみせた。

　旧訳：母亲从**饰带**中抽出扇子，指着门迹那边，做了个致敬的身势。

　新訳：母亲从**饰带**（注：原文作带。穿和服时束在上面的腰带。特指女和服上装饰用的带子）中抽出扇子，指着门迹那边，做了个致敬的身势。

　11、彼は草の実を**袴**（はかま）から払いながら立ち上がり、松の下枝から十分に姿を現して、「おおい」と呼んだ。

　旧訳：于是他就拂掉**胯间**的草籽儿，站起身从松树下面走出来，站在足以让对方看到的地方。

　新訳：于是他就拂掉**裙裤**（注：原文作袴。日本人套在和服外面穿的一种裤子，裤脚肥大，像是裙子，男女都穿，现在用于礼装）的草籽儿，边站起身从松树下面走出来，站在足以让对方看到的地方。

　12、それじゃ、みんながいたわっている鼠いろの**被布**を着たおばあさんは誰なんだい。

　旧訳：那么，那位大家搀扶着的身穿深灰色**罩衣**的老夫人是谁呢？

　新訳：那么，那位大家搀扶着的身穿深灰色**披风**（注：原文作被布。穿在和服上的一种外衣）的老夫人是谁呢？

　13、清顕は目を落とした。緑の草叢から危険を察知してあたりを窺う白鼠のように、女の白い**足袋**の爪先が、膝掛の下から小さくおずおずとのぞいていた。

旧訳：清显低下眼睛，只见女人**白袜**的趾尖，宛若在绿色的草丛中觉察到一种危险，而窥伺着周遭的白鼠，懦怯地伸出头来。

　新訳：清显低下眼睛，只见女人**白布袜**（注：原文作足袋。日本式短布袜，着和服时穿用。大趾与其他四趾分开）的趾尖，宛若在绿色的草丛中觉察到一种危险，窥伺着周遭的白鼠，从毯子下懦怯地伸出头来。

　14、かれらの咽喉はいつも充血して、若さには青桐の葉の匂いがして、唯我独尊の見えない**烏帽子**をたかだかとかぶっていた。

　旧訳：他们的喉咙经常充血，风华正茂，仿佛那青桐的翠叶发散着芬芳的气息，高高地戴着无形的**西式大礼帽**，象征着他们拿唯我独尊的气质。

　新訳：他们的喉咙经常充血，风华正茂，仿佛那青桐的翠叶发散着芬芳的气息，高高地戴着无形的**大礼帽**（注：原文为乌帽子。日本旧时的一种礼帽，现为神官所戴），象征着他们拿唯我独尊的气质。

　15、麻布の綾倉家は長屋門の左右に出格子の**番所**をそなえた武家屋敷である。

　旧訳：坐落在麻布区的绫仓府，是一座武士宅第，宅门儿左右两侧是装有吐出来的格子窗的**卫兵所**。

　新訳：坐落在麻布区的绫仓府，是一座武士宅第，宅门儿左右两侧是装有吐出来的格子窗的**看守所**（注：原文作番所，看守人值班的地方）。

　16、彼は**長押**のところにかかっている二人の叔父の模糊とした軍服の写真を眺めた。

　旧訳：他朝挂在**墙上**的两位叔父的照片望去，那身着军服的姿影已经模糊不清了。

　新訳：他朝挂在**横木**（注：原文为长押。日本式建筑的上门框上的装饰用横木）的两位叔父的照片望去，那身着军服的姿影已经模糊不清了。

　以上からわかるように、新訳において訳者は文化的要素が入っている言葉に全て訳者注を加えた。宿久高（2012）は「注釈は文学翻訳の中で最も微細な部分であって、原作の情報と訳文内容に対する補足である。訳文に含まれる情報を具体化することで、読者は訳文から原作の情報を最大限に獲得する

ことができる」[19]と述べている。異国化翻訳の傾向が見られる現在、たくさんの新鮮な言葉が訳文に現れるので、注釈における説明が避けられない。詳しく見てみよう。

まず例 10 を見ると、「帯」の訳語について、新訳とも旧訳とも「饰带」という訳語が使われたが、新訳において「饰带」の訳者注が加えられた。読者はその訳者注を通じて、日本の衣装に対する理解を深め、異国への想像力を喚起させる。次の例 11 から例 16 までは、旧訳の訳語に対して微小な調整が行われた上で、訳者注がすべて加えられたものである。例 10 から例 14 までは日本の服装に係わる言葉である。訳者注を通じて、和服のイメージが読者の頭に浮かび上がるだろう。一国の文化と密接な関係がある衣装に関する言葉を翻訳する時に、訳者は自国文化の中で適切な言葉がなかなか見当たらないので、訳者注を活かして文化間にある大きな差異を埋めようとしている。

例 15 では「番所」は「卫兵所」から「看守所」に訳された。番所とは、「警備や見張りのために設置された番人が詰めるために設けられた施設[20]」。旧訳の「卫兵」は自国化翻訳の方法を取り入れたと思われる。新訳では「看守所」に訂正された。「看守所」は犯罪者及び容疑者を臨時的に収容する場所という意味の中国にもある言葉である。新訳では「看守所」という訳語を使うと読者を誤解させる可能性があるため、訳者は「原文作番所，看守人值班的地方」という注を付けた。

例 16 を見てみよう。長押とは、「日本建築に見られる部材で、柱を水平方向につなぐもの。鴨居の上から被せたり、柱間を渡せたりするように壁に沿って取り付けられる[21]」。旧訳では「墙上」に訳されたのは「長押」の実際の意味を飛ばして自国化翻訳の方法を使ったと思われる。全体的な意味から読者が理解できるが、日本の建築のイメージを再現できなかった。新訳の処理方法のほうが読者に歓迎されると思われる。

以上、文潔若の新旧訳を比較する事例分析から、「文化的負荷の高い言葉」に対し、二種類の処理方法を使って訂正を行ったことがわかる。すなわち、①原作の日本語漢字をそのまま訳語として使い、そして訳者注をつけた。②旧

19　宿久高　「論日本文学作的注釈問題—以山崎豊子作品的漢訳為例—」[J] 外国語学刊 2012 年総第 164 期 p108

20　注 18 と同じ。

21　注 18 と同じ。

訳の訳語をすこし調整し、すべて訳者注を加えた。二つの方法とも読者に異国の特色を伝えようと、異国化翻訳方法を使ったと言える。

他の新訳に同じような傾向が見られるかどうかを検証するために、唐月梅が1986年に訳した旧訳と2010年に出版された新訳を見てみよう。

17、なかんずく、今もつづく伯爵の薫陶は、毎年正月の、自ら**寄人**をつとめている御歌所の歌会始に、（中略）
旧訳：特别是持续至今的伯爵的优雅熏陶，让清显自十五岁就列席每年正月由**宫中御歌**所举办的歌会。
新訳：特别是持续至今的伯爵的优雅熏陶，让清显自十五岁就列席每年正月由**寄人**（注：日本宫中和歌所、御歌所的职员）所举办的歌会。

18、母屋の玄関から正門までは八**丁**あって、（中略）
旧訳：从正房的门到大门距离大约八百多**米**。
新訳：从正房的门到大门有八**丁**（注：日本度量衡单位，1丁约合109米）。

19、侯爵夫人は妃殿下のお相手をし、妃殿下が**長唄**がお好きで三味線もよくなさるので（中略）
旧訳：侯爵夫人陪伴妃殿下，妃殿下喜欢**长歌**，精通三弦，（中略）
新訳：侯爵夫人陪伴妃殿下，妃殿下喜欢**长呗**（注：日本三味线音乐的一种，作为歌舞伎音乐产生并发展于江户），也精通三弦，（中略）

20、若後家の、**胡粉**で白く塗られた足の指は、伝来の画法によって、（中略）
旧訳：画家通过传统画法，用**白颜料**把年轻寡妇的所有的脚趾都涂成白色（中略）
新訳：画家通过传统画法，用**白胡粉**（注：日本独特的绘画颜料，由濑户内海产密鳞牡蛎壳研碎精制而成）把年轻寡妇的所有脚趾都涂成白色（中略）

例17から訳者は新訳において、大胆に日本語の漢字の「寄人」をそのまま使ったことがわかる。寄人は和歌所の職員を指す。「寄人」は中国の古代の詩に出たことのある言葉だが、一般的に中国語として使わない。そして中国では和歌を詠む文化もない。訳者は日本語漢字の字形「寄人」をそのまま訳語として使い、訳者注を加えた。

例 18 の「丁」は、旧訳に中国読者が慣れている「米」に換算してから訳されたが、新訳では「丁」をそのまま訳語として使い、訳者注を加えた。度量衡単位を表す日本語には特殊な漢字がたくさん使われている。「丁」以外には「坪」、「畳」などがある。

例 19 の「長唄」について、唐月梅は大胆に日本語の「長唄」の漢字をそのまま中国語の簡体字に変換して使った。同じように訳者注も付けた。例 20 において訳者は「白顔料」を「白胡粉」に訂正した。「白顔料」は白い顔料で絵を描く時に用いる粉末状のものであって、中国読者によく知られている。しかし、訳者は新訳を出す際に文脈の理解に影響を与えない言葉をわざと「白胡粉」に訂正し、そして訳者注を付けた。「胡粉」は「顔料のひとつ。現在では貝殻から作られる、炭酸カルシウムを主成分とする顔料を指す。日本画や日本人形の絵付けに用いられる[22]」。こうした単なる言葉にも日本の特殊な文化の知識が隠れている。目立たない訳者注を通じて、異国の異なる文化を読者に忠実に伝えたと見られる。

以上から、同じ訳者による近年の新訳と旧訳を比較することによって、訳者は「文化的負荷高い言葉」に対し、原作の日本語の漢字をそのまま訳語として使い、訳者注を通じて文化の違いを説明する方法を選ぶ傾向がわかる。すなわち、原作の特色をそのまま中国読者に伝えようと異国化翻訳の傾向が見られる。それを 21 世紀中国における日本文学翻訳の一つの特徴だと結論付けることができる。

3-3 異国化翻訳傾向の原因推測

上記の分析から、文潔若と唐月梅の新訳では「文化的負荷の高い言葉」についてある程度の修正を行っていたことがわかる。このような変化の理由について分析したい。

まずは時代の変化が重要な理由の一つである。中国と日本との交流が深まる中、日本文化を知る人が増えている。今の時代は外国文化に強い抵抗感を持っていた文化大革命の時代と全然違って、外国文化に寛容な態度が示されている。それは訳者が大胆に日本語の漢字をそのまま訳語として使う外部環境の一つだと推測できる。

次は訳者の主観的な考え方の変化。異国化翻訳方法を採用するのも訳者自身に大きく関わっている。読者の心を捕まえるために、改訂された訳文は必

22　注 18 と同じ。

ず時代の潮流やイデオロギーに合致しなければならない。９０年代までは日本文学作品に対し、読者が関心を強く持っていたのは日本文化より物語であった。しかし、今の時代の読者は精神的な豊かさを求めつつあり、物語だけでなく日本特有の文化を直観的かつ忠実に伝えることも求めている。この読者の変化に対し、訳者は作品を訳す際に日本文化を再現させようと工夫し、異国化翻訳の方法を使ったと推定できる。

　三つ目は日本と中国はともに漢文化圏に属し、漢字を使っているからである。文化の違いが大きく、主に自国化翻訳を採用している英語圏の翻訳作品と違って、日本と中国は歴史、言語など近い部分がある。それは異国化翻訳が実現できる一つの客観的な条件だと言える。しかし、日本と中国は共に漢文化圏に属しているが、異なる文化も多く存在している。翻訳の際、ある程度の説明と解釈が避けられないため、訳者は注を活用する。

おわりに

　本論文は文潔若の『春の雪』の新旧訳を比較することによって 21 世紀中国における日本文学翻訳の特徴を考察し、以下の点を明らかにした。

　(1) まず新訳では、旧訳よりもっと文学性のある表紙が使われた。時代の変化で訳者はわざわざ自分の政治的立場を表明する必要がなくなり、日本の作家が今の読者に熟知されていることから、新訳では長い序文が削除された。

　(2) すべての再版本や改訂本に共通しているところだと言えるが、旧訳にある誤字、訳し漏れなど不備な箇所が全て訂正された。その他、性的描写を補完することは現在の日本文学翻訳に見られる共通的な特徴だと言える。

　(3)『春の雪』の新旧訳を比較することによって、「文化的負荷の高い言葉」に対する異国化翻訳の処理方法が新訳に鮮明に使われたことが分かった。具体的には、日本語漢字のままを訳語として使う上に訳者注をつける処理方法と、旧訳の訳語を少し調整した上で訳者注を付ける方法である。

　時代が発展していく中、日本文化への関心の高まり、訳者の工夫及び同じ漢文化圏にある客観的要素などは異国化傾向の方法をもたらす理由だと推定した。訳者は異国化翻訳の処理方法を通じて、読者の前に異国文化の特色を再現させようとしている。それは同時代の他の新訳にも見られる傾向である。このような日本文化の要素が入っている語彙に対する異国化翻訳の傾向は、21 世紀中国における日本文学翻訳に見られる一つの特徴だと結論付けた。

　以上、本論文は同じ訳者の違う時代の新旧訳を考察した。21 世紀において

訳者がより忠実的な訳し方で、つまり外国の独特な所を再現させる訳し方を採用していることを明確にした。中日両国の交流が深まりつつある現在、読者にとって日本文学は日本文化を理解する重要なツールとなっている。訳者が日本のことを忠実に紹介したからこそ、日本のことを正しく認識し、日本に対する理解をより深めることができると思われる。そして日本語の語彙をそのまま訳文に使うと、将来的に中国の語彙として広く使われ、最終的に定着することも期待できるだろう。

参考文献：

四方田犬彦 「訳と逆に。訳に。—金時鐘による金素雲『朝鮮詩集』再訳をめぐって—」[J] 言語
　　文化 2005 年 3 月第 22 号

尹永順 「中国語訳『鍵』のイデオロギーによるリライトについて—性に関わる表現を中心に—」
　　[J] 通訳翻訳研究 2011 年第 11 号

宿久高 「論日本文学作品漢訳中的異化現象—以山崎豊子作品的漢訳為例—」[J] 解放軍外国語学院
　　学報 2012 第 35 巻第 2 期

余知倚 「従翻訳語境視角看余光中対『老人与海』的重訳」[D] 修士論文 2010 年

王向遠 『二十世紀中国日本翻訳文学史』[M] 北京師範大学出版社 2001 年 3 月第 1 版

唐月梅 『怪異鬼才三島由紀夫』[M] 作家出版社 1994 年 12 月第 1 版

http://epaper.ynet.com/html/2014-11/21/content_97872.htm?div=-1 聴文潔若講翻訳故事 北京
　　青年報 2014 年第 D14 版最終アクセス 2016 年 8 月 18 日）

文潔若 『春の雪・天人五衰』[M] 中国友誼出版社 1990 年 12 月第 1 版

http://www.cssn.cn/wx/wx_whsd/201406/t20140610_1204702.shtml 社会科学網 翻訳 『失楽
　　園』：力求伝達原作韻味 竺家栄 2014 年 6 月（最終アクセス 2016 年 8 月 18 日）

Shuttleworth. M&Cowie. M.『Dictionary of Translation Studies』[M] Manchester StJerome
　　1997 年第 1 版

包恵南 包昂 『中国文化与漢英翻訳』[M] 北京外文出版社 2004 年 1 月第 1 版

廖七一 『当代西方翻訳理論与探索』[M] 訳林出版社 2000 年 11 月第 1 版

王冬風 「文化缺省与翻訳中的連貫重構」[J] 上海外国語大学学報 1997 年第 6 期総第 112 期

小学館国語辞典編集部 『日本国語大辞典』[M] 2000 年 11 月第 2 版

新村出 『広辞苑』[M] 岩波書店 2008 年第 6 版

宿久高 「論日本文学訳作中的注釈問題—以山崎豊子作品的漢訳為例—」[J] 外語学刊 2012 年第
　　164 期 p108

38

優秀賞

日中関係のカギを握るメディア
―CRI 日本語部での経験を交えて―

早稲田大学法学部 3 年
高橋豪

1．問題提起

　「日中関係が冷え込んでいる」――昨今、耳が痛くなるほど聞かされてきた言葉である。「なぜこうなったのか」、そして「どうしていけばよいのか」は、大多数の日本人と中国人が思いを巡らせてきた問題であろう。言論NPOが2015年に行った第11回日中共同世論調査によると、日本人の95.8％、中国人の89.6％が相手国に関する情報源として自国のニュースメディアを挙げている。現在のぎくしゃくした日中関係において、メディアが与えた影響の大きいことが分かる。

　日本は「自由なメディア」を標榜している。しかしその実態は、大手メディアグループによる寡占状態、記者クラブ制度による報道の単一化、政府権力へのすり寄りであり、権力に批判的であるというメディアの本来の性質が希薄化するといった問題を抱えている。佐藤千歳は、日本メディアが対中報道に関して無批判に「国益」を使用し、ナショナリズムを煽っていると懸念する。対中不信が高まる世論に応える形で、メディアも中国を悪者扱いしている。

　一方中国は政府誘導の側面が強く、厳格な情報統制を敷いている。国際報道に関しては、国営の新華社通信が統一報道を行い、他のメディアも原則として、この統一報道を基に記事を執筆することになっている。

　しかし劉志明（2005）は、近年の中国はセンセーショナルな報道を売りにする大衆紙が過激な日本関連報道を繰り返していると指摘する。史哲はこの現象について、民族主義が市場を得ていると表現している。また、中国にお

1　　言論NPO「第11回日中共同世論調査（2015年）」http://www.genron-npo.net/pdf/2015forum.pdf（2016年10月25日閲覧）

2　　日本のメディア界はNHKと5大メディアグループによる寡占状態であり、世論をコントロールしている。

3　　現代ジャーナリズム研究会編（1996）「記者クラブ」柏書房

4　　公益財団法人　新聞通信調査会編（2014）「日中関係の針路とメディアの役割」公益財団法人　新聞通信調査会、68-69頁

5　　劉志明（2005）「日中コミュニケーションギャップと情報発信」、高井潔司・日中コミュニケーション研究会編著（2005）『日中相互理解のための中国ナショナリズムとメディア分析』明石書店、111-112頁

6　　公益財団法人　新聞通信調査会編（2014）「日中関係の針路とメディアの役割」公益財団法人　新聞通信調査会、42, 59頁

いて国際報道は一部の新聞の寡占状態にあり、それらの新聞の報道が「中国メディア」の代表であるかのような印象を形成していると述べている。

しかも互いの国のメディアが、相手の国の過激な報道を引用する傾向にあるため、事態の悪化は避けられない。例を挙げれば、日中双方に関わる問題としては、歴史問題（靖国参拝が主な例）、尖閣諸島問題を執拗に報道する傾向にある。両者とも、両国政府の意向をそれぞれ全面的に押し出し、対立構造を作り上げる。こうして自国の主張の正当性が強調され、自然と相手国家が悪という認識が植え付けられる。加えて日本は中国の国内開発問題、食品安全問題などを持ち出し、中国を「妖魔化」している。このような日中双方の報道が世論形成に影響を及ぼし、世論が政策に影響を及ぼすため、悪循環が止まらない。

本稿では、メディアの報道が日中関係に少なからず悪影響を及ぼしているという言説を踏まえた上で、私の中国留学中のインターンシップでの見聞を基に、中国国際放送局（中国語名：中国国际广播电台、英語名：China Radio International、以下 CRI と略）日本語部の事業、番組内容を分析し、日中相互理解促進への可能性について論じる。

2．CRI 日本語部の取り組み
―インターンシップでの経験を交えて―

メディアと日中関係の関わり合いは、私の中で難解な問題であり続けたが、私は 2016 年夏、留学先の北京における CRI での体験を通じ、光が見えたような気がした。私は中国留学中の 7 月 4 日から 7 月 15 日までの土日を除く 10 日間、CRI の日本語部にてインターンシップを行った。

CRI は中国の国営ラジオ局である。当初私は、中国の国営放送である以上、日本人リスナーをある程度対象にしている日本語放送とはいえ、ステレオタイプの中国メディアを想像していた。また一方で、日本語放送は一般の中国国民を聴取者として見込んでいないため、他の中国メディアとは一線を画した独自の放送戦略があるのではないかとも期待した。CRI 日本語部の情報発信の日中両国における作用を解明すべく、問題意識を持って私はインターンシップに参加した。ここでは、CRI および日本語部の事業と番組内容の分析を行う。

7　中国語で「悪者扱いする」の意。主に国際メディアの対中報道においてみられる。

2.1 CRI の紹介

CRI は、中国で唯一全世界に向けて放送を行う国営ラジオ局である。現在使用言語は 65 種類に及び、世界で最も使用言語の多いメディア機関となっている。CRI は「世界に中国を紹介し、中国に世界を紹介し、世界に世界を報道し、中国の人々と世界の人々との理解と友情を深める」（原文："向世界介紹中国，向中国介紹世界，向世界報道世界，増進中国人民与世界人民之間的了解和友誼"）をモットーとし、200 近くの国へ情報発信する国際的メディアである。ラジオのみならず、テレビ、新聞、インターネットといった手段を活用して情報網を広げ、多角的なコンテンツの開発と放送業務を展開している。

1940 年に前身の延安新華広播電台が創業され、翌 1941 年には初の海外放送として日本語放送を開始した。1950 年には東南アジア向けの放送を開始し、海外向けの呼称として北京広播電台を使用し始める。1993 年に名称を現在の中国国際放送局に変更した。

1998 年に CRI のウェブサイト「CRI Online」を開設、ウェブ上で全ての言語の過去におけるラジオ番組を聴取できるようになった。1999 年には衛星テレビ放送をスタートさせ、同時に新聞を創刊する。「CRI Online」はその後コンテンツを増加させ、2009 年にはスマートフォンアプリも制作された。一日の平均アクセス数は 1900 万に上る。2010 年にはネットテレビ局 CIBN が設立され、CRI の目指すメディアの境目を越えたサービスの提供がより強化された。その他に、Facebook や微博のような SNS をも報道ツールとして使用し始めている。

CRI は既存メディアから新メディアまで、前述のさまざまなツールを駆使し、海外に向けて中国国内の政治、経済、スポーツ、社会など多くのジャンルのニュース報道、さらに旅行情報、文化紹介、中国語教育といったコンテンツを発信している。また、世界中に置かれた報道拠点を通じ、世界中のニュースをも報道している。

2.2 CRI 日本語部

CRI 日本語部は、日本語でのラジオ放送のみならず、総合情報サイトの CRI Online 日本語版、各種 SNS など多数のチャネルで、日中両国に関する情報を発信している。

豊富な内容を報道、発信する職務を抱えながら、日本語部に所属するスタッフは約 40 名、うち日本人スタッフが 4 名と決して多くはない。スタッフの

大部分が極めて高い日本語力を有し、番組制作や報道キャスター、記者、さらには運営に関わるポストの二つ以上を兼任している。

CRI の日本語放送は古く 1941 年にまでさかのぼるが、当時は日中戦争の真っただ中であり、放送の主な目的は日本兵への投降の呼びかけや反軍国主義のプロパガンダであった。文化大革命期にも、報道内容は中国国内の政治状況が色濃く反映されていた。

方針転換が行われたのは、日中国交正常化を経た改革開放政策の導入時期以降であろう。日本と中国の友好促進が必要となったことで、メディアが互いの国の良いところを伝えていく役割を果たすことが求められたはずである。CRI 日本語部の場合、日本人のリスナーが中国により良い印象を持ってもらえるような情報を届けることに、ますます重きを置くようになったに違いない。同時に、両国間の往来が増えてきており、企業の駐在員や留学生など中国に在住する日本人を中心に、中国の情報を伝えるニーズに応える必要が出てきたと思われる。また、日本語を勉強する中国人も主要なリスナー層として考えられるようになった。このように、多面的な日中交流が行われるようになった時代の潮流に合わせて、CRI 日本語部も形を変えてきたのではないだろうか。

2.3 CRI 日本語部の取り組み
（1）ラジオ番組

CRI 日本語部は、1 日 90 分のラジオ番組を放送する（表 1 参照）。内訳は最初に 10 分間のニュース、次に 10 分間の中国語講座をはさんだ後、「ハイウェー北京」と題した 35 分ほどのレギュラー番組を 2 部構成で放送している。番組の折々で中国語の歌が流れる。全ての番組が独自に制作されたものであり、決して数の多くない日本語部のスタッフが、番組構想から情報収集を経て編集までの作業を一手に担っている。

以下では、サンプルとして 2016 年の 7／18（月）〜 7／24（日）と、10／10（月）〜 10／16（日）の 2 週間を対象に、番組内容の調査を行った。[8]（表 2 参照）

---

8 「CRI Online」ウェブサイト http://japanese.cri.cn/program.htm にてポッドキャスト配信しており、PC より聴取可能。

44

表1　CRI日本語放送のラジオ番組表[9]

日本時間＼曜日	日	月	火	水	木	金	土
07:00	前日の19:00から20:00までの番組の再放送						
08:00	前日の20:00から21:00までの番組の再放送						
09:00	＊＊＊＊＊＊＊＊＊＊＊＊＊＊＊＊＊＊＊＊＊＊						
19:00	ニュース						
19:10	歌で中国語を学ぶ	文法ノート	日本で実践中国語	たのしい中国語	文法ノート	日本で実践中国語	たのしい中国語
19:20	ハイウェイ北京〜CRI中国情報ラジオ〜						
	週末特集（日曜篇）	チャイナ・エクスプレス					週末特集（土曜篇）
19:57	エンディング音楽						
20:00	ニュース						
20:10	歌で中国語を学ぶ	文法ノート	日本で実践中国語	たのしい中国語	文法ノート	日本で実践中国語	たのしい中国語
20:20	ハイウェイ北京〜CRI中国情報ラジオ〜						
	週末特集（日曜篇）	ライフ・マガジン	CRIインタビュー	中日交流カフェ	中日コミュヒーリング・チャイナ	中国の旅DX	週末特集（土曜篇）
20:57	エンディング音楽						
21:00	ニュース						
21:10	歌で中国語を学ぶ	文法ノート	日本で実践中国語	たのしい中国語	文法ノート	日本で実践中国語	たのしい中国語
21:20	ハイウェイ北京〜CRI中国情報ラジオ〜						
	週末特集（日曜篇）	中国の旅DX	ライフ・マガジン	CRIインタビュー	中日交流カフェ	中日コミュヒーリング・チャイナ	週末特集（土曜篇）
22:00	エンディング音楽						
23:00	19:00〜20:00までの番組と同一構成						
00:00	20:00〜21:00までの番組と同一構成						
01:00	21:00〜22:00までの番組と同一構成						

9　「CRI Online」ウェブサイトより引用、http://japanese.cri.cn/782/2015/10/20/141s242461.htm

表2 CRI日本語放送のラジオ番組内容リスト

7/18（月）	
0〜10分 ニュース	習近平国家主席、AU首脳会議の開催成功に祝賀の意 南シナ海問題に関する学術シンポジウム、シンガポールで開催される トルコ外相、国内問題を懸念表明
10〜20分 文法ノート	「無主語文の存在文」
20〜55分 一時間目：ライフマガジン	中国旅行で買った商品を転売する豪州少年 北京暮らしの10大平均基準 中国人キャリアウーマンの消費傾向 日本製造業によるヒント
55〜90分 二時間目：中国のネット事情	「ネットコンテンツの開発」

7/19（火）	
0〜10分 ニュース	国際機構の代表ら、北京で円卓会議 中国報道大学院長、中比交渉について「仲裁結果はさておく」 中国、イラクに人道支援物資提供
10〜20分 日本で実践！中国語	「和食のバイキング」
20〜55分 一時間目：旬な話題	「北京で『自転車専用高速道路』構想」 スペシャル・バスケット「北京で開催された『第5回世界平和フォーラム』 を取材」
55〜90分 二時間目：CRIインタビュー	「漱石の孫として生まれる〜夏目房之介さんに聞く」

7/20（水）	
0〜10分 ニュース	李克強首相、社会投資促進会議に出席 南シナ海問題に関する学術シンポジウム、シンガポールで開幕 米オバマ大統領、トルコ大統領と電話会談
10〜20分 キーワードチャイナ	「极客、热门・冷门」
20〜55分 一時間目：チャイナ・エクスプレス	ザ・タイガース瞳みのる氏、10月に北京でコンサート 「Dr.劉のお悩み相談室」 漢詩歳時記「柳宗元『漁翁』」
55〜90分 二時間目：中日交流カフェ	「中国には『茗荷』を使った料理はある？」 「スターフルーツとはどういうフルーツか？」 交流広場「大中物産杯日本語弁論大会　入賞者スピーチ」

7/21（木）	
0〜10分 ニュース	習近平国家主席、全国で頻発する洪水に全力対策求める 李克強首相主催の常務院国務会議、北京で開催 トルコ首相、緊急事態宣言
10〜20分 文法ノート	「無主語文の現象文」
20〜55分 一時間目	中国のタイムリーな話題紹介 二十四節気時代「大暑」
55〜90分 二時間目	知りたい中国、教えてイーカン先生！「中国で愛されるソフトドリンク」 百家姓物語「雷」

7/22（金）	
0〜10分 ニュース	習近平国家主席、貧困扶助事業の貫徹を指示 全国政治協商会議が北京で開催、麻薬取締に関して建策 韓国でTHAADシステム配備に抗議デモ
10〜20分 日本で実践！中国語	「和食のバイキング」
20〜55分 一時間目：中国の旅DXプラス	「高橋豪さん、世界遺産めぐりのスタート」
55〜90分 二時間目：中国の旅DXプラス	「高橋豪さん、留学中に中国の世界遺産制覇を目指して」

7/23（土）	
0〜10分 ニュース	習近平国家主席、参加会議で改革の徹底を強調 李克強首相、参加会合で世界経済の持続可能な発展について重要性を強調 独ミュンヘンで銃乱射事件発生
10〜20分 キーワードチャイナ	「玛丽苏、羡慕嫉妒恨」
20〜55分 チャイナビジョン2016	「人民元安が国際商品に与える影響」

7/24（日）	
0〜10分 ニュース	北京市気象局、局地的な豪雨の予報 汪洋副首相、洪水干ばつ対策指揮部全体会議を主催 比元大統領、訪中外交特使受け入れを表明
10〜20分 歌で中国語を学ぶ	「蔡琴『団圓』」
20〜55分 中国メロディー	「納涼に関わる物語と音楽」

10/10（月）	
0〜10分 ニュース	習近平国家主席、IT技術の自主核心の促進を指示 李克強首相、マカオ視察を開始 トルコで自動車爆弾による襲撃事件
10〜20分 文法ノート	「可以（〜できる）」
20〜55分 一時間目：ライフマガジン	支付宝（アリペイ）の現金引き出しサービス料徴収 新入社員のスピード離職 日本企業の中国通販
55〜90分 二時間目	シリーズ〈世界進出を目指す中国企業〉第2回ハイアール（海爾）

10/11（火）	
0〜10分 ニュース	李克強首相、マカオで会談 第7回香山フォーラム、北京で開催 ロシア、シリアでの海軍基地高級化を計画
10〜20分 日本で実践！中国語	「日本で暮らし始める中国人『住民登録』」
20〜55分 一時間目：旬な話題	「国慶節連休の観光データ」 スペシャル・バスケット「自転車シェアリングサービス」
55〜90分 二時間目：CRIインタビュー	「麗澤大学外国語学部・三瀦正道客員教授—レベル式教授法—」

10/12（水）	
0〜10分 ニュース	李克強首相、閣僚級会議で基調演説 香山フォーラムで5つの共通認識に合意 比ドゥテルテ大統領、米との軍事演習に疑問表明
10〜20分 日本で実践！中国語	「货币篮子（通貨バスケット）、助阵」
20〜55分 一時間目：チャイナ・エクスプレス	北京の隠れ家レストラン紹介 「Dr.劉のお悩み相談室」 漢詩歳時記「岑参『送人环京（人の京に還るを送る）』」
55〜90分 二時間目：中日交流カフェ	「中国の朝鮮族の人たちはキムチを漬ける？」 「東方神起は中国でも有名？」 交流広場「全国高校生日本語スピーチコンテスト決勝大会　入賞者スピーチ」

10/13（木）	
0～10分 ニュース	習近平国家主席、カンボジア、バングラデシュ、インド歴訪を開始 中国外務省報道官、比ドゥテルテ大統領の訪中に期待 20年間で135万人が自然災害により死亡
10～20分 文法ノート	「会（～できる）」
20～55分 一時間目	中国のタイムリーな話題紹介 二十四節気時代「霜降」
55～90分 二時間目	知りたい中国、教えてイーカン先生！「ことわざ紹介」 百家姓物語「戚」

10/14（金）	
0～10分 ニュース	習近平国家主席、李克強首相、タイ国王死去に弔電 中国の外資実際利用額が増加 国連安保理、ハイチ安定化ミッションの任期を再び延長
10～20分 日本で実践！中国語	「日本で暮らし始める中国人『住民登録』」
20～55分 一時間目：中国の旅DXプラス	「江西省の三清山、婺源と景徳鎮」
55～90分 二時間目：中国の旅DXプラス	「中国国際旅行社の100元日帰りバスツアー『紅葉狩り』」

10/15（土）	
0～10分 ニュース	習近平国家主席、バングラデシュ公式訪問を開始 米、対キューバ制裁緩和
10～20分 キーワードチャイナ	「火星文、配套」
20～55分 チャイナビジョン2016	「ロボット産業の発展」

10/16（日）	
0～10分 ニュース	習近平国家主席、露プーチン大統領と会談 有人宇宙船「神舟7号」、17日に打ち上げ 韓国、北朝鮮が長距離弾道ミサイルの発射に失敗と報道
10～20分 歌で中国語を学ぶ	「斉秦『借根烟』」
20～55分 中国メロディー	「体育祭にまつわる音楽と思い出」

（2）ホームページ

　CRI Online 日本語版では、総合情報サイトとして日中両国に関する情報を発信している。その他、政治、中日交流、経済、国際、社会、エンタメ・文化のニュース、インタビュー動画、中国語講座、独自に取材した中国の文化、観光情報など盛りだくさんのコンテンツが楽しめる。

　ひときわ目に付くのが、ジャンル別のページが設けられている中で、ニュースに次ぐ位置にある「中日交流」である。中国の駐日外交官の日中交流イベントへの参加といった、まず通常のメディアでは取り上げられないような公的な取り組みや学生訪中団、中国人学生の日本語スピーチコンテスト、民間のフォーラムのような草の根レベルでの日中交流の最前線を独自取材したニュースをまとめて紹介している。

また CRI Online の大きな特徴として挙げられるのが、記事が全て「ですます調」の丁寧な日本語で書かれていることである。これにより、ニュースの一つ一つに堅苦しい印象を与えず、利用者が親近感を覚えやすいという効果が期待できる。

このように、中国のありのままの姿が一つのサイトにまとめられ、一目で分かるのはとても貴重である。

（3）新メディアの活用

a）WeChat の購読（微信公众号）：CRI 日语频道（日本語チャンネル）

CRI 日本語部は原則として日本語で運営しているが、その中でこれらは中国語を使う発信源である。日本語を学習している中国人リスナー向けの中国語での番組紹介とリンク提供や、CRI 日本語部に関する中国語での最新情報などのコンテンツを日々発信している。また、人気連載の"CRI 带你游日本（CRI がお連れする日本旅行）"では、中国人向けの日本の観光情報を発信しており、アクセス数は 1000 を超える。

b）Twitter（アカウント名「CRI 日本語」、@ CRIjpn）

日本でも利用者数が多いソーシャルメディアでの情報発信は、日本語部が専門の部署を設けてまで推進する事業である。主なターゲットは Twitter の利用頻度が高い日本人の若年者層で、発信する情報は CRI が報道するものや各通信社が提供する中国関連情報のうち、若年者層に受けがよいと予想するものの割合を多くしている。2016 年 10 月 27 日現在フォロワー数は 413 であり、上積みによるアカウント認知度の上昇を図っている。

c）Facebook（アカウント名「CRI 日本語」、@ japanese.cri）

字数制限や動画の長さ制限のない Facebook での投稿は、Twitter よりも頻繁に行われている。投稿内容は Twitter と同内容のもののほか、独自作成した定期的な番組宣伝や単発の中国情報紹介の動画を掲載している。閲覧数は Twitter に比べて格段に多く、合計「いいね」数は 2016 年 10 月 27 日現在 121 万を超えており、知名度上昇に最も貢献しているソーシャルメディアの一つである。

d）その他

中国版 Twitter の Weibo（微博）（アカウント名：@ CRI 日语频道）、youku

（优酷）や Youtube といった動画サイトでも様々なコンテンツを配信している。

（4）季刊紙「かけはし」

　CRI 日本語部は 2016 年 7 月 1 日、初めての試みとして、部の季刊紙を雑誌の形式で発行した（2016 年夏　創刊号）。「中国と日本を結ぶ『かけはし』」と題し、これまでのラジオ番組から夏の季節性にふさわしい選りすぐりのコンテンツを記事として掲載し、魅力あふれる雑誌に仕上がっている。発行人の王丹丹日本語部長は冒頭で、CRI 日本語部がソーシャルネットワーク全盛期にマッチした新しい伝達手段をいかに導入するか、試行錯誤を繰り返してきたことを明かしている。先述の SNS の利用に加え、季刊紙発行という試みもその一環であり、CRI 日本語部の進化を物語っている。第 2 号となった 10 月 1 日発行の秋号からは、電子マガジンの導入も始まり、現在ウェブサイトでも閲覧可能となっている。

（5）ドキュメンタリー作成

　CRI は今年 8 月、自主制作したドキュメンタリー番組『回想の大地〜 70 年の時を超えて』（中国語名 "与我同行"）を発表した。黒竜江省ハルビンで生まれ育った日本人の丸山巌氏が、戦後から 70 年経った今、感謝の気持ちを伝えるために、日本への引き揚げの際に通ったハルビンから遼寧省葫蘆島までの約 1000 キロの道のりを、自転車で走る模様を描いた映像である。旅の途中での丸山氏と現地中国人の心温まる交流と、丸山氏自身の心情描写を通して、平和への希求と日中交流の重要性を説くという構成となっている。

3．分析と考察

3.1　番組内容の分析

（1）ニュース

　CRI 日本語部が日々のラジオ放送の冒頭で報じた 2 週間分のニュースをジャンル別に分けると、一番多いのが「中国政府首脳の動き」である。これは

10　「かけはし」2016 年夏・創刊号　2016 年 7 月　中国国際放送局日本語部

11　http://japanese.cri.cn/other/magazine/20161025.pdf で閲覧可能

12　日本語版の動画は http://japanese.cri.cn/2050/2016/09/ 27/142s253987.htm で視聴可能

習近平国家主席、李克強首相を主とする国家首脳の動向を伝えるニュースで、3分の1以上を占める。「その他中国政治」と「その他中国外交」を合わせて政府関連報道とすると、半数を超え、国営メディアらしさを感じた。日々のトピックスでは次いで「海外の動き」が3分の1に近い比率を占め、国際報道への関心の高さがうかがえる。「国内情勢、民間」、つまり非政府系の報道はわずか5件にとどまった。（図1参照）

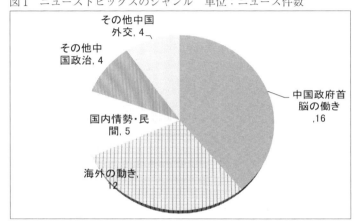

図1　ニューストピックスのジャンル　単位：ニュース件数

(2) 中国語講座

リスナーは現代中国のトレンドに関連付けて、中国の日常生活、時事問題、歌といったさまざまな角度から中国語に触れることができる。通常の中国語学習に比べ、学ぶ中国語の実用性が高いといえる。（表3参照）

表3　中国語講座番組の種類と内容紹介

番組名	曜日	内容
文法ノート	月、木	中国語の簡単な文法を例文とともに紹介
日本で実践！中国語	火、金	日本で中国人に会った時に使える中国語を、会話のシチュエーションとともに紹介
キーワードチャイナ	水、土	中国語の新語・流行語や時事・ニュース用語を紹介
歌で中国語を学ぶ	日	中国語の歌を例に取り、中国語を紹介

(3) ハイウェー北京

a) ジャンル

　図2は、ハイウェー北京で放送された大小様々なコーナーを、ジャンル別

に分けたものである。ジャンルの振り分けの際、一つのコーナーが複数のジャンルの性質を持つ場合には、当てはまる全ての項目に数えた。

その結果最も多かったのが「中国文化」であった。毎回異なる漢詩を紹介する「漢詩歳時記」や、中国人の苗字にスポットライトを当てた「百家姓物語」など、中国文化を紹介するレギュラー番組が多いことがこの結果につながった。文化は日本人の中国観の中でもとりわけ目に付くものであり、中国文化を学びたいリスナーが多いことも背景にあるのではないかと推測する。

2番目に多いのは「中国国内社会」であった。「中国のネット事情」のように一般の日本メディアでは取り上げられることのない、いわゆる中国社会の内部事情を番組のネタにすることで、CRI ならではの情報として他メディアとの差別化が図れるのであろう。3番手の「中国での話題」や「中国観光」では、日本人リスナーを対象に、中国に対する好奇心をそそるような内容を報じている。「中国での生活」はもう一つのリスナー層である中国在住の日本人向けに有意義な情報を提供している。

ここで特筆すべきなのは「日中交流」に振り分けられるコーナーの存在である。例えば、7月19日放送分の「北京で開催された『第5回世界平和フォーラム』を取材」では、日中関係の改善についての意見をパネリストにインタビューし、その全文を紹介した[13]。他にも、各界で日中間の民間交流の分野で活躍する人をゲストに招いたインタビュー番組や、中国人学生の日本語スピーチを放送しているが、これらは CRI 日本語部が日中交流の最前線を発信する使命を担っているという姿勢の表れでもあろう。

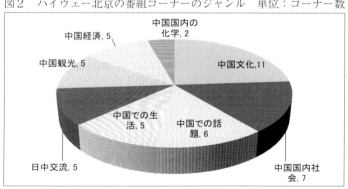

図2　ハイウェー北京の番組コーナーのジャンル　単位：コーナー数

13　http://japanese.cri.cn/782/2016/07/19/241s251558.htm にて聴取可能

b）番組の主要ゲストの国籍

　CRIの番組は、外部からの出演者によっても支えられている。図3は、番組にメイン出演したゲストの国籍を表している。視聴者参加型のコーナーには、火曜日放送の「CRIインタビュー」や、水曜日放送で毎回日中の若者を招いて悩み解決を図る「Dr.劉のお悩み相談室」などがある。私も7月22日放送分の「中国の旅DXプラス」にゲスト出演し、中国の世界遺産旅行の体験談を話させていただいた。[14] グラフからも分かるように、CRIは日本語放送でありながら、日本語の堪能な中国人も多数ゲストとして番組に出演している。日中両国からバランス良く出演することで、リスナーにCRIが日中両国に寄り添うメディアであることを印象付けている。

図3　ハイウェー北京に番組出演した主なゲストの国籍　単位：人

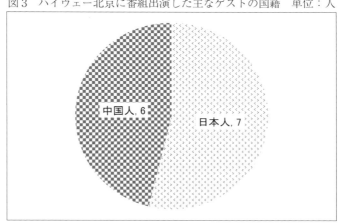

3.2　CRIでのインターンを通して感じた取り組みに対する考察

　CRIでのインターンシップで最初に任された課題が、日本のメディアの特徴をまとめるというものであった。新聞などのメディアの特徴と、日本人のメディア選択について調査報告をし、日本語部のスタッフが今後の番組作りの参考にするとのことだった。また、あるスタッフからは、日本語部がSNSを活用して知名度を高めようとしていることを聞いた。特に日本の若者に対して存在感を示したいとのことから、日本人留学生である私にアイデアが求められた。日本の若者としての意見やアイデアを提供したのち、Twitterや

14　http://japanese.cri.cn/782/2016/07/22/147s251664.htm にて聴取可能

Facebook の活用法に変化が見られた。このように、CRI 日本語部は中国国営メディアの立場を踏まえながらも、決められた一つの路線に固執せず、積極的に外部の意見を取り入れて成長を図る姿勢を持っていた。

　CRI 日本語部は、40 人程度のスタッフしかいない小さな部署のため、番組制作のための情報収集はスタッフ個人の裁量に任されている。旅行やグルメ体験そのままが番組内容になる。一人一人のスタッフが、日々本当に伝えたい中国は何なのかを吟味している。そして私が感銘を受けたのは、日本人リスナーからのお便りを非常に大事にしているということである。海を越えて北京に届くお便りには、いつも日本人リスナーの中国に対する様々な疑問が書いてある。ラジオ番組「中日交流カフェ」では、このお便りを紹介した上で、その質問に答えるというコーナーも設けてある。これはまさに日本人と中国メディアの双方向の対話であり、両者のどちらにも距離の近さを感じるという経験がとても新鮮であった。

　もちろん CRI 日本語部自身も、中国の国営メディアであることを大前提としている。ニュースの多くは中国政府の動向を報じるものであるし、私がインターンシップを行った 7 月上旬、中国は南シナ海問題の仲裁判決を控えており、部内は報道体制を整え、張り詰めた空気であった。案の定翌日の報道では、日本語で政府の代弁者を務めていた。これが本来、CRI 日本語部に求められている役割であると感じた。日本語部は他にも中国政府、中国共産党が全国人民代表大会や政治協商会議のような大きな会議を開催する際や、建党 95 周年、長征 80 周年といった節目を迎える際に、分かりやすい解説動画を作成し Facebook などで発信している。日本人は CRI のコンテンツを通して、あまり馴染のない中国政治に対する理解を深めることもできるのである。

　一方で先述のように、CRI は日中交流の方面に特に力を入れている。交流イベントがある度に記者を派遣し、どの日本メディアよりも深く報道している。スタッフ全体のアンテナの張り方と熱心さには学ぶべきものが多くあった。さらに、日本語部の番組内容は、冒頭で述べた現状の多くのメディアのように、日中関係にとってマイナス方向になる要素を含んでおらず、むしろプラスになるように努めている。季刊紙「かけはし」の名前が物語るように、中国において日中のつながりを促進し、その様子を日本語のできるユーザーに届けている。日本語を話す私たちには、この声を受け取る使命があると感じた。

　現在、中国情報がほとんどを占める CRI 日本語放送だが、一定数いる中国人リスナーに向けた情報発信をさらに増やしていくべきではないかと思う。

日本語を扱える、もしくは日本語学習中の中国人は、今後の日中交流の担い手になり得る存在である。こうした人々に日本関連の情報をさらに発信してもいいのではないか。また、CRI 日本語部の現段階の大きな目標は知名度の向上である。CRI 日本語放送を多機能型メディアへと変貌させた多才なスタッフが次にどのような手を打ってくるのか。事業拡大のただ中にあるだけに、今後の CRI の進化から目が離せない。

4．結びに変えて
―今後の日中メディアへの期待と新たな問題提起―

　よく日中関係の改善のためには、お互いを理解することが欠かせないと言われている。そして相互理解の一番の方法は、実際に現地に行って実情を知ることだとも言われている。しかしながら、実際にこれを実現させるのは難しい。言語の壁のある国民同士が気軽に相手の国に行き、相互の理解を深めるというのは、比較的難しい話である。また相互理解とは、現地への短期間の旅行程度で一朝一夕になし得るものではない。だからこそ、メディアがこの相互理解を補助する役割を担うべきなのである。

　例えば CRI 日本語部は、日本語で素の中国を伝えるという目的意識を持って、日々報道を行っている。つまり日本人にとって CRI 日本語放送は、中国を知る窓口としての機能を果たしている。日本にも中国人向けに歪曲されないありのままの素の日本を知らせることのできる「共同網」（共同通信社）や「日経中文網」（日本経済新聞社）といった補完関係を有するメディアも存在する。

　今回は CRI 日本語部という言語の壁を越えて日中間に影響を及ぼす特殊なメディアを例に取って考えたが、ここで言いたいことは、日本にせよ中国にせよ、一般のメディアはこの CRI の姿勢、つまりお互いの国に対する報道において無益な誇張もセンセーショナルな批判もない、純粋で真実をついた、思いやりのある情報提供を行うべきだということである。本論文で取り上げた CRI 日本語部の取り組みをより世間に知らしめることで、メディアこそが最も効率良く日中の相互理解を助長できる主体であるという意識を持っていただければ幸いである。

　ところが、この理想論の実現を阻む最大の問題は、現状ではこうした相互理解のための善意の報道が、利益の確保が大前提となっている民間メディアにとってあまりそぐわない路線であるということだ。つまり "Bad news is good news" の考え方がはびこっていて邪魔をするのである。全く悲しい現実であると思う。日中関係におけるこのCRI精神ともいうべき手法の浸透のために、現在の日中間のメディア報道の姿勢をいかにして改めるべきか考えることを、私の次なる問題提起として、この論文を締めくくろうと思う。

参考文献：

日中コミュニケーション研究会編（2002）「日中相互理解とメディアの役割」日本僑報社

内川芳美、柳井道夫編（1994）「マス・メディアと国際関係」学文社

公益財団法人　新聞通信調査会編（2014）「日中関係の針路とメディアの役割」公益財団法人　新聞通信調査会

段躍中編（2013）「日中対立を超える『発信力』～中国報道最前線 総局長・特派員たちの声～」日本僑報社

高井潔司、日中コミュニケーション研究会編著（2005）「日中相互理解のための中国ナショナリズムとメディア分析」明石書店

56

優秀賞

日系企業の中国進出についての文化経営研究
— ユニクロを例にして —

北京第二外国語学院日本語学部
2016 年 7 月卒業
王嘉龍

1. はじめに

1.1 先行研究

　ユニクロの中国での成功は、ますます多くの中国の経済学者に、「ユニクロの本土化」を課題として研究するようにさせた。その成果が論文あるいはニュース報道などの形で現われ始めている。

　韓億は「優衣庫在中国的策略調整和表現」(2013) という論文の中で、ユニクロが中国での本土化に成功し、業績を上げた理由として五つの点を指摘している。すなわち、①最初に失敗しても市場に合わせて調整できる②日本式のオンラインストアの機能を改善する③多様な世論リーダーを作る④多元的な現地のスター代弁者を作る⑤地元に合う製品を作る、である。

　ユニクロの中国本土化についての研究は、中国に先行して日本の多くの学者が取り上げてきた。いくつかの例を挙げよう。

　ユニクロを展開するファーストリテイリングの柳井正会長兼社長は、大塚英樹により書かれた『柳井正未来の歩き方』(2010) という本のインタビューで、「世界で覇を唱えたいなら、まずアジアで覇を唱えること、中国はアジア戦略において突破しなくてはいけない関所である[1]」と述べている。ユニクロが中国市場に進出したとき、柳井氏は工場経営者に様々な提案を行ない、お互いに信頼、尊重し合えるような関係を作った。その結果、ユニクロは中国モデルにすぐ適応でき、また生産とセールスの本土化を実現させるようになった。これが事業をさらに進めていくための基盤になった。

　月泉博は『ユニクロ世界一をつかむ経営』(2012) という本で、「ユニクロが中国で成功できたのは、中国経済の成長というよいチャンスを掴んだだけではなく、中国人社員を上手に配置したことが重要な要因になった[2]」と指摘している。ファーストリテイリング・チャイナの重役として潘寧氏を任用したことは、そのよい例であった。中国の人材を活用することにより、ユニクロはよりよく中国人の消費観と心理を分かることができ、極端で盲従する本土化路線を避けると同時に、社員の管理が容易になり、さらに社員の働く意欲を高めることができる。人材の中国本土化は、ユニクロの中国での発展を確実に促したことが明らかになった。

1　　大塚英樹著　『柳井正未来の歩き方』　講談社　2010 年　P39
2　　月泉博著　『ユニクロ世界一をつかむ経営』　日本経済新聞出版社　2012 年　P45

1.2 問題提起

　日中双方の学者の先行研究から、ユニクロは中国市場をしっかり捉えたからこそ、成功するに至ったことが分かった。中国は最大の海外市場として、非常に重要な価値がある。ユニクロのような中国進出および本土化を目指している企業が、どうすれば将来、よりよく発展できるのか、自分なりに深く研究し、適切な提案をしていきたいと思う。

　2013年4月4日、米経済雑誌フォーブスは「日本の富豪50人」を発表した。ユニクロの柳井氏は、資産額155億ドル（約1兆440億円）で、四回連続日本人の首位となった。2012年の106億ドルから、46％の増加となった。ユニクロは繊維業界が成熟化し、しかも長期的な不況が続いているにもかかわらず、2000年から2010年までの10年間で売り上げの伸び率を600％も高めた。さらにこの驚異の成長は、日本国内のみならず、中国市場でも目覚しい発展を遂げ、注目を浴びるようになった。

　しかし今までの先行研究からみれば、日系企業の中国進出についての研究（ユニクロも含む）は、商業的経営の角度から分析したものが多い。だが、成功した企業の例から見ると、文化経営の角度からの分析が欠かせない。これまでそうした角度から分析した研究は少ない。そこで本研究では、文化的経営の角度から分析し、研究してみたい。

1.3 研究方法と理論

　本論文では多くの文献を参考にし、主に具体例を挙げて分析していきたい。文献には中国のものだけでなく、日本のものも多くある。文献を通して、今までのユニクロの発展経緯をまとめ、成功した原因と戦略を探り出していきたい。そして自分の分析も加えていきたい。

　本研究では研究理論としてマリノフスキーの文化論、特に企業文化機能論を活用していく。マリノフスキーの場合、「文化」とは物質的、行動的、精神的な要素が有機的に関連しあった統合体であり、文化は閉じられた体系なのである。そのことから異文化間の比較が可能になり、本来の目的である文化の普遍的理解を試みようとした。[3]

　文化は一種のツールと風俗を含む肉体的あるいは精神的な習慣であり、こ

3　日本大百科全書 (ニッポニカ) の解説　「マリノフスキー」
https://kotobank.jp/word/ マリノフスキー (Bronislaw+Kasper+Malinowski)-1596196　2016年
3月2日アクセス

れは直接的あるいは間接的に人間のニーズを満たす。全ての文化要素はもし考えが正しければ、必ず生きており、効果が起こり、そして効き目がある。[4]企業文化は実際に、たくさんの要素が関連し合い、作られた産物である。形成した企業文化は企業に影響をもたらし、企業の成功・失敗と関わっている。それゆえに、企業文化機能や企業文化論などの視点から分析するのは有意義である。

1.4 研究目的と意義

　単純に売上高だけを見て、成功であるかどうかを判断しようとすると、独断的な偏見になってしまう恐れがある。そこで本研究では，たくさんの中国に進出した日系企業の一つであるユニクロを一例として取り上げ、ユニクロの中国本土化を分析することを通し、読者が科学的・客観的にユニクロの強みと弱みをより把握しやすいようにする。

　また本研究は、新聞記事や文献などの資料や、独自に統計処理を行ったデータを分析することを通し、ユニクロの成功を理解し、そして将来ユニクロのように、中国本土化を目指す企業がいかにして発展できるか、文化経営面から自分なりのアドバイスを出してみたい。また、未来を眺めるとともに、日系企業の今後直面する課題を考える必要がある。

1.5 本論文に使われる主な概念

　企業文化：企業文化の理論が生まれてから、企業文化の定義は国内外の専門学者たちの研究と論議の焦点となっている。異なる学派が自由に論争することから、なかなか定論ができない。文華出版社社長、北京大学文化産業研究院の羅争玉研究員は、「ある人が企業文化の定義について数えてみたところ、大体180種ぐらいの定義がある。総合的に見れば、現在の学術界では企業文化に関して二種類が分けられる。一つは広義の企業文化で、企業物質文化、企業行為文化、企業制度文化と企業精神文化などを含めると考えている。もう一つは狭義の企業文化で、企業文化は企業のスピリットだと考えている」[5]と指摘した。本論文では主に狭義の概念を用いるが、人材の活用などの部分では広義の概念も少し含めている。

　文化経営：管理学理論において、伝統的管理はモノの管理を重視するが、現

4　　マリノフスキー著　『文化論』　中国民間文芸出版社　1987年2月第1版　P14

5　　羅争玉著　『企業的文化管理』　広州経済出版社　2004年　P4

代管理ではヒトを中心とした管理を重視する。企業物質形態の商品と価値形態の資本は全て人によって作られているので、人が一番重要な資源だと考えている。それゆえに企業文化と人を中心とし、全面的、システム的に企業生産経営を分析する必要がある。企業が持続可能な発展を実現し、長期メリットを確立しようとするならば、追求すべきは文化経営である。

文化経営における本質は、モノ、カネ、ヒト、経済と社会の協調発展、規模と利益の両方の重視という点である[6]。

企業文化機能：企業文化機能は文化機能論の一つであり、企業経営管理の長期実践の中で形成される。観念の形で企業内メンバーの行為をコントロールし、企業の発展に重要な機能がある。これらの機能としては主に、ガイド機能、強調機能、激励機能及び約束機能などがあるが、本論文では主にガイド機能と激励機能について書いている[7]。

2. 日系企業の中国進出状況

2.1 中国の経済状況

1978年の改革開放以来、数多くの日本企業は、地理的なメリットや人件費が比較的安いなどの要因もあって、しかも日本国内では不景気で、市場が相対的に飽和していることもあって、中国に狙いを定め、進出してきた。この傾向は21世紀に入っても続いている。近年、人件費および生産コストの観点では、一部の東南アジアの国と比べ、デメリットが出てきたものの、中国人の消費意欲が一層高まっていることや、国が海外からの企業の支援を積極的に推し進めた結果、中国市場は総合的に見てなお魅力的な市場であり続けている。実際、多くの欧米の大企業も、中国市場を開拓する流れに参入しており、企業間での競争も激しさを増した。

しかし、2008年のリーマンショックにより、それまで順風満帆であった中国本土の経済も影響を受けた。一部の日系企業は、その景気変化にタイムリーに対応できず、経営赤字を生じることになった。しかし、多くの日系企業が衰退傾向にある時に、ファッションブランドのユニクロは創業以来最も栄えている。特に中国本土化に成功し、中国で発展、拡大を続けている。業界で今までに類を見ないような成績を収めている。

6　龐東順著「経営文化与文化経営」『鶏西大学学報』2004年01期　P43

7　張冠男「当代中国国有企業文化建設問題的哲学思考」『吉林大学』　P33

ユニクロは 2002 年 9 月、中国に進出した。競争相手の ZARA、H&M より 4、5 年早い。2013 年 11 月末までにユニクロは、中国で 251 軒、台湾には 41 軒の店舗があったが、2014 年 8 月現在では大中華地区（中国大陸、香港、台湾を含む）におけるユニクロの店舗総数は 374 軒まで増加している。わずか一年未満の間に、ユニクロの店舗は 100 軒近く増加した。とりわけ中国大陸で、100 軒から 200 軒を超えるのに、わずか一年半あまりしかかからなかった。

さらに特筆すべき点は、ユニクロは同時期に日本以外の海外市場において合計 187 軒の店舗を増やしたが、その中で大中華地区で増加した数は半数を占め、海外で開店した市場の中で一番になったことである。同時に、柳井氏が打ち出した「2020 年までに中国で 1000 軒の店舗を開く」という目標を達成するために、ユニクロは引き続き中国の市場を拡大している。その一方、ユニクロは 2011 年前後、わざと商標の中の日本語カタカナのマークを消し、「日本」の印象を弱めると同時に、日本らしい高品質の商品とサービスを通じて、中国顧客を引き付けている。

2.2 日系企業の発展状態

日本企業の国際展開が活発化し、多極化しているが、中でもアジアの比重が大きくなりつつある。そのアジアの中で、日本にとって非常に重要な経済的な隣人となっているのが中国である。日本企業を見ると、通信、飲食品、銀行、商社、小売り、金融、アパレルなど幅広い産業が中国に進出してきている。

日系企業の近年における進出地域を、直轄市、沿海、内陸の大雑把な分類で見ると、それぞれのシェアは 34％、53％、13％である。省市別で最も増加したのは、上海の 200 件以上であり、続いて浙江省、山東省、北京市、江蘇省などとなっている。直轄市の中では天津市の勢いがやや落ち、沿海では遼寧省と広東省が華東地域（上海、江蘇省、浙江省）に比べるとあまり伸びていない。最近の日系企業の「華南離れ、華東進出」の傾向は暫らく続きそうである。

近年、中国経済の発展とともに民族企業もだんだん発展してきている。人件費の上昇もあって、一部の日系企業は時代の流れに乗れなくて、中国から撤退するところも出始めている。だが、一部の日系企業はこれまでよりもさらに成長しており、むしろよりよく発展している。

経済のグローバル化により、各国間の異文化交流もますます深まってきた。この経済文化交流の盛んな時代に、欧米企業にしても日系企業にしても、

中国に進出するに当たり、従来の経営方式を維持すると同時に、企業文化を新しい環境の中でどのように開花させていくかが重要な課題となっている。つまり、企業の対中進出を実現したからといって、それが直ちに成功につながるわけではなく、進出企業にとってどれだけ現地の社会・文化に適応できるかが重要なカギとなっている。[8]

3. ユニクロについて

3.1 中国進出状況と発展状態

グローバル化とともに、中国市場はもっと重要になる。柳井氏は、中国市場を持つことで、ユニクロがグローバル化の激しい競争に打ち勝つ機会を保証できる、と考えている。発展中の中国は巨大な潜在力を持っている。中国人の生活レベルの向上に伴って購買力も強くなり、気持ちよくカジュアル服を楽しめるようになる。こうした中国の発展と一緒に進歩できるのは、最もよいチョイスだ、と言うのである。

3.1.1 ユニクロの発展概況

ユニクロを展開するファーストリテイリングの前身は、1949 年 3 月に山口県で成立した個人企業である。1963 年 5 月、小郡商事有限責任会社に変更し、ファーストリテイリングとなったのは 1991 年である。

ユニクロはデザイン、生産、販売を揃えるファーストファッションのアパレル企業である。売り上げもグループの中の大部分を占めている。[9]ユニクロの英語の名前は UNIQLO で、世界トップ 10 のカジュアル服装ブランドの一つとなっている。UNIQLO の全称は UNIQUE CLOTHING WAREOUSE で、その意味は過度な装飾を捨てた倉庫型の店舗、そしてスーパー型のセルフショッピングを取り入れ、それに手頃な値段でお客様が欲しい品物を提供することを指している。UNIQLO は UNIQUE（唯一無二）と CLOTHING（服装）の二つの単語からなっている。"安くて質がいい"という経営理念を持ち、モダン、シンプル、ネーチャー、ハイクオリティの品物を世界中の人々に提供し続けている。

ファーストリテイリングの英語表記である Fast Retailing にも多くの特別

8　姜春潔著『企業文化における中日比較研究』中国海洋大学出版社　2008 年 3 月第 1 版　P2
9　劉燦著「快時尚品牌営銷策略」首都経貿大学　2012 年　P8

な意味が含まれている。Fast（迅速）＋ Retailing（小売り）は、どうやって顧客のニーズを速く商品化するか、どうやって商品を速く向上させるかという企業の根本的スピリットを表している。この理念の下で、どこでも同じサービスができ、いつでもリーズナブルな値段で買え、誰でも着られる服装を提供することを指している。

図1　ユニクロ事業系統図[10]

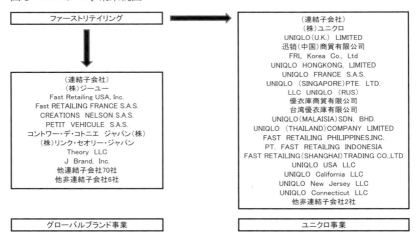

3.2 中国市場での成功要因と戦略

ユニクロが中国に進出した当初は、中国の顧客にとって単なるカジュアル服に過ぎず、価格がもっと安い現地ブランドの方が有利であろうとみられていた。にもかかわらずユニクロが色々な問題を乗り越え、中国で成功したのはなぜか。その原因と戦略をまとめてみると、文化の面を中心に、以下の6つがあると思われる。ユニクロの成功は企業文化により、もたらされた成功だとも言えよう。企業文化論は、企業経営に携わる人々にとって、一般には経済的成果や経営業績との関連において関心をもたれる。企業文化を形成し経営目標を確立すれば、結果として収益の増大や企業の成長が促進されるからである。[11]

10　FR 有価証券報告書 2010 年 9 月期より
11　姜春潔著『企業文化における中日比較研究』中国海洋大学出版社　2008 年 3 月第 1 版　P2

3.2.1 新旧交替と積極性

まずは企業のスローガンである。企業のスローガンは、よく企業の方針と文化を現している。ユニクロのスローガンは"常識を変え、服装を変え、世界を変える"であり、変えるという動詞を三回も繰り返している。革新（イノベーション）という理念を重視しているからだ。例えば企業の経営理念は当初は本部主導だったが、革新によって店舗主導となり、中国の店舗にも自分らしさが出てきて、社員の積極性が上がってくる。このスローガンがあったからこそ、ユニクロは中国で根を下ろすことができた。

3.2.2 失敗は成功の母

次は失敗を恐れないことである。柳井氏の一つの名言は「僕はずっと失敗してきた。今までのどのビジネスでも一勝九敗くらい。唯一成功したのがユニクロです。致命的にならない限り、失敗はしてもいい。やってみないとわからない。行動してみる前に考えても無駄です。行動して修正すればいい。[12]」である。

こう見ると、失敗は怖いものではない。リスクを冒し、行動するのは大切なことである。香港での発展はいい例だと思われている。最初は日本と同じで、低価格ルートを設定したため、なかなか売れなく、倒産に近い状態だった。ところが実践的な経験から、中流階級に消費層のねらいを定め、そして少し値段をアップさせたことで、意外にも売れることになった。

3.2.3 日本の集団的精神

三つ目は、個人よりも団体としての力がより求められ、全体の力を合わせて問題を解いていくことである。田中雅子氏は『日本一の「実行力」部隊　ユニクロで学んだ「巻き込み仕事術」』という本の中で、ユニクロが全ての困難を克服できる一番力強い DNA を持っていると述べている。ユニクロは"最小の人件費と時間をかけ、最大の報いを求める"という効率経営を追求する。集団の決意が問題の解決には、非常に適する。集団の力は個人の力を遠く超え、一致団結と同時に個人のメリットも発揮させる。1.5 で指摘した企業文化機能の中の「ガイド機能」の成功だとも言える。

12　「柳井正の名言・格言」 http://systemincome.com/5150　2016 年 2 月 13 日アクセス

3.2.4 人材経営

　次は人材経営である。マリノフスキーの『文化論』という本では、文化は向心性と排外性を持っていると言っている。異文化が他国でどうやって生きていくかは、いつも課題になっている。ユニクロは中国に進出した異文化の担い手として、中国でうまく発展するのに、人材経営を大事にしなければいけないと考えた。

　特に日本と中国は歴史的原因のせいで、より注意しなければならない。周知のように、日系企業の管理層は、外国人にとってずいぶん入りづらいが、柳井氏は大胆に中国人の管理者を採用し、思いもよらない結果を出した。

　大中華圏（中国大陸、香港と台湾市場）の CEO である潘寧氏の任用は、人材活用の模範だとよく言われている。中国人だから、派遣された日本人の管理者よりもっと中国のことが分かり、そして潘寧氏は日本で留学と就職の経験もあるし、両方の状況を把握できやすい。

　短期的にみて、中国でユニクロを普及するには、値下げが必要であるが、値段を安くするために品質が下がるのは許せない。値段と品質を両立させるのは難しくて、ユニクロもジレンマに陥った。その時、潘寧氏は中日の国情を分析した上で、いい案を出した。中国の大衆市場に進出することをやめ、購買力を持っている中流層を目標として狙うことにした。これらの層ならば、商品を売りつつ宣伝もできると考えた。思ったとおり、ユニクロは徐々に有名なブランドとして中国でよく知れ渡り、売れるようになった。

　また、日本の伝統的な人材育成法である年功序列と終身雇用は、若者の積極性を低め、やる気をなくしてしまう。中国のユニクロでは、店長の資格を取るのは新入社員になってから早ければ半年。それに店長にも、一般店長、スター店長、スーパースター店長という三つのレベルがある。これも社員の積極性と潜在力を向上させる方式である。企業文化機能の中の「激励機能」の成功だと考える。

3.2.5 本土化経営

　ユニクロの中国における戦略の中では、本土化経営戦略が一番重要であろう。中国では"郷に入っては郷に従う"と言う諺があり、ユニクロは中国本土化戦略によって中国での成功の土台を固めることが出来た。具体的な事例を挙げてみよう。

ア、多元的な現地スターの活用

ユニクロは中国でたくさんの現地スターを登用し、彼らにユニクロの声を代弁させた。ファーストファッションブランドにとって、こうした代弁はなくてはならない。一部の企業は有名人の呼びかける力だけを利用している。

しかし、現在の人々はもっと冷静で、有名人の着ている服の中で、どれが自分に合うかにより関心を寄せる。各有名人は一種のスタイルで、代表的な"顧客モデル"である。例えば女優の中でも、倪妮はシンプルなスタイルを表し、高圓圓はエレガントな感じを表し、林依晨は可愛い格好を表している。こうしたユニクロの"多元的な現地スターの活用"と言う広告戦略によって、多くの顧客を集めることが出来た。

表1　中国各地の代弁者[13]

中国大陸の代弁者	陳坤、孫儷、杜鵑、黄豆豆、譚元元、高圓圓、倪妮
中国香港の代弁者	方大同、黄宗澤
中国台湾の代弁者	陳柏霖、陳意涵、厳爵、林依晨

イ、地域なりの製品の開発

ユニクロの上海旗艦店は世界中で一番大きい。この旗艦店ではShanghai Pop Culture Project（図3）と名のついた上海らしいプログラムを考え出した。上海や世界のアーティストの協力を得て、独創的なデザインのTシャツなどを制作し、販売しようというもの。定価は88元だが、ネットならば79元で買える。ユニクロのアイディアは上海現地の特色と結びつけ、多くの上海文化に興味を持っている若者を引き付けた。例えば、図4は上海方言"接棍（すごいの意味）"をデザインして作られたTシャツである。

図2　上海旗艦店内　　　　　図3　Shanghai Pop Culture Projectのポスター

13　百度百科「優衣庫」
　　http://baike.baidu.com/link?url=MemEAJYMpZCS0NgeB87DZvBbY_wtO4ZW2taiVGUIT3pemryo92HVbPVmg3V-Y08bJI_mmwFddlK5GzNPtaqD6K　2016年1月5日アクセス

図4　特色のあるTシャツ

ウ、ウィチャットなどの導入

ユニクロは中国に進出してから、より多く中国らしいものを用い、よい効果があった。ウィチャットや微博などの中国らしい宣伝手段を利用するだけでなく、ウィチャットや支付宝などの支払い方法も導入し、タオバオとも提携し、より買い物をしやすくした。

騰訊2015年度の業績報告によると、ウィチャットのユーザー数は5.49億人に達し、ウィチャットペイを使用する人数も4億人に達している。大規模なユーザーに支払いの便利をもたらせ、そしてつり銭やサインなどの面倒なことも省け、レジ及びサービスの効率を向上させることができる。

また社交アプリとして、ウィチャットはブランド影響力の拡大や正確なユーザーグループの位置づけ、ブランド普及率の向上などに役立っている。このほか、ウィチャットのプラットフォームで、ユーザーのデータ分析を行うことが出来るし、ウィチャットウォレットなどの機能を通じ、オンラインクーポンの配布という活用の仕方もある。

エ、ブランド名の漢字化

中国以外の国のユニクロ表記は、UNIQLOかカタカナそのままだが、中国では本土化を進めるために、"優衣庫"で表記している。中国人にとって覚えやすいだけではなく、「よい服が揃っている」の意味もある。これによってブランドイメージが高められたと言われている。

3.2.6 日本での経営方法の活用

ユニクロは中国で盲目的に本土化しているわけではなく、日本での経営方法を活用しつつ進めている。企業文化を多く含んでいる日本での経営方法は、ユニクロの成功にとってなくてはならないものである。

優秀賞／王嘉龍　69

ア．大衆文化

　ユニクロは中国に進出して、いろいろ中国なりのものを作ったが、日本での"Made for All"という考え方はずっと変わっていない。"Made for All"であれば、目標の顧客範囲を幅広く定められる。学生、ホワイトカラー、若者及びお年寄りなどがユニクロで自分に合う服が選べるだけではなく、一方で値段も安く、各消費者が買えるような価格で売り出す。大衆文化の考えは日本と同じである。こういう文化経営こそ、中国で評価されていると言えよう。

　イ、セルフショッピング

　アジアでもセルフで服を選ぶやり方は近年、次第にはやるようになってきた。ユニクロは日本企業として随分前にこういう売り方を試し、よい効果を収めた。セルフショッピングのおかげで、カゴを持つだけで、広い店舗の中で自由にスタイル、色、サイズの服を選び、鏡の前で比べられるし、フィッティングルームで試着もできる。そして問題があったらショッピングガイドも助けてくれる。こうしたゆったりと買い物のできる経営のやり方は顧客を安心させることができる。顧客がリラックスすればするほど、長く店内にいることができ、買い物する可能性も増える。コストも節約できる。中国でもこうしたやり方を導入し、成功している。

　ウ、微笑みサービス

　店舗で最もよく社員のサービス態度をチェックできるのは、服をたたむことであろうか。顧客が試着した後、そのまま置かれていると、トレーニングしていない社員はすぐにたたむことができない。ましてやたたみながら微笑むことは無理というものだ。

　ユニクロでは、微笑みの練習をするのに、"箸を噛む"というトレーニングを行っているという。ただ口の微笑みだけで、目の微笑みがなければ、不合格である。ユニクロは日本での微笑みサービスも中国で取入れ、素晴らしい経営効果を出している。

　ユニクロは中国市場に進出した当初は順調ではなかったが、絶えず革新を求め、近年では素晴らしい成果を収めている。つまりユニクロの企業文化が文化の機能を発揮させ、よい結果をもたらした。ユニクロは Life Wear（着る人の生活をより豊かに、より快適に、そしてより楽しく。今という時代のムードを取り込み、生活のあらゆるシーンに寄り添う服を）というブランド

の考えを持ち、できるだけ各年齢の消費者のニーズをつかもうとしている。店の中は整っており、品物がきちんと並んでいて、社員も統一した制服を着て、一生懸命働いている。ユニクロは文化を取り入れる経営理念によって成功を招いているのだ。

4. 終わりに

4.1 中国に進出した日系企業への示唆

ア、できるだけ中国現地の人材を活用することである。それによりコストを下げるだけでなく、現地人材の仕事への意欲も向上させることができる。現地社員は自分の昇進が見えれば、もっと企業のために頑張って仕事をするだろう。それと同時に人材が離れていくこともなくなる。

イ、本土化が進まないと、なかなかよい発展ができない。本土化というと文化経営のコツを意味する。いわゆる"郷に入っては郷に従う"ということだ。しかし、盲目的に本土化するのはよくない。ユニクロのように、現地の状況を見たうえで、ニーズに見合うように本土化しなければならない。

ウ、日本での経営方法を活用するのは重要である。日本での成功や失敗の経験をよく分析した上で、日本での経営方法を活用する。いわゆる"自分のかすを取り除き，精華を取り入れる"ということである。

つまり、現地人材の活用、本土化経営及び日本での経営方式の活用をよく把握しないと、異文化環境の中において、よい経営ができないと言っても過言ではない。

4.2 中国企業へのアドバイス

ア、中国市場も海外市場と同様に、特徴を持っているブランドが必要だが、それよりも大切なのは明確な企業の理念や位置づけなどである。ユニクロは中国で顧客層を正しく定めたことで成功した。国内の中小都市にはまだ発展する余地があるが、その際にも重要なのは、国内の状況についてよく知っている現地企業を活用することだ。特に大衆のニーズが何かをうまく把握しなければいけない。ブランドの知名度を向上させるために、進出のタイミングをよく考えることである。

イ、消費者のニーズの変化に対応して、品物を絶えずレベルアップしなければならない。特に現地の文化を知った上で、現地に合った品物を開発するべきである。

ウ、ユニクロが大胆に現地人材を登用したことに学ぶべきである。現地人材は現地のことを知っており、トレーニングコストも低いから、活用すれば思いもよらない効果がある。

エ、時代の発展とともに、消費習慣はより冷めたものとなり、消費理念も随分変わった。ネット利用も増えた。オンラインとオフラインでのショッピング転換が広く進んで、何を選択するか、買い物のプロセスが昔より分かりにくくなっている。中国企業のように、ネット媒介のメリットを認識し、ネットでの販売に積極的に取り組まなければいけない。

4.3 今後の課題

ユニクロに代表される中国進出の日系企業は、企業の文化を受け継いだ上で、異文化の中で、どうやっていけば現地の文化とうまく結びつけ、発展させていけるか。このことは、今後避けては通れない重要な課題である。そして、昔と随分違い、中国での人件費などが上がっているから、サービスと品質を保証した上で、どうやってコストを減らすかも考えなければいけない。

世界を狙っている日系企業にとって、"まず中国を制覇しなければならない"（柳井氏）。その上で世界に進出するために、経営戦略の中でもっと文化の面を考えていく必要がある。

ユニクロは中国ですばらしい発展が出来た。経済的な「架け橋」を通して、これからも友好関係を構築していくことを期待している。日中はお互いに学ぶべきところが多くある。ユニクロの成功をきっかけに、日本式経営のコツが、中国でもさらに知れ渡ることになろうし、経済上の交流も増える。経済的絆が強くなれば、中日関係がより強く繋がれることになる。ユニクロの成功は中日関係の発展に大きな意味があると言えよう。

参考文献

（日本語文献：五十音順）

稲垣清『一目でわかる　中国進出企業地図』、蒼蒼社、2010 年 10 月 15 日。

伊吹六嗣『中小企業の海外経営戦略』、同友館、1994 年 4 月 15 日第一印刷。

姜春洁『企業文化における中日比較研究』、中国海洋大学出版社、2008 年 03 月第一版。

龔奕珑「中国市場におけるユニクロの成功要因──ブランド構築を中心に」、上海外国語大学、2012 年。

蒋春霞「ユニクロの商品力・販売力へパースペクティブ──店舗を視点として」、北京外国语大、2004 年 12 月。

薛軍『在中国の経営現地化問題──他国籍企業現地化論の再検討』、創成社、2010 年 11 月 10 日初版発行。

深尾京司『日本企業の東アジア戦略』、日本経済新聞出版社、2008 年 2 月 25 日 1 版 1 刷。
柳井正『現実を視よ』、株式会社 PHP 研究所、2012 年 10 月 24 日第 1 版。

（中国語文献：アルファベット順）
陳都偉『日本企業文化——結合管理学和政治経済学的研究』 中国社会科学出版社、2013 年 07 月。
費恩斯・特朗皮纳斯、查尔斯・汉普登・特納著 劉現偉訳『跨文化人員管理』 経済管理出版社、
　　2010 年 10 月 15 日。
谷本真輝著 李鑫訳『一勝九敗』 中華工商連合出版社、2011 年 1 月第 1 版。
横田増生『優衣庫非常道』 上海財経大学出版社、2013 年 9 月第 1 版。
Larry A. Samovar Richard E. Porter Edwin R. McDaniel 著 閔恵泉、賀文発、徐培喜など訳
　　『跨文化伝播（第六版）』中国人民大学出版社、2013 年 9 月第一版。
劉烁「快時尚品牌営銷策略分析及对我国服装企業的啓示」 首都経済貿易大学、 2012 年。
梁文源「優衣庫在華的競争戦略研究」 中山大学編号 08251035、2012 年 6 月。
李鑫『柳井正全伝』 中国華僑出版社、2012 年 1 月第 1 版。
Michael H. Prosser 著 何道寛訳『文化対話 跨文化伝播導論』 北京大学出版社、2013 年 10 月
　　第一版。
Mika K『優衣庫熱銷全球的秘密—日本首富柳井正的経営学』 浙江大学出版社、 2011 年 12 月第
　　1 版。
馬林諾夫斯基（英）著 費孝通など訳『文化論』 中国民間文芸出版社、1987 年 2 月第一版。
「数据：騰訊発布 2015 微信用戸数据報告」
　　http://www.cmothinking.com/wxyx/5120.html、2016 年 3 月 1 日アクセス
王暁鋒 徐礼昭 陈天浩『中国為什么没有優衣庫』上海交通大学出版社 、2013 年 7 月第 1 版。
王秀文『日本企業文化与跨文化交际』 世界知識出版社、2009 年 6 月第一版。
楊俏村「結合日本文化浅析優衣庫在中国取得成功的原因」『教育教学論壇』 2015 年 11 月第 45
　　期。
伊藤賢次著 张青松訳『国際経営：日本企業的国際化及对東亜的投資』 中国国社会科学出版社、
　　2008 年 12 月第一版。

優秀賞

「草の根」の日中関係の新たな構築
～農業者、農協の交流を通して～

早稲田大学商学部1年
宮嵜健太

はじめに

日本と中国には文化、技術面などにおいて古代から数多くの交流があり、現在においても、日中関係は経済、貿易、安全保障等において日米関係と並んで極めて重要である。特に貿易面において、中国は日本にとって最大の貿易相手国であり、また人的交流においても訪日観光客は中国本土からが最多であると近年の統計は示している[1]。

しかしながら、歴史上の日中交流における主役はそれぞれの国のエリート層同士のものであった[2]。現在においても日中間貿易は比較的規模が大きい企業が主体であり、訪日中国人は富裕層が中心であって、所謂「草の根」の国民同士はほとんど交流を持っていないと言っても過言ではない。その結果、国民はお互いの実情を知らずに歴史問題や領土問題ばかりを注目する傾向があり、日中関係に悪影響を及ぼしていると思われる[3]。

そこで、本論文では関係改善のための一助として両国の基幹産業の一つであり、中国においてはその従事者が人口の約4割を占める農業に着目し、いわば最も草の根的ともいえる両国の農業者間の新しい交流の枠組みを探索する。ここでは、現在、両国の農業で重要な役割を担っている「農業協同組合」を交流の単位として考え、両国の農協の特徴を踏まえたうえで、現在の日中関係において農協間でどのような交流が必要かを考えていく。

本論文の構成として、まず第1章ではその発展過程において特筆すべき性質を持つようになった日本農協について考察する。第2章では現代中国における専門農協「農民専業合作社」がどのように誕生し、いかなる特徴を持つかを日本農協と比較したうえで分析し、いま直面している課題を探る。第3章においては今後の交流の前提として、日中の農業分野での交流を考察する。そのうえで、今後どのような交流が必要であるか、筆者の見解を第4章で述べることとする。

1　　JETRO HP https://www.jetro.go.jp/world/asia/cn/（最終アクセス2016年10月26日）。観光庁 HP http://jnto.go.jp/jpn/statistics/visitor_trends/index.html（最終アクセス2016年10月31日）。

2　　溝口清之 著（2016）「2020年代の中国経済リスクと日中関係の展望—遣唐使の文化交流から日中経済ウィンウィン関係の新時代へ—」

3　　歴史問題、領土問題をはじめとする日中間の問題については宮本雄二 著（2011）『これから、中国とどう付き合うか』日本経済新聞出版社の第2章が詳しい。

第1章　日本における農協制度とその特徴について

1-1　農協の成立・発展過程

　日本において、農業従事者による最大の協同組織は農業協同組合（JA）である。日本の農協は世界でも特異な制度を有しているといわれており、特筆すべき性質がいくつか存在する。ここでは、日本の農協がどのように発展し、どのような特徴を持つようになったのかを探る。

　現在の日本の農協の原型は戦前の産業組合である。1930年代、農業恐慌に際して産業組合拡充計画が発表され、それまで任意加入であった産業組合について「未設置町村解消」「全戸加入」が目指されるようになった。この段階で産業組合は実質的に政府の農業政策の実行組織となり、政府の農業政策への依存度が高まるようになった。また、全市町村への設置や全戸加入という目標も達成されるようになっていった。

　やがて日中戦争・太平洋戦争期に入ると、あらゆる農業団体が統合され、農業会が結成された。農業会は、全国、都道府県、市町村にそれぞれ組織を持つ完全な行政補完組織であり、農業者は全員加入とされた。

　戦後になると、既存の農業会組織を解体して自由で民主的な協同組合を設立することが目指され、1947年11月に組合の設立と加入脱退を自由とし、管理運営の民主制確保を基本とした農協法が公布された。しかしながら敗戦後間もない頃の農協は実態としては戦時中の農業会とあまり変わらず、政府政策への依存や全戸加入といった特徴を引き継ぐことになった。

　また、戦後まもなく農協には政府から信用事業及び共済事業の兼営を認可された。これらの事業は好調であり、1970年代になるとさらにAコープやガソリンスタンドの運営など、非農業的な事業の兼営が本格化することになる。

1-2　日本農協の特徴

　1-1のような歴史的背景の結果、現在、日本農協は大きく分けて以下の4つ

4　　ここでの農協とは作物ごとの専門農協ではなく総合JAを表す。

5　　1-2において詳細を説明する。

6　　詳細については増田佳昭 著（1998）「農協運動の日本的特質とその変容」『協同組合研究』第17巻第3号春季号、4-11頁を参照されたい。

7　　産業組合については関英明 著（2001）「産業組合法100年，戦後協同組合法制の歴史的包括」『協同組合研究』第20巻第3号春季号、126-132頁が詳しい。

8　　大泉一貫 編著（2014）『農協の未来―新しい時代の役割と可能性』勁草書房、第1章を参照。

の特異な特徴を持っている。このうち第一と第二の特徴は図1によって示される。

　第一の特徴として挙げられるのはその「事業の総合性」である。これはつまり、農業面での事業である、営農指導、農産物販売事業、購買事業に加え、信用事業、共済事業をはじめとする広範囲な事業を行っているということである。信用事業や共済事業との兼営は日本においては農協以外の協同組合組織には認められておらず、農協だけの特権である。

　第二の特徴としては地域組織性、系統組織性というものが挙げられる。農協は全国レベル、都道府県レベル、地域レベルという三段階の組織構成を行っている。末端組織である地域を単位とした農協は一地域一農協となっており、重複が存在しない。このため組合員は居住地域によって自らの所属する農協組織が自動的に決められる。

図1　農協グループ　主要5事業

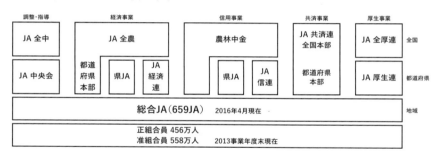

出所：JA HP https://org.ja-group.jp/about/group/ を参照して筆者作成。
注）農協にはこれ以外にも全国レベルの組織として日本農業新聞、農協観光、家の光協会が存在する。

　第三の特徴としては全農家加入が原則となっているということがある。これは協同組合組織が本来持つ加盟脱退の自由が存在せず、農家の自主的な活動がある程度制約されるということである。

　第四の特徴としては政府の農業政策への依存性がある。農協が政府の政策の実行に協力し行政を補完する一方、巨大な農協が圧力団体として政府の政策に影響を与えやすいという側面もある。

9　過去に考察された農協の日本的な特徴については増田・前掲書（注6）11頁、注（1）が詳しい。

第2章　中国の農協「農民専業合作社」制度について

2-1　中国における農業共同化の過程

　ここでは、現代中国の農協といえる農民専業合作社が誕生する背景となった人民共和国成立後の中国における農業の共同化の歴史をみていきたい。[10][11]

　中華人民共和国成立直後の 1950 年代初期から、中国においては社会主義化政策がすすめられた。農業面でも共同化・集団化が進められ、当初は農業互助組合の設立が急がれた。その後自由参加という原則の下で初級農業合作社が各地で誕生し、1950 年代後半になると農村では土地の集団所有と統一経営を特徴とする高級農業合作社が作られるようになっていった。また農産物に対する統一買い付け・統一販売制度も実施され、流通面においても共同化が進んだ。[12]

　1958 年には農業・工業の大増産政策である大躍進政策が実施された。この段階において高級合作社は人民公社に再編成された。合作社が基本的に農業を共同で行うための組織であったのに対し、人民公社は農村の生産、生活、行政の全てを管理する組織であって、急進的な社会主義化が進んだ。人民公社の下ではすべてのものが公有となったが、分配が労働の質に応じたものでなかったため労働意欲の喪失を招き、中国の農業生産力は停滞した。[13]政府は過度な集団化政策を一時取りやめたものの、人民公社体制は続けられ、1960 年代後半からの「文化大革命」の時期においては再び過度な共産主義化が進められた。

　1978 年 12 月に改革開放が打ち出されると、農業についても政策を転換し、農家の積極性を引き出す政策がとられるようになった。農村市場の復活、統一買い付けの縮小などが行われ、農家生産請負責任制が普及した。この制度は各農家が村から土地を借り受けて生産を請け負い、集団に一定量の生産物を納めるという制度であり、旧来の制度に比べると農家が自由に扱える生産器具や生産物の量が格段に増えた。この制度が普及するにつれて人民公社は

10　　2-2 において詳細を説明する。

11　　中華民国時代及び共産党政権下の改革開放前後の農協制度の詳細については川原昌一郎 著 (2008)『中国農村合作社制度の分析』農林水産省農林水産政策研究所の第 2 章を参照されたい。

12　　中国政府の農業政策については姜春雲 編著 (2005)『現代中国の農業政策』(石敏俊, 周応恒, 于日平, 安玉発, 陳永福 訳) 家の光協会 (原著は 2000 年) が詳しい。

13　　厳善平 著 (1997)『中国農村・農業経済の転換』勁草書房、第 1 章を参照。

有名無実化し、1983年には遂に解体された[14]。この段階においては行政組織を除いて農民の協同組織はほとんど消えることとなった。

　農産物の統一買付制度については1985年に廃止されることとなり、これに伴い農村経済に市場メカニズムが導入された。この結果、農作物の生産量増大のために技術を習得することや、農家同士で共同して農作物を販売することの必要性がうまれ、徐々に農民自身が自主的に専業合作組織を結成するようになった（詳細は後述）。これらの組織は農家生産請負責任制を維持することを基本としたうえで、農民たちが自発的に特定の生産分野の発展をはかることができる組織であり、次第に全国に広まった[15]。

2-2　現在の農民専業合作社の概要

　現代の中国において農業協同組織と呼べる存在は主に4種類ほどある[16]。その4種類とは社区合作組織、供銷合作社、信用合作社、農民専業合作社である。社区合作組織は行政村において集団資産の管理を行う組織であり、供銷合作社、信用合作社はそれぞれ生産投入財購入、金融の協同化を行ってきた。しかしこれらは現在では行政的、企業的な性格を強めてきており、協同組合とは言えなくなってきている[17]。この結果、農民専業合作社が現代中国の農業における協同組合の主流になってきている。

　農民専業合作社とは、中国において1980年代中期の「改革開放」以後に登場した専門農協である。この協同組合は日本型の総合農協とは大きく異なり、その多くが同じ地域で同じ品目を栽培する農家同士が農業生産・販売の効率化のために自主的に設立したものである。

　2007年7月に「農民専業合作社法」が施行され、それまで実態が把握されていなかった中国全土の農民専業合作組織について明らかになるとともに、全国統一的な制度が整備された。また政府も専業合作社への援助・指導を強化するようになり、図2のようにその総数は年々増加している[18]。

14　河原昌一郎 著（1999）『中国の農業と農村―歴史・現状・変化の胎動―』農山漁村文化協会、第1章を参照。

15　神田健次、大島一二 編著（2013）『中国農業の市場化と農村合作社の展開』筑波書房、27-28頁。

16　詳細については銭小平 編著（2011）『中国農業のゆくえ―JIRCASの中国農業・社会経済調査研究』財団法人農林統計協会、第3章を参照されたい。

17　神田健次、李中華、成田拓未 著（2007）「中国農民専業合作社法制定の背景と意義」『日本農業経済学会論文集』2007年度、441-447頁。

18　農民専業合作社法について取り上げた文献は多数存在する。神田、大島・前掲書（注15）など。

図2　農民専業合作社の社員数（単位・万戸）と合作社数（単位・千社）の推移

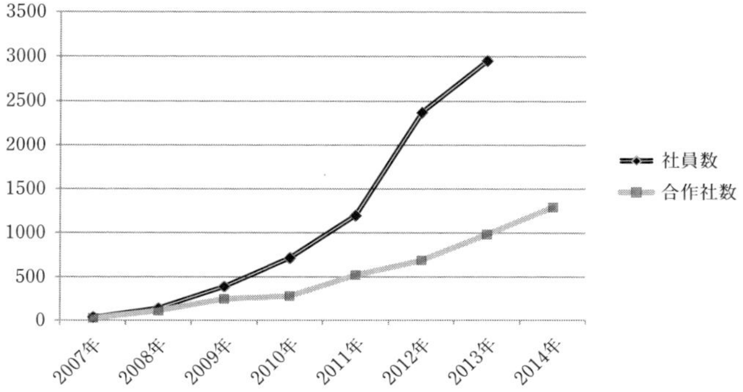

出所：青柳斉(2015)「農民専業合作社の普及と新たな展開」『農業と経済』第81巻第11号、121頁より引用。

　日本型の総合農協が複数の事業を多角的に行っているのに対し、中国での農民専業合作社は基本的に農業面での「生産販売事業」をその活動のほとんどとしていて、合作社法では「信用事業」との兼営も認められていない。しかし、現在では地域ごとの条例によって以前まで信用合作社がその役割を担っていた「信用事業」を、試行的に認められる合作社も増えてきており、今後その事業領域は徐々に広がっていくことも予想される[19]。

2-3　農民専業合作社の問題点

　専業合作社制度には問題点もいくつか存在する。

　第一に、1社あたりの規模が小さく財政力や交渉力において限界があるということである。この問題の解決策としては、専業合作社同士の合併や連合会の結成というものが考えられる。現在のところ合作社同士の連合会についての規則は合作社法には存在せず、この動きはあまり進んでいない[20]。

　だが今後、制度が整備され、将来的に中国全土の専業合作社を取りまとめる調整組織が成立するようになれば、日本農協と同様に政府に対する大きな圧力を持つような存在になる可能性もあり、政府に対し農民に有利な政策の実施を働きかけることができるようになるのではないかと思われる。これは

19　農民専業合作社の信用事業への拡大については青柳斉 著（2015）「農民専業合作社の普及と新たな展開」『農業と経済』第81巻第11号、120-127頁を参照されたい。

20　青柳斉 著（2001）「中国農民専業合作社の制度的特質と展望―日本農協との対比から」『協同組合研究』第30巻第2号、65-70頁。

結果的には中国の人口の多くを占める農民の地位や経済力の向上につながる。

　第二の問題点としては、農民専業合作社の普及後も依然として都市農村間の所得格差や生活水準における格差が広がったままであるということがある。「中国統計年鑑（2015 年）」によると、都市農村間の平均所得格差は 2014 年に 2.75 倍であり、これよりも格差がひどい地域もある。さらに社会保障やインフラなどの生活水準の格差はこれよりも大きいともいわれている[21]。

　収入格差の問題の解決には、専業合作社による新技術の指導等により生産額を増やしていくことが重要であると考えられる。また生活水準での格差については、現在の専業合作社が農民の生活支援事業を兼営することができるようになれば、地域住民への生活支援サービスの提供が可能になり、改善に貢献できるのではないかと思われる。

第3章　日中の農業分野での交流

3-1　日中農協間交流

　これまで日中農協間の直接の交流は少なく、農協同士の勉強会や意見交換のためのフォーラム、日本の地域レベルの単位農協による中国農業の視察などが中心であることが筆者の調査で判明した。本論文では交流の一例として 2011 年 11 月 10 日に JC 総研主催のもと、東京において開催された「東アジア（日・中・韓）における農業協同組合運動の将来像を構想するシンポジウム」を取り上げる[22]。

　このシンポジウムは、東アジアモンスーン地帯に位置し、歴史と環境を共有する日本・中国・韓国の農業協同組合運動の将来像を構想しようということを意図するものであり、日中韓 3 カ国の農協のリーダーや研究者、政策担当者らが参加して各国の農協の取り組みの報告や、参加者を交えてのディスカッションなどが行われた。

　同じ農協といっても日本農協と中国の農民専業合作社ではその特性が大きく異なる。その意味において、お互いの国の農協制度を学び合い、お互いの農協運動の今後について意見交換を行うイベントは、自国の農協に違った見方を取り入れることができるためにとても有意義であると思われ、今後も

21　厳善平 著（2015）「改革開放以降の農業問題と政策展開」『農業と経済』第 81 巻第 11 号、10-18 頁。

22　このシンポジウムについての概要は『JC 総研 REPORT』第 20 号、JC 総研を参照されたい。

定期的に行われることが望ましい。

3-2　日本における外国人技能実習制度を活用した交流

農業分野全体を見れば、日中間の協力はこのほかにもある。その一例が外国人技能実習制度である。

外国人技能実習制度とは、日本の様々な産業で発展途上国を中心とした諸外国から労働者を一定期間受け入れて、産業上の知識や技能を修得してもらう制度である[23]。

農業分野においても 2000 年から「施設園芸」、2002 年から「畑作・野菜」が実習対象職種に認定され、図 3 が示すように現在においても多数の外国人実習生が日本の農業に従事している。中でも中国からの実習生は農業における実習生全体の約 7 割を占めている[24]。

図 3　農業における技術実習 2 号移行申請者　単位：人

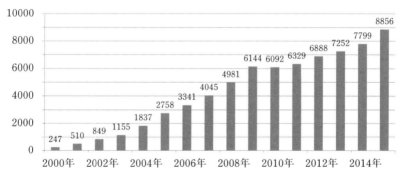

出所：JITCO HP http://www.jitco.or.jp/about/statistics.html と橋本由紀（2015）「技能実習制度の見直しとその課題―農業と建設業を事例として―」『日本労働研究雑誌』第 57 巻第 9 号、77 頁より筆者作成。

　注）技能実習 2 号移行申請者とは 1 年目の実習を終え、2 年目を希望した実習生。詳細については JITCO HP http://www.jitco.or.jp/system/seido_enkakuhaikei.html を参照されたい。

この技能実習制度の目的は、技能実習生へ技能の移転を図ることで、その国の経済発展を担う人材を育成することであるが、受け入れる側の農家の多

23　詳細については JITCO ホームページを参照されたい。http://www.jitco.or.jp/system/seido_enkakuhaikei.html。

24　橋本由紀 著（2015）「技能実習制度の見直しとその課題―農業と建設業を事例として―」『日本労働研究雑誌』第 57 巻第 9 号、76-87 頁。

くは労働力の安定した確保のために制度を利用しており、技能実習生を大きな頼りにしている農家もある。[25]

　この制度については協力している農協も多い。農業分野における技能実習生を受け入れている監理団体は平成24年において500を超えたが、このうちの約20％は農協系の団体である。また、受け入れ人数が多い都道府県ほど、監理団体に占める農協系の団体の比率が高くなっている。[26]

第4章　今後の日中農協間の新たな交流

　第3章までを踏まえると、今後どのような新たな日中農協間の交流活動が必要といえるだろうか。

　ここで注目したいのが2-3において挙げた専業合作社の問題点は、合作社が日本的農協制度を一部取り入れるならば、ある程度改善できるということである。

　日本の農協は系統だった組織体制をとっており、非農業的な生活支援事業を幅広く兼営している。この制度を合作社が取り入れることは、2-3において述べた規模の小ささ、都市農村間格差といった問題の解決法に合致する。

　しかしながら、日本的農協の運営ノウハウを知らない中国の専業合作社の社員が、日本的制度を自力で作り上げていくことは非常に困難といえる。そこで筆者は中国の専業合作社と日本農協の間の交流機構を立ち上げ、日中間の人材派遣制度を創設することを提言したい。

　この制度は第3章において紹介した外国人技能研修制度とは本質的に異なるものでなくてはならない。外国人技能実習制度は技能の習得という名目のもと、事実上農家が安定的な労働力を得るための手段となっており、実習生側も技能の習得より日本において高い賃金を得ることを目的とすることが多いといわれている。[27]このため帰国後農業に従事しない実習生も多く存在し、日本での経験を生かせていないといえる。筆者が提案する人材派遣制度はもともと農業就業者である中国の専業合作社社員と日本の農家の交流であり、

25　北倉公彦 著（2012）「過疎化と外国人労働力―技能実習制度は過疎地域の農業を支えられるのか：北海道の実態から―」『農業と経済』第78巻第9号、53-58頁。

26　八山政治 著（2014）「外国人技能実習制度の現状と課題－農業分野の技能実習を中心に―」『都市と農村をむすぶ』第64巻第2号、4-14頁。

27　北倉・前掲書（注25）。

帰国後も派遣先での経験を活かすことができる。

　中国側の合作社社員は農業技術というよりも農協の運営、事業経営手腕を学ぶ。これにより、組織の巨大化や事業の多角化を目指す合作社は大きな財産を得ることになるであろう。もちろん、このような制度の創設には、日本側にもメリットが存在する。現在急激な高齢化や人手不足の問題に直面している日本の農協と中国の専業合作社社員が交流することで、日本農業に関して違った見地から意見が吹き込まれる。また派遣員が自国に帰国した後についても、日中の地域農協間でパイプが作られることになり、地域レベルでの文化・産業交流がさらに盛んになる可能性がある。

おわりに

　本論文では日中関係の改善のための、農業者、農協という草の根レベルにおける新しい日中交流の枠組みを模索してきた。そして、日本の農協と中国の農民専業合作社は制度も特徴も大きく異なるが、新たな交流の枠組みとして人材派遣制度が創設されれば、双方にメリットが生じるであろうということを第4章において述べた。

　このような交流は、過去において日中間で行われていたいかなる交流とも異なるものであり、実現すれば両国の経済基盤を支えるうえで最も重要な農業という産業に従事する者同士の交流であるために、両国の関係がより深いものになっていくに違いない。

　更には中国の農民専業合作社と日本の地域農協間に繋がりを生み出すことは、農業者同士という全く新たな「草の根」レベルにおいて日中間の関係を構築することとなる。現在個人レベルにおいて進んでいるとは言えない日中間の相互理解がさらに深まることにもつながり、日中関係は大きな発展を遂げるに違いない。

　もちろん、このような日中農協間の人材派遣制度を創設するためには、法整備や両国間協定など多くの段階を踏む必要があり、更には資金などの問題もある。これらを解決するには日本政府による協力が必要不可欠である。農業振興や国際協力の一環として政府が制度化し、障壁を取り除いていくことで、より良い形で実現することを切に希望したい。

主要参考文献：

大泉一貫（2014）『農協の未来―新しい時代の役割と可能性』勁草書房。

河原昌一郎（1999）『中国の農業と農村―歴史・現状・変化の胎動―』農山漁村文化協会。

神田健策、大島一二（2013）『中国農業の市場化と農村合作社の展開』筑波書房。

吉田成雄、柳京熙（2013）『日中韓農協の脱グローバリゼーション戦略―地域農業再生と新しい貿易ルール作りへの展望』社団法人農山漁村文化協会。

宮本雄二（2011）『これから、中国とどう付き合うか』日本経済新聞出版社。

銭小平（2011）『中国農業のゆくえ― JIRCAS の中国農業・社会経済調査研究』財団法人農林統計協会。

姜春雲（2005）『現代中国の農業政策』（石敏俊,周応恒,于日平,安玉発,陳永福 訳）家の光協会（原著は 2000 年）。

厳善平（1997）『中国農村・農業経済の転換』勁草書房。

厳善平（2015）「改革開放以降の農業問題と政策展開」『農業と経済』第 81 巻第 11 号。

青柳斉（2015）「農民専業合作社の普及と新たな展開」『農業と経済』第 81 巻第 11 号。

青柳斉（2001）「中国農民専業合作社の制度的特質と展望―日本農協との対比から」『協同組合研究』第 30 巻第 2 号。

増田佳昭（1998）「農協運動の日本的特質とその変容」『協同組合研究』第 17 巻第 3 号春季号。

小川理恵（2011）「日・中・韓農協シンポジウム―東アジア（日・中・韓）における農業協同組合運動の将来像を構想するシンポジウム―の概要」『JC 総研 REPORT』第 20 号。

橋本由紀（2015）「技能実習制度の見直しとその課題―農業と建設業を事例として―」『日本労働研究雑誌』第 57 巻第 9 号。

北倉公彦（2012）「過疎化と外国人労働力―技能実習制度は過疎地域の農業を支えられるのか：北海道の実態から―」『農業と経済』第 78 巻第 9 号。

八山政治（2014）「外国人技能実習制度の現状と課題―農業分野の技能実習を中心に―」『都市と農村をむすぶ』第 64 巻第 2 号。

神田健策、李中華、成田拓未（2007）「中国農民専業合作社法制定の背景と意義」『日本農業経済学会論文集』2007 年度。

優秀賞

日中関係における競争と協力のメカニズム
～アジア開発銀行(ADB)とアジアインフラ投資銀行(AIIB)の相互作用を事例として～

早稲田大学政治学研究科博士課程後期
2016年3月満期退学
田中マリア

はじめに

リーマンショック以降、インフラ投資は世界経済復興の主な手段として広く認識されている。例えば林毅夫はインフラ投資が先進国にとっても発展途上国にとっても、ウィンウィン戦略であると述べている［Lin 2013:67］。先進国の場合、このインフラ投資のおかげで構造改革を進め、長期にわたる低成長や高いリスクを回避することができ、同時に発展途上国における成長を高め促進することができる。

アジア開発銀行（Asian Development Bank, ADB）は2010年〜2020年の間に、アジアでの新しいインフラ投資の需要が8兆ドルに達するであろうと予測した［Bhattacharyay 2010］。しかしながら、現在までに、世界銀行（World Bank, WB）とADBはアジアにおけるインフラ投資のために、それぞれ150億ドルと130億ドルを供給したが、見積額にははるかに及ばないものであった［Kawai 2015:11］。

中国は過去30年にわたる国内インフラ投資の豊かな経験を有しており、その経験をもとに、中国の主導によってアジアインフラ投資銀行（Asian Infrastructure Investment Bank, AIIB）と新開発銀行（New Development Bank, NDB）を設立した。こうしたアジアのインフラに投資しようとする中国の熱意は、アジアの新興諸国から暖かく迎えられている。

AIIBとNDBが成功するか失敗するかによって、国際金融システムの形態生成（transformation）か、あるいは形態安定（reproduction）かをもたらす結果になるであろう[1]。インフラ投資の重要性と国際開発金融機関（multilateral development banks, MDBs）がその普及に果たす役割を考えると、本論文の

1　本論文は、マーガレット・アーチャーを中心とする批判的実在論（critical realism）と、マリオ・ブンゲのシステム的アプローチを用いて国際金融システムを分析する。ブンゲ［Bunge 2003:35］によると、システムという概念の分析は、「構成」、「環境」、「構造」、そして「メカニズム」という諸概念に関与する。構成（composition）は、その部分の収集体である。環境（environment）は、そのシステムの構成要素に作用するか、あるいは作用される諸物の収集体である。構造（structure）は、そのシステムの構成要素間の諸関係、そしてまた構成要素と環境事項の間の諸関係の収集体である。前者は内部構造（endostructure）、後者は外部構造（exostructure）と呼ばれる。メカニズム（mechanism）は、そのシステムを働かせるためのプロセスの収集体である。さらに、アーチャー［2007］は批判的実在論に基づいて形態生成論アプローチ（morphogenetic approach）を提唱し、時間的に推移する社会構造とエイジェンシーの関連を捉えて、社会的システム及び文化的システムの創発（emergence）、形態生成（transformation）、形態安定（reproduction）と潜没（submergence）の論を展開している。

目的は二つある。第一は、ADB と AIIB 間の競争と協力のパターンの分析であり、第二は、近い将来において AIIB の変革的なインパクトが日中関係にどの程度まで影響を及ぼすかの考察である。

第一章　競争メカニズム

第一節　国際システム・地域システムの形態生成を目指す中国

1　ブレトンウッズ体制への不満

　中国の経済・金融力は急速に成長してきたが、現在の国際金融機関での地位はそれを反映してはいない。欧米諸国が国際通貨基金（International Monetary Fund, IMF）および WB で主要な役割を果たしている一方、日本は ADB でアメリカの支援を受けてリーダーシップをとっている。中国は（他の主要な新興国と共に）最近 IMF において、議決権を引き上げようと試みた。2010 年 12 月に、IMF の総務会はクォータ改革法案を採択した。この法案がもし施行されていれば、中国が第 3 位の大株主[2]となり、他の BRICs 諸国のうち、ブラジル、ロシアとインドがトップ 10 の大株主になるはずだった [Etzioni 2016:180-181]。しかしながら、アメリカの下院議会が IMF 総務会で決めたこの改革案を否決したことにより、発効しなかった。従って、中国はアメリカ主導のブレトンウッズ体制に益々不満を募らせることになる。

2　中国の AIIB 設立の根拠

　ブレトンウッズ体制への不満が高まる中で、中国の AIIB 設立の根拠は以下の三つの要因に分類される。すなわち①「一帯一路」に沿った各国のインフラ開発への金融支援、②人民元国際化の進展、③過剰資本・過剰設備からの脱却、である。

（1）「一帯一路」に沿った各国のインフラ開発への金融支援

　「一帯一路」（One Belt One Road, OBOR）構想は、2013 年に習近平によって提唱され、アジアへのインフラ投資を通じて中国の企業が活動する基盤となることを目指している。この構想は、陸の「シルクロード経済ベルト」（Silk Road Economic Belt, SREB）、海の「21 世紀海上シルクロード」（Maritime Silk Road, MSR）の二つの考えから成立している。

2　「シェアホルダー」と同一の意味。

SREB の目的は二つある。①中国東沿岸の港と西ヨーロッパをつなぐ高速道路と鉄道から形成される「新ユーラシア・ランド・ブリッジ」経済回廊の構築、②中国をロシア、中央アジア、東南アジア、及び中東と結ぶ経済回廊の構築である。もう一つの MSR の目的は、中国を中央アジア、アフリカ、地中海諸国と連結する海上経済回廊を作り出すため、各国間の港をむすんで有効な輸送ルートを開発することである［新・李 2015:57-63］。

OBOR と AIIB は二つの異なるイニシアティブであるが、アジアにおけるインフラ投資の場合、二つは相互助長の関係にある［徐 2015］。中国の役人も専門家も、AIIB 設立の目的は、OBOR に沿った各国のインフラ開発のために経済支援を提供することであると指摘している［厉 2015、王 2015、庞 2016］。

（2）　人民元国際化の進展

中国にとって国際貿易・金融における準備通貨としての米ドルのステイタスは、アメリカの「金融覇権」を意味する。この論法に従うと、人民元の国際化は国際金融システムにおけるアメリカの覇権を取り除くことに等しい。2009 年以降、中国政府は人民元の国際化を実現するために、人民元貿易決済などの様々な面で進展を見せた［神田 2015:18-22］。

まず、2009 年 7 月に人民元による貿易決済を解禁し、上海、広東、深圳、珠海の各地域と香港との間で人民元による貿易決済を試行的に解禁した。次に 2011 年 10 月に、人民元建て対内直接投資を解禁した。2012 年 3 月には人民元建て輸出決済の対象を貿易免許を持つ全ての企業に拡大した。さらに 2013 年 7 月 に、 適 格 外 国 機 関 投 資 家 （Qualified Foreign Institutional Investment, QFII） による投資枠を 800 億ドルから 1,500 億ドルに拡大した。[3]

そして 2013 年 10 月に、上海で自由貿易試験区が設立され、人民元のクロスボーダーでの使用が試行的に緩和された。2015 年 4 月には広東、天津、福建で第 2 陣となる自由貿易区が正式に開設された。2016 年 8 月には遼寧省、浙江省、河南省、湖北省、重慶市、四川省、陝西省で、第 3 陣となる自由貿易区が開設される予定である［商務部 2016.08.31］。この自由貿易試験区は、区内企業によるオフショア人民元建て借り入れ、非銀行業金融機関によるクロスボーダー人民元業務の取り扱いを主な役割とする。

最後に、2015 年 11 月に行われた理事会で、IMF の特別引出権（Special

3　　2002 年の導入当初の投資枠は 40 億ドルであった。

Drawing Rights, SDR）の構成通貨への人民元の採用が決定された
[International Monetary Fund 2016.04.06]。さらに、人民元の国際化に伴っ
て、AIIB による人民元建て債券の発行や人民元建て融資が増加すると見込ま
れていて、人民元は決済通貨としての重要性が高まるであろう。

（3）　過剰資本・過剰設備からの脱却

　過剰資本と過剰設備は中国が取り組むべき二つの経済問題である。世界の
金融市場においては、無数の個人の投資決定によって資金が割り当てられる。
しかし、中国の国内貯蓄は政府によって厳しく管理されているので、貯蓄は
政府機関を通じた方法でのみ輸出される。

　このように、AIIB は国内貯蓄を海外インフラ投資に変容させる上で中心的
役割を果たし、中国の製造業界のビジネスチャンスを高める。さらに、AIIB
の発足により、アジアでの債券の発行が拡大し、アジアのインフラ整備への
長期資本の供給が拡大することとなった [唱新 2016:85-86]。上述したように、
中国政府は過度の米ドル依存から脱却することを狙いとして、海外との取引
における人民元の使用拡大を戦略的に進めている。

第二節　国際システム・地域システムの形態安定を目指す日本

　日本政府の重要な目的は、日本がアメリカと並んで大株主である ADB が
アジアの一番重要な国際開発金融機関で在り続けることである。この目的に
向かって安倍政権は、ADB の融資能力の強化と組織面の強化のために、以下
の改革を進めようとした。

　まず、アジア開発基金（Asian Development Fund, ADF）と通常資本財源
（Ordinary Capital Resources, OCR）の統合である。ADB の支援には、低所
得国を対象に長期・低利の融資を供与する ADF という基金と、中所得国や
民間セクターを対象に準商業ベースの支援を行う OCR というものがある。ア
ジアは低所得国を中心に深刻な開発問題に直面しており、ADB はいかに限ら
れた資金を有効に活用し、膨大な開発ニーズに応えていくかが課題となって
いた。結果として、ADB は ADF と OCR の二つの融資勘定を統合して、融
資量が増加した [Birdsall et al. 2015.04.15]。

　次に、日本はインフラ投資促進のために、「質の高いインフラ投資」（Quality
Infrastructure Investment, QII）という新たなイニシアティブを取り始めた。
このイニシアティブのもとで、①良質なインフラ投資を国際的スタンダード
として促進すること、②官民パートナーシップ（public-private partnership,

PPP）インフラ投資を促進するための国際協力機構（Japan International Cooperation Agency, JICA）と ADB の協働枠組みを創設すること、③国際協力銀行（Japan Bank for International Cooperation, JBIC）などの財務面の体制強化を通じて、日本の技術・ノウハウをより一層活用し、アジアにおけるインフラ投資を推進することが提案されている［麻生 2015.04.05］。

　日本の AIIB への参加に関しては、結局 2015 年の政治・安全保障の状況から、安倍政権は日本が創設メンバーになる決断を下すことができなかった。意思決定に影響を及ぼすために、日本が AIIB の創設メンバーになるべきであるとする専門家達［真壁 2015、凌 2016、Funabashi 2016］の議論にもかかわらず、安倍政権は AIIB への加盟に対して静観する態度を示した。

　さらに、2015 年 6 月 6 日に行われた第 5 回日中財務対話においては、「（両国が）東アジアにおける金融協力をさらに推進することを表明するとともに、（中略）共通の利益に基づいて、開発金融機関との協調も含め、アジアのインフラ建設を推進する」と述べられている［財務省 2015.06.06］。現時点で両国は、日本は AIIB に加盟しないが、協力してアジアのインフラ整備を引き続き推進することに合意している。

第二章　ADB と AIIB 間の協力メカニズム

　前章では国際金融システムと東アジアの金融システムにおける、中国政府と日本政府の行動を構成する様々な競争メカニズムを述べてきた。以下では ADB と AIIB 間の協力メカニズムについて言及したい。本章は次の四つの部分に分けられる。すなわち① ADB と AIIB の比較、② ADB と AIIB との協力関係強化の了解覚書、③ AIIB と ADB との協調融資、④グローバル・インフラ・フォーラム 2016、である。

第一節　ADB と AIIB の比較

　AIIB の特徴は、それを他の MDBs と比較することによってよりよく理解されるであろう。本節の焦点は ADB と AIIB との比較にあるが、一方で WB の特徴は世界的文脈を示すであろう。表 1 は ADB と AIIB を、参加国、授権資本、払込資本率、議決権割合、投票システム、ガバナンス、決済通貨、目的の点で比較している。

　参加国の点から言えば、両銀行ともそのメンバーをアジア地域と非アジア地域に分けている。ADB は 67 の参加国のうち 48 の地域参加国を持ち、AIIB

は 57 の創設メンバー国のうち 32 の地域参加国を有している。議決権の点では、ADB の地域メンバーは議決権割合の 65.1% を持ち、AIIB の地域メンバーは 76.7% を有している（2016 年 9 月 20 日現在）。しかしながら、AIIB が非地域メンバーの議決権割合を 25% に制限したことは注意されるべきである。

大株主については、ADB の主要な株主は、日本（15.6%）、米国（15.5%）、中国（6.5%）であるのに対し、AIIB の主な株主は中国、インド、ロシアである（2016 年 9 月 20 日現在、それぞれ授権資本の 33.3%、9.4%、7.3% を有している）。

ガバナンスの点では、ADB と AIIB とでは大きく異なる。ADB は常駐理事会をもつ強い統治機構を有しているが、AIIB は非常駐理事会の中で機能している。これは潜在的に AIIB の総裁（行長）の役割を強めるものであろう。

払込資本率の点から見ると、AIIB の払込資本率は 20% であり、実質的に ADB 以上である。AIIB の主要な株主が発展途上国であるので、銀行は十分な信用格付を得るために大量の払込資本が必要となる。

決済通貨に関して留意すべき点は、2016 会計年度については AIIB の決済通貨は米ドルであるが、近い将来状況が変わるかもしれない。本論文の第一章で述べたように、AIIB による人民元建て債券の発行や人民元建て融資が増加する可能性があり、人民元は AIIB の決済通貨になると見込まれている。

最後に、MDBs の目的の点から見ると、ADB の目的は、貧困削減、持続可能な発展と政策助言であり、AIIB の目的よりもはるかに範囲が広い。一方で、AIIB の目的はアジア地域におけるインフラ整備、地域経済の一体化と相互交流の促進である。

表1　ADB と AIIB の比較

	ADB	AIIB	WB
設立年	1966 年	2015 年	1944 年
本部	マニラ（フィリピン）	北京（中国）	ワシントン D.C.（米国）
参加国	67	57	189
授権資本	163 億ドル	100 億ドル	263 億ドル *
払込資本率	5%	20%	—
議決権割合	地域のメンバー：65.1%	地域のメンバー：76.7% **	発展途上国：42.1%
投票システム	重要な決定：75% の賛成	重要な決定：75% の賛成	重要な決定：80% の賛成
理事会	常駐	非常駐	常駐
決済通貨	米ドル	米ドル ***	米ドル
目的	経済開発、貧困削減、政策助言	インフラ整備、アジアの連結性の強化	経済開発、貧困削減、政策助言

（出所）各機関 HP を基に筆者作成

（注）*2016 年 6 月 30 日現在、**2016 年 9 月 20 日現在、***2016 会計年度に限る

第二節　ADB と AIIB との協力関係強化の了解覚書

　フランクフルトで開催された第 49 回 ADB 年次総会（2016 年 5 月 2 日－5 日）において、ADB と AIIB との協力関係を強固にする了解覚書が調印された。この覚書の目的は両当事者（ADB と AIIB）間の協調融資を含む協力関係を促進して、アジア地域における将来に向けての戦略的協力分野を提示することにある。

　協力関係の分野は次のものを含む。①気候変動の緩和、クリーン・エネルギー、運輸とテレコミュニケーション、農村インフラ整備と農業開発、上下水道、環境保護、都市開発における協力の深化と拡大。②リージョナル及びサブリージョナル・レベルの政策対話と協調融資の機会の開拓。③共通する関心事項の分析と研究への寄与。④「持続可能な開発のための 2030 アジェンダ」と「パリ協定」に沿った効果的な協力。さらに協力の形態には、データベースを含む情報の交換、共同研究と刊行、地域政策ネットワークへの支援、スタッフの人事交流、協調融資などがある。

第三節　AIIB と ADB との協調融資

　2015 年 9 月 21 日に北京で行われた会議で、ADB の中尾武彦総裁と AIIB の金立群臨時事務局長（現行長）が協調融資プロジェクトの準備に同意した［Asian Development Bank 2015.09.21］。2016 年 5 月に ADB と AIIB との協力関係強化の了解覚書を交わした後、2016 年 6 月 10 日に ADB と AIIB との最初の協調融資となるパキスタンの高速道路建設プロジェクトが承認された［アジア開発銀行 2016.06.10］。ADB と AIIB はそれぞれ 1 億ドルの融資を提供する予定である。英国の国際開発省（Department of International Development, DFID）もこのプロジェクトに 3,400 万ドルの無償支援を決定した。

　このプロジェクトは、パンジャブ州の M-4 高速道路の残る 64 キロ（ショーコットとカネワール間）の道路建設のために資金提供を行う。この道路は南部の港湾都市カラチと、アフガニスタンと接する北部国境の町トルハムを結びつけて、中央アジア地域経済協力（Central Asia Regional Economic Cooperation, CAREC）回廊の重要な一部を構成するものである。

　このプロジェクトの内容から分かるように［Asian Development Bank 2016.06.06］、ADB は主たる資金提供者として、AIIB からの融資及び DFID からの無償支援を監理する。現時点では、このプロジェクトは緒に就いたばかりであるので、今最も分析に値するのはそのセーフ・ガード政策である。

2014年から2015年にかけて、ワシントンと東京の政府役人と専門家はAIIBのセーフ・ガード制度の低いスタンダードに懸念を示した［庞 2016:169-174］。現在は、AIIBのインフラ・プロジェクトはADBの「2009年のセーフ・ガード政策」（2009 Safeguard Policy, SP）あるいはWBの「環境・社会フレームワーク」（Environmental and Social Framework, ESF）を利用して、高い国際スタンダードに従っている。

第四節　グローバル・インフラ・フォーラム2016

　2016年4月16日、第1回グローバル・インフラ・フォーラム（Global Infrastructure Forum, GIF）が開催され、国連やWB、アフリカ開発銀行（African Development Bank, AfDB）、ADB、AIIB、欧州復興開発銀行（International Bank for Reconstruction and Development, IBRD）、米州開発銀行グループ（Inter-American Development Bank, IDB）、イスラム開発銀行（Islamic Development Bank, IsDB）、NDBなど世界の主要なMDBsが初めて一堂に会し、世界的なインフラ整備向上のための国際協調メカニズムの拡大について議論を行った。2017年から、WBと他のMDBsが年に一度グローバル・インフラ・フォーラムを共催し、世界のインフラ整備をめぐって「国際インフラ支援システム」と「官民連携認証プログラム」について議論を重ね、これを強化していく予定である。上記のMDBsは、発展途上国では依然として基本的なインフラ・サービスへのアクセスが難しい状況の中で、こうしたインフラ・ギャップを解消するためにPPPインフラ投資を促進する決意を示した［世界銀行 2016.04.16］。

第三章　結論

　システムの形態生成・形態安定の問題を論ずるにあたって、社会変動の源を社会変動のメカニズムと区別することが重要である。例えば、技術は現代社会において変化の源であると言われている（インフラ技術の進歩、インターネットの出現など）。しかしながら、これらの技術革新がどのように社会システムに影響を与えるかは技術そのものではなく、技術が社会フィールドにどのように伝わっていくかにかかっている。この「どのように」が社会システムのメカニズムである。

　国際システムにおいて、ワイト［Wight 2014: 228］は四つの重要なメカニズムを提示している。すなわち競争（competition）、協力（cooperation）、コ

ミットメント（commitment）と社会化（socialization）である。本論文においては、競争と協力のメカニズムに焦点を当てているが、社会化のプロセス（AIIB、NDB の国際金融システムへの導入）も明確に現れている。

ADB と AIIB の相互作用に関しては、様々な競争メカニズムが存在しているが、エージェントとしての中国政府と日本政府は反対の目的を達するために、同じメカニズムを利用している。中国政府は、人民元の国際化、OBOR に沿った海外インフラ投資、過剰資本の管理、という三つの競争プロセスを通じて、内部から国際金融システムを変革するために AIIB と NDB を利用する。

一方で日本政府は、ADB 改革とブレトンウッズ体制の維持、という二つの競争プロセスを通じて、国際金融システムを安定させ、中国の変革的意図を最小限にとどめようと試みている。同時に協力プロセスも展開されている。第二章で述べたように、AIIB の創設は他の MDBs の改革を進め、新旧 MDBs 間の交流を促進し、新たなグローバル・インフラ・プログラム（例えば、国際インフラ支援システム、官民連携認証プログラムなど）を生み出した。

AIIB、通貨の国際化、大規模インフラ・プロジェクトのようなマクロ社会現象（social macrophenomena）は、一つの生成メカニズムによって説明することはできない。そのかわりに、結果を生み出すいくつかのメカニズムが働いている。顕著な例は AIIB と環太平洋戦略的経済連携協定(Trans-Pacific Strategic Economic Partnership Agreement, TPP) の相互作用の事例である。

本論文では AIIB と TPP の比較といった誤解を招くような試みは行わないが、アジアのインフラ整備における日中協力の展望は TPP の批准の結果次第である。TPP はアベノミクスの成長戦略の切り札であり、アメリカの下院議会が TPP を批准することができなければ、日本は国際・地域経済秩序における自身の役割を再考することになるであろう。

本論文は、AIIB が世界金融ガバナンスに確実に影響を与えることを示すとともに、日中両国が日中関係のコミュニケーションを促進し、社会プロセスの様々なレベルにおいて協力と競争を受容する必要性を指摘している。

参考文献：

（和文）

アジア開発銀行（2016.06.10）「ADB はパキスタンの道路建設プロジェクトで AIIB との初の協調融資を承認」（https://www.adb.org/ja/news/adb-approves-first-cofinancing-aiib-pakistan-road-project、2016 年 7 月 1 日閲覧）

アーチャー・マーガレット（2007）『実在論的社会理論－形態生成論アプローチ』青木書店

麻生太郎（2015.05.04）「第 48 回アジア開発銀行年次総会における麻生副総理総務演説」（http://www.mof.go.jp/international_policy/mdbs/adb/2015st.htm、2016 年 7 月 1 日閲覧）

神田眞人（2015）『2015 － 2016 年版国際金融』財経詳報社

財務省（2015.06.06）「第 5 回日中財務対話：共同プレスリリース」（http://www.mof.go.jp/international_policy/convention/dialogue/20150606press_release.htm、2016 年 7 月 1 日閲覧）

唱新（2016）『AIIB の発足と ASEAN 経済共同体』晃洋書房

世界銀行（2016.04.16）「インフラ整備向上に向けた今まで例のない開発パートナー間の国際協調の取り組み」（http://www.worldbank.org/ja/news/press-release/2016/04/16/unprecedented-collaboration-among-development-partners-to-improve-infrastructure-implementation、2016 年 7 月 1 日閲覧）

真壁昭夫（2015）『AIIB の正体』祥伝社

凌星光（2016）『21 世紀の日中関係の在り方：中国の国内体制と外交戦略』北海学園北東アジア研究交流センター

（中文）

厉以宁（2015）『读懂一带一路』中信出版集团

庞中英（2016）『亚投行－全球治理的中国智慧』人民出版社

商务部（2016.08.31）「高虎城：新设 7 个自由贸易试验区进入试点探索新航程」（http://www.mofcom.gov.cn/article/ae/ai/201608/20160801384550.shtml、2016 年 9 月 10 日閲覧）

王达（2015）「亚投行的中国考量与世界意义」『东北论坛』、第 3 期、pp.48-64

新玉言・李克（2016）『崛起大战略：「一带一路」战略全剖析』台海出版社

徐明棋（2015.06.18）「亚投行与"一带一路"如何联动」『社会科学报』、pp.1-2

（英文）

Asian Development Bank（2015.09.21）'ADB, AIIB agree to identify projects for co-financing'（http://www.adb.org/news/adb-aiib-agree-identify-projects-cofinancing, 2016 年 7 月 1 日閲覧）

Asian Infrastructure Investment Bank（2016.06.06）'Project Document: Islamic Republic of Pakistan National Motorway M-4（Shorkot - Kanewal Section）Project'（http://www.aiib.org/uploadfile/2016/0706/20160706014041819.pdf, 2016 年 9 月 10 日閲覧）

Bhattacharyay, B. N.（2010）'Estimating Demand for Infrastructure in Energy, Transport, and Telecommunications, Water and Sanitation in Asia and the Pacific: 2010-2020', Working Paper No. 248, Tokyo: Asian Development Bank Institute（https://www.adb.org/adbi/workingpaper/2010/09/09/4062.infrastructure.demand.asia.pacific/, 2016 年 9 月 10 日閲覧）

Birdsall, N., Morris, S. and Rueda-Sabatar, E.（2015.04.15）'The ADB's Bold Move and What It Can Mean for the MDBs', Center for Global Development（http://www.cgdev.org/publication/adbs-bold-move-and-what-it-can-mean-mdbs, 2016 年 9 月 10 日閲覧）

Bunge, M.(2003)Emergence and Convergence: Qualitative Novelty and the Unity of Knowledge, Toronto: University of Toronto Press

Etzioni, A.（2016）'The AIIB: A Case Study of Multifaceted Containment', Asian Perspective, Vol. 40, pp. 173-196

Funabashi, Y.（2016.06.25）'The Case for Joining the AIIB', The Japan Times（http://www. japantimes.co.jp/opinion/2015/06/25/commentary/japan-commentary/case-joining-aiib/ #.V9V09Onq9UQ, 2016 年 7 月 1 日閲覧）

International Monetary Fund(2016.04.06)'Review of the Special Drawing Rights(SDR)Currency Basket'（www.imf.org/external/np/exr/facts/sdrcb.htm, 2016 年 9 月 10 日閲覧）

Kawai, M.（2015）'Asian Infrastructure Investment Bank in the Evolving International Financial Order', in Daniel Bob（ed.）Asian Infrastructure Investment Bank: China as Responsible Stakeholder?, Washington（DC）: Sasakawa Peace Foundation USA, pp. 5-26（http://spfusa. org/wp-content/uploads/2015/07/AIIB-Report_4web.pdf, 2016 年 7 月 1 日閲覧）

Lin, Y. F.（2013）Against the Consensus: Reflections on the Great Recession, Cambridge: Cambridge University Press

Wight, C.（2014）'Morphogenesis and Cooperation in the International Political System', in Margaret Archer(ed.) Late Modernity: Trajectories towards Morphogenic Society, Dordrecht: Springer, pp. 221-240

優秀賞

中日におけるパンダ交流の考察

南京大学外国語学部
博士課程前期2年
李坤

はじめに

　パンダは「友好の使者」と言われている。しかし、その役割に疑問符がつく事態が起きている。2010年9月9日、神戸市の王子動物園が中国から借り受けている「興興」（中国名：龍龍）が、人工授精の麻酔中に死亡する事故が発生した。

　このため、契約に基づいて、神戸市は中国側に50万ドルの賠償金を支払うことになった。折からの尖閣諸島問題もあり、巨額の賠償金に対しては日本国民から大きな不満が出た。一頭のパンダを借り受けるにあたり、毎年100万ドルが必要とされるうえ、数百万ドルもかけて豪華な飼育場を建てて管理しなければならない。また、レンタル期間中にパンダが生まれた場合、中国側に60万ドルを支払い、3歳になったら中国へ返還しなければいけない約束がある。さらに、王子動物園の例のように人為的なミスでパンダが死亡した場合、賠償金として中国側に50万ドルを支払う必要もある。

　だから、「不景気の中で、パンタに巨額な税金を使う必要がない」「商品扱いされたパンタがかわいそう」などの声が出てくるわけだ。このままいけば、「友好の使者」の役割はますます減少していくに違いない。これを食い止め、良い方向にもっていかねばならない。パンダの純粋さを回復して、中日間の友好関係を維持することは非常に大切だと思う。本稿では中日両国の長い間の付き合いにおいて、パンダの交流がどのような意味を持つか、少し考察してみたいと思う。

第一章　中日におけるパンダ交流

1-1　レンタルが始まる前

　パンダは中国特有の極めて珍しい動物である。黒白の体毛と無邪気な可愛さが特徴であり、子どもから大人まで、世界中の人々によって愛されている稀少動物である。新中国の建国以来、「パンダ外交」は中国外交の極めて重要な役割を占めている。世界各国の国民に善意を伝え、中国との友情を強める姿に変わりがない。

　パンダが初めて日本にやってきたのは1972年、中日国交正常化を記念して贈呈された時である。北京動物園で飼育されたカンカン（康康、オス、2歳）とランラン（蘭蘭、メス、2歳）の2頭で、日本での住まいは東京にある上野動物園だった。当時、日本国内の動物関係者でパンダ飼育法を知る人はい

なかった。急遽プロジェクトチームが作られたが、中国側の職員も付き添って、1972年10月28日にやってきた。一週間後の11月5日に一般公開された。

パンダ人気は一挙に火が付いた。当時のニュースによると、一般公開初日の朝は、開門前に3千人の行列ができ、「2時間並んで見物50秒」、立ち止まることが許されないほどの混雑であった。1979年9月、ランランは突然の病魔に倒れ、死亡した。ランランの病死も日本で大きな反響をもたらした。朝日新聞、毎日新聞、読売新聞は1面や社会面で取り上げた。同じ日に亡くなった落語家の名人の死が霞むほどの扱いだったそうだ。

その後、中国は1980年1月29日、ホアンホアン（歓歓、メス、7歳）を日本に贈った。しかし、今度は同年の7月、カンカンが心不全で死亡した。1982年11月9日、中日国交正常化10周年にあたり、フェイフェイ（飛飛、オス、15歳）が後を引き継ぎ、日本にやってきた。

二代目のパンダとして、ホアンホアンとフェイフェイの間には1985年から88年にかけ3頭の子どもが生まれ、チュチュ（初初）、トントン（童童）、ユウユウ（悠悠）と名づけられた。チュチュは産後まもなく胸部挫傷で43時間後に亡くなったが、トントンとユウユウは元気に育った。1992年、中日国交正常化20周年にあたり、チュチュとの交換として、中国政府は北京動物園で飼育されたリンリン（陵陵、オス、7歳）を上野動物園に贈呈した。

贈呈方式で日本にやって来たパンダはリンリンまでで終了した。すなわち、初代のカンカンとランランをはじめ、二代目のホアンホアンとフェイフェイ、チュチュの交換として日本に贈られたリンリン、日本で誕生したトントンとの5頭のパンダの所有権は日本にある。フェイフェイ、ホアンホアン、トントン、リンリンが次々と死亡して、2008年4月30日で、日本が所有権を持つパンダがいなくなった。

1-2　レンタルが始まった後

今日本でパンダが見られる場所は上野動物園（2頭）、王子動物園（1頭）、白浜動物園（5頭）の三箇所である。この8頭のパンダの所有権は中国にあり、日本は巨額のお金を払って、受け入れている。

世界自然基金（World Wildlife Fund, WWF）との協議にあたり、中国は絶滅の危機に瀕するパンダの保護を重要視するようになった。「絶滅のおそれのある野生動植物の種の国際取引に関する条約（通称、ワシントン条約）」は、商業目的での動物の取引を禁じることを条約に記入した。

1982 年、「国際自然保護連合（IUCN）」や、世界自然基金の呼びかけに応じて、中国政府は今後、パンダを外交がらみのプレゼントにすることはしないと宣言した。それ以来、パンダは贈呈からレンタルに移行された。1992 年、中日国交正常化 20 周年を記念するため、日本に来たリンリンは贈呈ではなく、中日両国におけるパンダの交換である。

　レンタルである以上、巨額のレンタル料が必要とされている。「はじめに」でも触れた通り、毎年 100 万ドルのレンタル料、豪華な飼育場、事故があった時の賠償金など、とにかくお金がかかる。調査によると 1 頭のパンダを借りて飼育すると、一年間に平均 260 万ドル（約 3 億円）もの費用がかかるとされている。子どもが 1 頭生まれると、その額は 300 万ドルを超え、2 頭だと 400 万ドル近くになる（パンダの妊娠の半数近くは双子）。巨額のレンタル料があるにもかかわらず、共同研究契約の条件を満たさない場合（パンダの慣習に合わせる動物園の建設、パンダに詳しい研究員が必要等々）、パンダのレンタルが許されない。1992 年以来、日本が中国から借りたパンダは表 1 の通りである。

表 1　1992 年以来、日本が借りたパンダ

上野動物園	シュアンシュアン	オス	2003-12-3
	シンシン	オス	2011-2-21
	リーリー	メス	2011-2-21
神戸市王子動物園	コウコウ	オス	2000-7
	タンタン	メス	2000-7
白浜動物園	永明（えいめい）	オス	1994-9-6
	辰辰（シンシン）	オス	1988-9-19
	慶慶（ケイケイ）	メス	1998-9-19
	梅梅（妊娠中）	メス	2000-7-7

出所：各動物園のサイトのデータから作成。
注：日本で誕生したパンダは計算に入れなかった。

　表 1 が示すように、贈呈からレンタルに移行した後、三つの動物園は中国と共同研究契約を結び、パンダを借りた。来園客数が急増という経済効果を求めることが目的ではない。共同研究契約はパンダの保護、繁殖研究が主な目的だとされている。1994 年、成都ジャイアントパンダ繁殖研究基地と白浜動物園は、「中日ジャイアントパンダ国際繁殖協力長期計画」を結んだ。中日

双方の努力によって白浜動物園は、海外における最大のパンダ人工繁殖基地の地位を確立した。今まで 10 頭以上のパンダが白浜動物園で生まれた。

パンダレンタルにおいて、巨額のレンタル料が必要となるので、中国政府がパンダという希少動物を商品扱いし、暴利をむさぼるという声が高まっていく。すると、日本の国民にとっても、パンダは必要ないのではないかとか、中国のイメージダウンにつながっていく重要な要素になっていく。これを解決するにはレンタル料が、なぜそんなに高くなるか、その理由を明らかにする必要があると思う。

第二章　巨額の費用

2-1　飼育及び研究の費用

パンダの飼育になぜ、平均 260 万ドルもの費用が掛かるのだろうか。例えば、東京都の上野動物園は中国から「比力（ビーリー、日本名リーリー）」（オス）と「仙女（シィエンニュ、日本名シンシン）」（メス）を借り受ける時、約 90 万ドルをかけて、パンダの獣舎檻を改修した。そして 1 頭のパンダの食費として、年間少なくとも約 4 万ドルが必要とされる。

また大切に保護しないと、人為ミスで死亡した場合、賠償金が求められる。動物園の人気者として、パンダはどこの動物園でも手厚い世話を受けている。最新設備の整った監視カメラつき飼育室、献身的な飼育係と獣医、そして新鮮な竹、にんじん、ヤマイモ、それにビタミンとミネラルたっぷりの特製ビスケットなど、年間何十万ドルもの費用がかかる。

借り受けたパンダは動物園で観賞されるほか、パンダに関する研究も進んでいる。例えば、あるパンダは母乳の出が悪く、生まれても 1 頭しか育てられなかった。そこで日本の大手牛乳メーカが上野動物園と共同研究し、パンダのミルクを開発した結果、より母乳に近い製品が完成した。これまで成長できなかったパンダを救うことができ、パンダの数の増加に非常に大きな役割を果たした。このほか、人工授精、疾病の治療と予防、パンダの死亡原因に関するウイルス学的および細菌学的、病理組織学的研究、繁殖のための精子活力の判定および特異的消化生理の研究など、さまざまな方面において研究がなされている。

2-2　パンダレンタル料

1982 年に中国から外国へのパンダ贈呈が一切終了した以後、パンダが外国

へ行くためには、研究協力交流が唯一の方法となっている。科学研究の期限は10年間である。この科学研究プログラムに乗る以上、中国側に毎年100万ドルを支払う必要がある。レンタル料の6割は野生パンダの保護に使用するが、4割は人工環境下のパンダ研究に使う。

　中国はこの資金を使って、パンダが生息している自然保護区に通信ネットワークを設置したり、保護区周辺の学校で環境保護教育を実施したり、生息地が分断されると遺伝的多様性にどのような影響が生じるかを分析したり、小さくなってしまった竹林の再生計画を練ったりしている。また、この費用は本当にこのように使われているのかについて、外部からの監督が行われている。

　米国魚類野生生物局の専門家によると、絶滅の危機に瀕するパンダを保護するために、中国は様々な助力を必要としていた。中国の保護機関には、パンダの病気やホルモン、社会行動といった基本的な情報が不足していた。動物園や繁殖センターは寄生虫や感染症の対策、繁殖技術や最適な餌選びなど飼育係への教育を求め、財政赤字に悩む中国政府は、自然保護政策を拡充するための資金も必要としていた。これが主な理由で、高額のレンタル料が必要とされているのではないかと思われる。

　レンタル料を利用して、2011年まで中国のパンダ自然保護区は13カ所から64カ所に増えていった。また、研究においても大きな成果を遂げた。2007年まで四川成都パンダ繁殖研究基地は下記のように大きな成果を遂げた。

1) 世界初　冷凍の精液を利用し繁殖
2) 世界初　双子のパンダの繁殖、飼育
3) 世界初　パンダの親子鑑定
4) 人工飼育のパンダ双子の自然哺乳の成功

　さまざまな研究、パンダ自然保護区の建設は、パンダを絶滅の危機から一歩抜け出す大きな助力となっている。WWFの調査によれば、2016年でパンダの頭数は1864頭となっている。2016年の9月、世界自然保護連合（IUCN）はパンダを「瀕危」から「易危」に危機レベルを下げた。[1]パンダ保護に非常

1　　世界自然保护联盟 (IUCN) 在美国夏威夷正式宣布将大熊猫受威胁程度由"濒危"降为"易危"。世界自然保护联盟濒危物种红色名录将物种的濒危等级划分为7个等级，由高到低分别为灭绝、野外灭绝、极危、濒危、易危、近危和无危。其中极危、濒危和易危物种又被统称为受威胁物种。

によい成果をもたらした。巨額のレンタル料のため、日本ではパンダへのイメージが悪くなってきたといわれたが、今の日本人はパンダに対して、どのようなイメージを持っているのかを把握する必要があると思う。

第三章　パンダへのイメージ

　動物園の来園者数はパンダの有無によって決まる、と言っても過言ではない。日本でパンダといえば、上野動物園が最も知られていると思う。本稿では、上野動物園を代表して、パンダと入園者数を少し見てみたいと思う。上野動物園の2001年から2014年までの来園者数は次の表2の通りである。

表2　2001年から2014年まで、上野動物園の入園者数

年度	入園者数	年度	入園者数
2014年	369万	2007年	349万
2013年	349万	2006年	347万
2012年	383万	2005年	339万
2011年	470万	2004年	320万
2010年	267万	2003年	316万
2009年	303万	2002年	308万
2008年	290万	2001年	333万

出所：「動物園入場者数ランキング」http://sougouranking.net/ranking/nyujyou_zoo/

　2008年、2009年、2010年の3年間は上野動物園にパンダがいない年である。表2から見ると、2001年から2014年まで、上野動物園の入園客数の平均値は約339万人である。2008年、2009年、2010年の3年間、入園者数は290万人、303万人、267万人となり、平均値の339万人よりそれぞれ49万人、36万人、82万人少なかった。2011年、新しいパンダが借りられた時には、入園者数は急に470万人になり、平均値より131万人増加した。入園者数はパンダの有無に左右されているということが、表2の数値で明らかになった。これも日本国民はかわいいパンダを好んでいるということの証明にもなれると思う。
　また野口真人氏（2014）の調査によると、「第2次パンダ導入」プロジェクトは、入園料だけで東京都に約14.6億円の利益をもたらすことになる。入園料以外にも、パンダ関連グッズの販売によるライセンス料や、入園者が支払

う飲食費、地域経済への貢献などを加味すれば、キャッシュフローで見たパンダの価値はもっと高く見積もってもよいとの指摘もある。

　すなわち、パンダレンタルは実際に日本に大きな経済効果をもたらしたのである。上野動物園園長である土居利光（2015）は、上野地域におけるパンダの社会的意義について考察している。上野地域にとってパンダの意義として、①上野のシンボル②商品の販売促進③商品の題材④動物園の集客⑤地域の活性化などが考えられると指摘した。すなわち、パンダは上野地域に経済効果をもたらすとともに、上野地域の象徴的存在として捉える傾向がある。

　土居（2016）は、上野地域の商店関係者におけるパンダに対する考察において、意識の面からその一端を明らかにした。結果として、パンダをイメージ向上の題材や観光資源として商店関係者は注目度を重視するが、地域のシンボルとして捉える商店関係者は歴史を重視しているという指摘があった。すなわち、動物園と同様に観光対象と捉えることができるパンダは、上野地域の商店関係者にとって、上野と言う地域を他の地域と差異化する、或いは特徴付ける一つの媒体として考えられている。

　上野地域、上野地域の商店関係者にとって、パンダは経済効果をもたらすことができる観賞動物であると同時に、地域のシンボル、象徴ともなっている。土居氏のこれらの調査は少なくとも上野地域の人にとって、パンダが大切な存在であることを明らかにした。

　2015年日本のNHKが放映した「日本語のゆれに関する調査」は、「"パンダが亡くなりました"はおかしいですか？」について調査を行った。「亡くなる」「死亡する」を人間以外に使うとおかしいと感じられるのかについて調べたのだ。調査の結果、「（動物）が亡くなる、死亡する」はおかしいと感じる人が多い結果となった。「亡くなる」は「死者に対するかしこまった気持ちから、相手に対して丁寧な気持ちを表すことになる。身内など、自分側の人の死についても使う」（『明鏡国語辞典 第2版』）。相手への配慮を感じさせる語であり、「人」に対して使うのが一般的であるといえる。

　しかし、「死ぬ」を使うのはおかしいという人が多いという結果も出てきた。NHKのこの調査から見ると、日本国民の内心において、パンダは他の動物と異なり、人間みたいな存在と見なされている。これも日本国民がパンダに対して、特別な感情を持っているということの証拠とも考えられる。

　以上の調査から見ると、日本国民はパンダに対して実際にいいイメージを持っているということが言える。日本国民が悪いイメージを持つのはパンダではなく、レンタル料を支払う対象の中国ではないかと思う。不景気の中で、

福島原発事故で被害を受けた地域の復興、放射線に影響された家族への支援などでお金が必要とされている中で、パンダを借り受けるために巨額のレンタル料を中国に支払った。また、尖閣諸島問題が原因で、中国に対して怒りや不満があるが、それをパンダを通して表したのではないかと思われる。

　家永真幸（2014）は今の情勢下で仙台や神戸がパンダを受け入れるなら、2011年の上野がそうだったように自治体や自民党政権は「媚中的」と世論から批判の矛先を向けられる可能性を覚悟しなければならないという指摘もある。中日両国の友好関係が改善される見込みがあり、中日両国でそれを受容する社会的雰囲気が醸成されない限り、中日両国における新たなパンダレンタルの実現は非常に難しいと思う。

終わりに

　「友好の使者」であるパンダは、中国が日本のみならず、世界各国に友好交流の意を伝達する役割を担っている。パンダを借り受けるため、巨額のレンタル料を支払う必要があるが、動物園にパンダがいることで、入園料だけでみても、かなりの利益をもたらすことができる。また、パンダは絶滅の危機に瀕する動物であるので、パンダレンタルを通じて入るお金は、パンダの繁殖と自然保護にとても役立つことになる。

　日本国民のパンダに対するイメージの悪化があったとしても、中日両国は一衣帯水の隣国であり、長い友好交流の歴史も持っている。平和と発展こそ、これからの中日両国が歩んでいく方向だと考えられる。パンダは「友好の使者」として、これからも引き続き中日両国にとって、外交関係の緩和の重要な助力であると考えられる。しかし、関係緩和の助力になるには、パンダを受容する社会的雰囲気の醸成が必要とされる。世界自然保護基金（WWF）と連携し、パンダの自然保護やパンダに関する研究成果、さらにパンダレンタルの目的と意義などを日本国民に理解してもらえば、中国へのイメージ改善にも有利だと思う。パンダは中日間の極めて重要な絆であり、これからも中日友好交流に重要な役割を担っていくだろう。

参考文献：

土居利光（2015）「上野地域におけるジャイアントパンダの社会的意義」『観光科学研究』（8）

土居利光（2016）「上野地域の商店関係者におけるジャイアントパンダに対する意識」『観光科学研究』（9）

山下洋子　井上裕之（2016）「"パンダが亡くなりました"はおかしいですか？ 2015年「日本語のゆれに関する調査」から（1）」『放送研究と調査』66（6）NHK放送文化研究所

馮文和，趙佳，藤原昇（1996）「野生パンダの棲息保護研究の現状」Japanese journal of Zoo and wildlife medicine 1（2），135-142，

家永真幸（2014）「パンダの政治経済学」 エコノミクス　92（35）

渡部 敏「パンダの搾乳、人工哺乳、疾病および生態に関する研究」日本大学学術研究助成金【総合研究（継続）】

林东（2010）〈熊猫大使传友谊〉《中外文化交流》第四期

科技传播（2014）《大熊猫出国 "传宗接代" 远渡重洋》科技传播 第10期

月刊テーミス（2011）「工作員がついてきた?! 中国「パンダ外交」の裏に仕掛けられた罠」月刊テーミス20（5）、84-85

三宅直人（2014）「円生とパンダが死んだ日」『新編集講座』ウェブ版 第13号 http://www.mainichi.co.jp/pdf/141001miyake.pdf（最終アクセス2016年10月30日）

パンダ貸します！http://natgeo.nikkeibp.co.jp/nng/feature/0607/index.shtml『ナショナル ジオグラフィック』日本版 2006.7 第12巻第7号 通巻 No.136（最終アクセス2016年10月30日）

租来贵养来难的中国大熊猫 http://view.163.com/special/reviews/giantpanda1017.html（最終アクセス2016年10月30日）

パンダなんか要らん!! http://blogs.yahoo.co.jp/hougafan7/archive/2011/12/26（最終アクセス2016年10月30日）

パンダたちにかかる費用がかなり高い！http://money.smart-ness.net/674.html（最終アクセス2016年10月30日）

動物園入場者数ランキング http://sougouranking.net/ranking/nyujyou_zoo/（最終アクセス2016年10月30日）

優秀賞

草の根からの日中平和
―紫金草平和運動を中心に―

大阪大学大学院人間科学研究科
博士課程後期1年
賈玉龍

一、問題の所在

1972年の日中国交正常化以降、「日中平和」というスローガンはさまざまな場面で提示されるようになった。しかし、そもそも「日中平和」とは何か、戦後の70数年で果たして「日中平和」が実現されたのかについて、はっきりした決着は未だにない。武力衝突の不在という視点から見れば、戦後の「日中平和」は実現したと言えるかもしれない。しかし、尖閣諸島問題で反日デモが行われた事実を含めて、「日中関係」を「平和」の名の下にまとめることには筆者は違和感を覚える。

結論を先にいうと、以上のような日中間の平和をめぐる収まりの悪さは「日中平和」という曖昧な言い方に由来するものである。「日中平和」を考える前に、「日中」と「平和」という言葉のステレオタイプ的な使い方を顧みなければならないのである。

1. 国民国家を単位とする「日中」

「日中」という言葉を使用する時、一般にはマクロな文脈から見た日本と中国という二つの国民国家を指すことが多い。このように、「日中」関係は国民国家間の関係性と認識され、国際関係学と政治学の研究対象になることが多かった。これらの分野では、国家同士の関係に回収されないミクロな日中関係[1]は見落とされ、考察の対象とはならなかった。

国際関係について考察する際、国家・政府は最大の行動主体と考えられ、個人レベルの行為主体性は無視されることが多い。「民間外交」に関する研究（沈 2005）においても、市民は依然として国家・政府に従属する存在としてとらえられ、その行為主体性が直ちに評価されるとは言い難い。

2. 戦争の対極にある「平和」

日本語の「平和」は、英語の「peace」の類似概念である。『広辞苑』によれば、「平和」とは「戦争がなくて世が安穏であること」を指している。しかし、この定義について、よく注目されるのは前半の「戦争がない」という部分であり、後半の「世が安穏であること」はほとんど無視されてきた。つまり、「平和」をいう時に最初に思い出されるのは、「安穏」という状態ではなく、「平和」の対極にある「戦争」である。

1　個人レベルにおける日本人と中国人の関係。

では、「平和」の対極にあるのは「戦争」だけであろうか。ガルトゥング（1969）によれば、われわれの心身を破壊し、殺傷し、痛めつけるのは暴力であり、戦争は暴力の一種類に過ぎない。これを踏まえて、ガルトゥング（1969、1990）は、「暴力には直接的、構造的、および文化的の三つの形態がある」[2]と指摘し、平和を「あらゆる種類の暴力の不在または低減である」と定義した。この定義は「戦争がない」という、従来の平和概念を拡げることに貢献したが、「何々の不在」という静的で消極的な定義にとどまっていた。

　暴力の不在としての平和を求めるためには、非暴力的な手段によって暴力を平和へ転換することが必要となる。これを踏まえ、ガルトゥング（2000）は「紛争」[3]という概念を援引し、「平和とは紛争の平和的転換」という定義を提出した。これは「平和」概念を静的な状態から動的なプロセスまで拡大したという点で斬新である。しかし、「何々の転換」という表現には、新たに何かを生み出したという意味合いが薄く、その意味で積極的な平和概念の定義とは言い難い。

　以上の議論を踏まえ、小田（2014）は、平和を「他者と共に生きられる関係性をつくっていくこと」（小田 2014：6）と定義した。これは動的かつ積極的な定義であり、「平和」への新たな視座をもたらした。このような「平和」は国民国家間にとどまらず、市民レベルでもありうるものである。人類学の分野では、ナショナルなレベルでの「上からの平和」に対して、草の根による「下からの平和」の重要性はすでに提示されている（栗本 2000）。これを踏まえ、小田は「下からの平和構築」を「様々な資源を通じて、民族や人種や宗教や政治などにおける持続的な友好関係を作り、平和を促進できる社会的な関係を構築する」（Oda 2007：7）と定義した。また、小田は平和構築で使われた様々な資源を「平和資源」と名付け、「他者との平和な関係性を形成するために有用な道具、能力、思想、人物、施設、メディア、ネットワークなどの総体」（小田 2010：27）と定義した。

2　　ガルトゥング（1969）は、暴力には直接的暴力と間接的暴力という二つがあると指摘した。直接的暴力とは、第二次世界大戦以前の戦争に多く見られた武力を用いた力の行使のことであり、間接的暴力（構造的暴力）とは、とくに冷戦期に見られた武力を伴わない情報戦や国際的な政治・経済・社会的関係における力の行使のことである。「文化的暴力」およびその重要性に言及しているのは、カルトゥング（1990）である。

3　　藤田（2003）によれば、紛争は人々の間やグループ間に、両立不可能な「目的」があるときに発生する。紛争を構成する3要素は、「態度」・「行動」・「矛盾」である。矛盾は個々人において内面化されると態度となり、外面化されると行動となる。矛盾からはしばしば暴力が発生する。

二、本論文の目的

　本論文は、「積極的で過程的な平和」（小田 2014）という視点から、ミクロな「日中関係」に焦点を当てる。これを通して、国際関係学と政治学で過小評価されがちであった、平和構築における市民の役割を再評価することを目的とする。

　具体的には、紫金草平和運動という事例を取り上げ、紫金草と紫金草物語がいかに国境を超えた交流を媒介するのか、それはどのように「平和」につながるのかを民族誌的に明らかにしたい。

三、紫金草平和運動とは

　1939 年、日本軍の衛生材料廠廠長であり薬学者でもあった山口誠太郎が南京を訪れたとき、南京大虐殺の戦災によって一帯が廃墟になっていることに衝撃を受けた。このとき、彼は南京の紫金山の麓にきれいに咲いていた紫の花を見て、その生命力に感動して、花の種を採り、密かに日本に持ち帰った。それから、山口誠太郎は戦争で命を奪われた人々を鎮魂するために、この花を紫金山にちなんで「紫金草」[5]と名づけ、茨城県の自宅の庭と衛生材料廠の

4　日中戦争初期の 1937 年 12 月、日本軍が南京攻略戦で中華民国の首都南京市を包囲した。同月 13 日、日本軍が南京を占領した。それからの 6 週間以内に、武器を持たない中国の国民を多数殺害した。1947 年、蒋介石の国民党政府による南京軍事裁判の判決文で出た「三十万人」という被害者数は、のちに中国政府の公式見解になる。この見解は、中国の歴史教科書や南京の侵華日軍南京大虐殺遇難同胞記念館などで取り上げられることにより、中国の国民的な記憶ともなった。一方、戦後の日本政治に復帰した戦前の戦争指導勢力によって、南京大虐殺に関する国民の記憶形成が日本で阻止されるようになった。1970 年代から 1980 年代にかけて、学問的にはすでに決着がついていたにもかかわらず、民間では「虚構かどうか」というレベルで南京大虐殺論争が行われてきたため、南京大虐殺が具体的なイメージをともなって国民の記憶に定着するにはいたらなかった。本論文では、「南京大虐殺事件」を歴史的に明らかにすることではなく、「南京大虐殺事件」が中国と日本でどのように記憶されるかを紹介することによって、本研究の背景である「歴史認識のギャップ」を説明することを目標としている。

5　アブラナ科オオアラセイトウ属の越年草であり、中国では「二月蘭」、「諸葛菜」という。日本では「オオアラセイトウ」、「花だいこん」などとも呼ばれている。春に紫のきれいな花を咲かせる。1894 年日本に移入された記録があるが、それ以後、記録は消えたようで、植物図鑑でも取り上げていなかった。1939 年、山口誠太郎が中国南京の紫金山から茨城県に移植したことをきっかけとして、紫金草は日本各地に広がった。

薬草園で栽培し、その種を茨城県石岡市と東京都にまいた。

　1966 年に、この花が新聞で話題となったことをきっかけとして、山口誠太郎の家族は朝日新聞に記事を載せることで、この花を日本各地に広め始めた。1985 年、山口誠太郎の息子、山口裕は紫金草を「平和の花」と位置づけ、全国の協力者から 100 万袋の紫金草の種を集めて、筑波国際科学博覧会の会場で配布した。それから、この花は「花だいこん」などの名で呼ばれ、日本全国で見られるようになり、世界にも広がっていくこととなる。

　その後、新聞で紫金草の由来を見た大門高子[6]がこのストーリーに基づいて合唱朗読構成「紫金草物語」の歌詞を創作した。具体的には、大門はまず第一章「大地の花野」と第二章「野の花物語」で、中国と日本で精一杯咲いている紫金草の姿を描いた。次に、第三章「戦場へ」、第四章「人間から」、第五章「村の広場で」では、一人の兵士が軍国主義の影響で人間から鬼になる流れが述べられる。続いて、第六章「南京レクイエム」と第七章「雨の紫金草」は南京大虐殺事件直後、兵士が紫金山の近くの廃墟で、ある少女から美しい紫金草をもらったストーリーを語っている。それから第八章「どう伝えたら」、第九章「花咲か」、第十章「花によせて」で、兵士が帰国して戦争への反省を紫金草によせて、花を広めるプロセスが語られる。最後に、第十一章「人間として」と第十二章「平和の花・紫金草」では「歴史を忘れず、未来に向かう」という姿勢を提示し、平和を象徴する紫金草を称えている。

　この作品は大西進の作曲によって完成し、東京で 1998 年に初演された。この初公演をきっかけとして、東京をはじめ日本各地で「紫金草物語」を歌う[7]紫金草合唱団が設立された。現在の団員数は全部で約 400 人であり、平均年齢は 70 歳前後である。紫金草合唱団は大勢の人に聞いてもらい、戦争への反省と平和への思いを呼びかけることを願っているため、聴衆との交流を何より大事にしている。日本国内の公演はいうまでもなく、2001 年から 2014 年の間に、全部で 9 回にも及ぶ「紫金草合唱団」の訪中公演が行われ、中国側の聴衆から高く評価されている。南京では紫金草平和花園を建てるために、山口裕と合唱団の呼びかけによって、日本国内から 1,000 万円の募金が集められ、2008 年に南京大虐殺記念館で紫金草の平和花園が完成した。

　現地調査は 2012 年 1 月（北海道札幌市）、2012 年 9 月（東京都区部）、2012

6　　栃木県に生まれる。子どもの文化や表現活動の実践と研究の中から、劇やミュージカルの脚本を数多く手がける。合唱脚本の作詞も多数。元小学校教師。

7　　東京都区、東京都府中市、大阪府大阪市、千葉県千葉市、奈良府奈良市など。

年 12 月（中国江蘇省南京市）、2013 年 11 月（東京都府中市）、2013 年 12 月
（東京都区部）、2014 年 4 月（中国江蘇省南京市）の計 6 回行った。調査日数
は全部で 20 日間となった。主な調査内容は合唱団員へのインタビュー、合唱
団の訪中交流と国内交流への参与観察、文献資料の収集（交流コンサートへ
の聴衆の感想文など）、合唱団の全国大会での研究発表および意見交換であ
る。現地調査を通して、42 人の合唱団員のライフ・ヒストリーと日中両国の
聴衆からの感想文 143 点を収集することができた。

四、国境を超えた市民交流

　1998 年の「紫金草物語」の初公演の後、紫金草の故郷にいる中国人にこの
歌を聞かせたいという思いを込めて、大門高子をはじめ、紫金草合唱団の方々
は南京公演を実現するために様々な準備を始めた。当時、中国の反日感情は
日本のマスメディアに大きく取り上げられていたため、合唱団員には「南京
公演のとき石や卵を投げられたらどうすればいいのか」という心配もあった。
しかし、有意義な訪中公演を実現するために、6 人のコアメンバーは「とり
あえず一度行ってみよう」と決意し、先遣団として南京に行った。
　「紫金草物語」の内容と南京公演の構想については、南京市対外人民友好協
会（以下、南京友協）の代表が大賛成の態度を表した。このように、紫金草
合唱団の第一次訪中公演は、南京友協の支援によって、2001 年になってよう
やく南京で実現された。当時、全部で 800 人ほどの中国側の聴衆が来場して
いた。合唱団員の予想と異なり、聴衆たちの反応は温かいものだった。
　大成功のうちに終わったこの公演は、中国のマスコミにも大きく取り上げ
られた。これをきっかけとして、それ以降の十数年に、紫金草合唱団は訪中
公演と交流活動のために、何度も南京を訪れることとなった。訪中公演と交
流活動において、南京の大学生との交流は重要な活動内容であった。

1. 紫金草物語が媒介する訪中交流
（1）南京理工大学との交流
　2001 年の紫金草合唱団の第一回訪中公演の後、ニュースを通じて紫金草物
語を知るようになった人はたくさんいた。そのうちの一人が南京理工大学の
人文・社会科学学部の宮載春学部長であった[8]。当時の感想について、宮載春

8　南京市紫金山の麓にある国立大学であり、構内には紫金草が群生するきれいな花園がある。

は次のように語っている。

　　5 年前の新聞で紫金草のニュースを初めて見たときに、昔、山口さん
　がきっとわたしたちの学校の近くで花の種を採ったと思いました。ここ
　は紫金草の故郷ですよ。なんとか日本紫金草合唱団のみなさんと連絡を
　とって、私たちの学校内の花畑を見に来てほしい、ここで平和の歌をう
　たってほしい。(2006 月 3 月、紫金草物語訪中公演アンケート特集より)

　当時、南京市では平和都市を目指す一連の動きがあった。2001 年、南京大
学歴史学部は、平和研究センターを創立し、平和学という専攻を設置した。[9]
2002 年の 12 月 13 日から、往年のように南京大虐殺遇難同胞追悼式を行うと
ともに、平和集会を開くようになった。2003 年、平和教育は南京市の各大学
に取り入れられ、何人かの平和学者は南京市の各大学で平和学に関する講演
を行った。2003 年 9 月、南京国際平和研究所という平和研究機構が設立され
た。2005 年、平和学国際シンポジウムは南京で実現され、「平和学の創始者」
と呼ばれるガルトゥングを含めた 50 人以上の学者が来場した。このような状
況を踏まえ、宮載春の呼びかけによって、2005 年に南京理工大学では「平和
の声」という芸術団が発足した。この芸術団で最初に歌われたのが、人文・
社会科学学部の 120 名の新入生による合唱「紫金草物語」であった。

　平和文化をさらに広めるために、2006 年 3 月、南京理工大学で「平和の春」
という平和文化祭が行われた。そこで、紫金草が群生する花園は「平和園」
と名付けられた。ゲストとして招待された紫金草合唱団は、この「平和園」
で「平和の声」芸術団と一緒に「紫金草物語」を歌い、南京理工大学の学生
との交流会を開いた。その後、南京理工大学の学生たちは以下のような感想[10]
を述べた。

　　合唱団の方々は日本全国民の意識を代表しているとはいえないかもし
　れませんが、私たちに希望を与えました。平和の信念はなお、多数の日
　本人の心の中に存在しているんだなと。銃声が再び中日の間に響かない

9　　中国の大学では、南京大学の平和研究センターは最初の平和研究機構である。平和学という
　　専攻課程も南京大学にしか見られない。

10　　ここで取り上げたのは、南京理工大学の学生による代表的な感想である。ほかには、「私のお
　　じいさんは戦争で日本人に殺された！おじいさんを返せ！」と言った学生もいるようであった。

ことを祈っています。（2006 年 3 月、紫金草物語訪中公演アンケート特集より）

　私は今まで日本に対してあまり好感を持っていませんでした。隣国で悪いことをしたのに認めない国で、尊敬できないと思っていました。しかし、今日の組曲を聴いて、尊敬されるべき日本人も大勢いるということを初めて知りましたから、竜の踊りを踊る時の気持ちまで変わりました。忘れがたい交流会でした。（2006 年 3 月、紫金草物語訪中公演アンケート特集より）

以上の感想から、南京理工大学の学生のイメージにあった「全ての日本人が侵略戦争の歴史を認めない」というものが「歴史を忘れず、平和を愛好する日本人もいる」に変化したことが明らかである。今回の交流をきっかけとして、それ以降の数年間、紫金草合唱団は毎年の「平和の春」文化祭に参加するようになった。そして、宮と「平和の声」芸術団[11]の学生たちは紫金草合唱団に誘われ、2007 年日本のうたごえ祭典に参加した。その後、宮は以下の感想を述べた。

　うたごえ大会についてよく理解できました。日本に行く前は中国の合唱コンクールというイメージでしたが、誰が上手なのかという試合ではなくて、各分野の方が自分の意見を、歌を通じて述べるのですね。九条を守る歌を聞いて、国民の戦争反対の決意と熱意に感動しました。（2007 年、「竜の踊りチームの感想」）

宮のほか、芸術団の学生も実際に日本に行った後、日本に関する理解を深めることができ、次の感想を述べた。

　日本に行く前のイメージと今のイメージは全然違っていました。日本人はみな礼儀正しくて、そして友好的で、合唱団の皆さんがまるで自分の祖父、祖母のように優しく、温かく歓迎して下さいました。日本の社会も高度に発達していて、どの町へ行ってもきれいでした。中国もその

11　「平和の声」芸術団では、合唱だけでなく、多彩な芸術活動が行われている。うたごえ祭典に招待されたのは「竜の踊り」というチームであった。

ようになればと思いました。(2007 年、「竜の踊りチームの感想」)

南京理工大学の「平和の春」文化祭は、2011 年から「二月蘭[12] 平和文化祭」というより総合的な文化祭に変容した。合唱だけでなく、紫金草に関する撮影コンテストや詩文コンクールを含める多彩な活動が進められている。南京理工大学はこの平和文化祭によって、紫金草の平和文化を学生と市民にさらに広めている。

紫金草合唱団と南京理工大学の交流を顧みると、紫金草合唱団と「紫金草の故郷」である南京理工大学にいる方々との交流を紫金草という花が媒介した、と表現することができる。身をもって日本人と交流した中国人、または実際に日本社会を体験した中国人の心の中で、歴史認識と平和意識にとどまらない、日本社会と日本人に関する総合的な認識ができ、今後の日中交流においてある程度の基礎をつくりあげた。

(2) 南京大学との交流

2003 年の 12 月 13 日、紫金草合唱団は南京大虐殺追悼式および平和集会で「平和の花　紫金草」を歌った。そのとき、この歌をはじめて聞いた一人に斉藤文男がいた。当時、斉藤は南京大学日本語学部で外国人教師として日本語を教えていた。彼はこれほど多くの日本人が団体でやって来るのに驚き、日本人が加害者である大虐殺追悼式に来て歌を披露する勇気に感心した。その後、斉藤は中央テレビで紫金草合唱団に関するニュースを見て、録画したものを合唱団のほうに提供し、紫金草合唱団との連絡を取った。

2005 年 3 月、大門高子は「南京大学の学生と交流したい」と斉藤に要請し、斉藤の授業の時間を利用して交流会を開催した。交流会の前に、斉藤は紫金草物語に関する絵本「紫花だいこん」を朗読して学生に紫金草合唱団を紹介した。当時の自分について、斉藤は「絵本を読みながら、不覚にも涙が出てしまった。涙は本で隠しながら読み続けたが、学生には気がつかれてしまったかもしれない」と述べた。

2006 年 3 月、紫金草合唱団は南京大学で公演を行い、南京大学の大学生と交流した。その後、南京大学の学生は次のような感想を述べていた。[13]

12　　紫金草の中国語名。

13　　感想の中で、最も多かったのは「このような平和を愛好する日本人もいるんですね。初めて知りました」というものである。ここでは、代表的な感想よりも深みのある感想を取り上げた。

戦争がなければ、中日の人民は常に一緒にお茶を飲み、詩を作り、花を見、歌を歌い、楽しく過ごし続けるはずだ。戦争が起こり、元々友達であるはずの二つの民族は仇になった。（2006年3月、紫金草物語訪中公演アンケート特集より）

　交流会では、おじいさん、おばあさんたちがこれほど明るくて親切だとは想像もしなかった。中日両国の平和を心から願って、私たちよりも、積極的に交流していた。本当にありがたいことだと思う。でもちょっと残念なのはメールをできる人が少なかったことだ。また、若者同士の交流なら話題も共通したものがあり、さらによくできるかもしれない。両国の若者がお互いに理解し合えるなら、中日友好にもっと役立つと私はそう考えている。（2006年3月、紫金草物語訪中公演アンケート特集より）

2011年3月26日、紫金草合唱団は、南京で「訪中10周年記念」のコンサートを開いた。翌日には、南京大学の学生と一緒に山登り、交流会を開いた。そのときの様子について、斉藤は北京週報日本語版への投稿でこう書いている。

　（公演の）翌日には、合唱団員21人が、南京大学の学生20人と一緒に紫金山に登り、頂上で交流会を開いた。団員は現役の仕事を定年で退職した人たちが多く、大半が60歳以上だったが、20歳前後の若い中国人学生を相手に楽しそうだった。1年生の学生は日本語の勉強を始めてから半年ほどだが、団員との会話はほとんど問題なく、団員も日本語の上達の速さに驚いていた。それでも、分からない単語はノートに漢字を書いたり、英語で話し合っていた。
　年配の女性と話し合っていた女子学生（18）は、将来の進路の悩みや不安を訴えた。自分が進みたい道と両親が希望する方向が違い、どちらにしたらよいのか迷っていた。日本人の女性からは、「そのような悩みは、成長過程で誰にでもあるものです」と言われ、これから先が長いので、ゆっくり考えて自分で決めるように諭されたという。
　日本人女性との交流は“人生相談”のような形になったが、同じような悩みは多くの人が経験することだと分かり、気分が軽くなったと喜んでいた。学生たちの多くは、日本人と直接話をする機会はあまりないが、

「これまで描いていた日本人のイメージとはまったく違って、みんなとても優しい人ばかりだった」ことが共通した感想だった。「これからも日本語をしっかり勉強して、もっと多くの日本の人たちと自由に交流していきたい」と、日本への学習意欲を見せていた。

　合唱団員のメンバーは、学生の日本語が上手なのに驚き、「素直で思いやりのある人たちばかりで、息子や娘にしたいような若者がたくさんいた」と中国人の若者に対する認識を新たにしていた。"人生相談"の相手をした女性も、学生がとても素直に自分の話を聞いてくれたので感動した。（後略）（斉藤 2011）

　紫金草合唱団と南京大学の交流をまとめると、紫金草物語を媒介として、紫金草合唱団と斉藤、または南京大学の学生との交流が生まれた、ということである。南京大学の学生にとっては、日本人に関するイメージが変わるだけでなく、紫金草合唱団のメンバーと人間としての友好関係を作ることができた。そのほか、学生の感想からは、「戦争がなければ、中日の人民は常に一緒にお茶を飲み、詩を作り、花を見、歌を歌い、楽しく過ごし続ける」という平和の可能性を指摘するものや「日本の若者と交流したい」という意欲も見られた。

　これは今後の日中交流に基礎を提供したといえるのではないだろうか。紫金草合唱団にとっては、「反日感情が高まっている中国」という他者イメージも打破され、「より理性的で親切な人間」としての中国人のイメージが形成された。それ以降、日本における交流活動によって、この新しい中国人イメージはより多くの日本市民に伝えられ、遠くて対立していた「日本」と「中国」の距離が縮まることに、少なからぬ貢献があったと言える。

2.　紫金草物語が媒介する国内交流

　第一次訪中公演の後、「訪中公演の報告」も含めて、紫金草合唱団は日本国内で何度も公演を行い、日本側の観衆と様々な問題について交流した。このような活動のなかで、大門高子は日中友好活動に関わる様々な方と出会っている。そのなかの一人は、北海道大学文学部の教員、X 氏であった。X 氏は平和・和解というテーマに関心を持っており、平和に関わる市民活動に参加していた。

　当時、紫金草物語はすでに、中国のいくつかの大学で公演されていた。それに対し、日本国内での公演は市民向けであり、来場者のほとんどは 40 代以

上の世代であった。若者限定の公演をするチャンスがなかったため、この歌を日本の未来を背負う若者に聞かせたいという願いは大門たちの中にあり続けていた。

大門と交流した後、X氏は平和教育にとって有意義な教材であると考え、北海道大学の授業でコンサートをすることを提案した。その後、授業内コンサート実現に向けた協力がはじまった。このような流れを踏まえ、2012年1月18日、X氏の担当している授業で、紫金草物語の授業内コンサートは実現された。

演奏が終わった後、北海道大学の学生から、「みなさんが紫金草合唱団に入るきっかけは何だったのか」、「中国で紫金草物語を演奏した時、中国の大学生からはどんな反応があったのか」という一連の質問が紫金草合唱団に投げかけられた。合唱団員たちは富山空襲や満州残留などの個人的な経験から、合唱団に入る理由を学生に説明した。また、訪中交流の状況と、中国側の大学生の感想なども紹介した。

今回の授業内コンサートは、学生に平和と戦争について考えるチャンスを与えた。学生たちはさまざまな感想を[14]レポートに書いていた。感想を見ると、南京の大学生と同じく、相手側に関するイメージの変容と交流の大事さを実感した学生が多かった。

> コンサート後の質問会でのお話で、日本人に対する怒りをぶつけてくる中国人ばかりではないと聞き、正直驚いた。中国人がむしろ日本とともに二度と南京大虐殺のような悲劇が起こらない平和を構築したいと考えていると知り、とても嬉しく思う。(北海道大学文学部3年生、2012年1月)

> なぜ(終戦から)65年も経って今なお、日本と周辺諸国との間に深く溝が残り続けているのでしょうか。私はその問題の根底にあるのは双方の理解不足だと思っています。周辺諸国の人々と、日本の人々には交流が必要なのではないか、と思います。
> ナショナリズムが高まっているといわれる若者達の間には、ステレオタイプ化された認識が散見されます。その解消には実際の人たちとの交

14　授業内コンサートの来場者は「平和における芸術の役割」というレポートの一部として感想を書き上げた。ここでは、感想の中で比較的に深みのある部分を取り上げた。

流が非常に効果的だと思います。(北海道大学文学部4年生、2012年1月)

　　合唱後に学生などと直接交流を取っているのをみて、若者達に「戦争の悲惨さ」や「平和の大切さ」を伝えたいという意思を伺うことができた。異なる世代間や国のギャップを埋めるためには直接の対話が大切であると痛感した。イメージだけで決め付けてはならない。これは日本と中国の互いの理解のために求められることであろう。(北海道大学文学部3年生、2012年1月)

そのほか、紫金草合唱団の演奏を通して、歴史を伝える重要性と相手側の痛みを感じ取った学生は次のように書いている。

　　紫金草合唱団の授業内コンサートを聴いて、この合唱団のテーマともなっている「不忘歴史・面向未来」という言葉が印象的だった。南京事件をはじめとして戦前の日本軍の行いに関して中国、朝鮮の人々が恨みや憎しみをこめたような発言をするとき、私自身「そんな昔のことをいつまでも引きずるなんておかしいのではないか」と考える時もある。しかし、このような「今までのこのとはすべて水に流して、これから仲良くやっていきましょう」という考え方は、加害者側が絶対に持ってはいけない考え方だろう。歴史を忘れない、ということが未来をつくるための前提条件となる。紫金草合唱団が行っている活動は歴史を歌に乗せて後世まで伝えると言う、先にあげた前提条件をクリアするための活動だということを感じた。(北海道大学文学部4年生、2012年1月)

　　今回、紫金草合唱団のコンサートを聴いて、音楽と共に、当時の情景が鮮明に頭の中に浮かびました。南京事件については、恥ずかしながら歴史の授業で教えられた程度、日本人が中国の方々を虐殺したという概要のみしか知りませんでした。確かに、非常で残酷な事件であったとは思っていましたが、中国の方々に刻まれた深い傷にまでは考えが及んでいませんでした。しかし、『紫金草物語』では日本兵が中国の方々に何をしてきて、中国の方々が日本兵に対して何を思い、感じていたのかが痛いほど伝わってきました(北海道大学文学部2年生、2012年1月)

本節をまとめると以下のようになる。紫金草合唱団は国内での公演によっ

て、戦争への反省と平和への思いを日本の人々に伝えた。しかし、同じ歌に対して、日本側の読みは中国側の読みと必ずしも同じではない。大学生の例を挙げると、他者イメージの打破と交流する意欲のほか、中国の若い世代は「日本人は侵略戦争の歴史を認め、謝罪するべきだ」という態度に注目した。それに対し、日本の若者は戦争と平和についていろいろ考えたが、自分から謝罪する態度を示すわけではない。

　こうした多様な読み方は、紫金草物語という歌の媒介性であり、芸術としてのよさでもある。すなわち、解釈の幅が広い歌は異なる立場に立っている他者の関心を呼び、お互いに対話の可能性を提供している、ということである。結果として、交流によって形成された「他者イメージの解体」と「交流する意欲」は、今後のより深い交流のための基礎を作り上げた、と言い得るのである。

3.　紫金草の里帰りと新しい可能性

　1985年筑波万博の後、紫金草平和運動に協力していた何人かの方は、「この平和の花を里帰りさせたい」と山口裕に提案した。それから、山口は「紫金草花園建設の会」を創立し、南京で「紫金草平和花園」を作ることを計画し、1,000万円の募金を目標として様々な事業を始めた。

　紫金草合唱団が成立してから、山口裕も合唱団の公演に参加し、紫金草の精神を広めることに熱心に取り組んでいた。このような流れで、5万人の協力によって1,000万円の募金という目標は2007年3月に達成することとなった。山口裕は、募金と日本で集めた15キログラムの紫金草の種と合わせて、南京大虐殺記念館に贈呈した。2008年には、南京大虐殺記念館にある平和公園に紫金草平和花園が建てられた。同年、南京大虐殺記念館に紫金草平和運動に関する小さな展示コーナーも設置された。引き続き2009年、山口裕たちの提案で、紫金草平和花園の中で紫金草少女をモデルとするモニュメントが完成した。紫金草少女をモニュメントにする理由について、山口裕（2013）はこう書いている。

15　2007年、南京大虐殺記念館は国家プログラムとして改築された。改築案には、平和都市の一環として、南京大虐殺記念館に平和公園を建てる予定があった。山口裕は、この平和公園が南京大虐殺の殉難者を追悼することによって平和を祈る紫金草平和花園の主題に最適だと考え、紫金草の種と募金を南京大虐殺記念館に贈呈した。

紫金草平和運動七十周年という記念すべきこの四月中旬に、南京市平
　和公園に念願の紫金草花園の中心となるモニュメントが完成し、その除
　幕式が行われます。そのモニュメントは、紫金草を掲げた少女の像です。
　「平和の白鳩」と「紫金草少女」の二案を提案しましたが、平和記念館長
　の朱成山先生は「紫金草少女」を選ばれました。これは広島原爆記念平
　和公園の、折鶴を掲げた「原爆の少女像」に比肩するものという理由で
　した。（山口 2013：28-29）

　このように、山口裕と平和を愛好する方々の思いが込められた紫金草少女
像は、広島の原爆の少女像と並ぶ平和のシンボルとして位置づけられた。そ
れ以降、国境を越えた平和のシンボルとして紫金草は、様々な人・モノの作
用によって発信し続けている。
　2013 年 1 月 17 日、日本の鳩山由紀夫元首相が南京大虐殺記念館を訪れた。
訪問が終わった後、記念館館長朱成山は、平和のシンボルとしての紫金草少
女のモデルを鳩山にプレゼントした。
　2013 年 3 月、山口裕は病気で亡くなった。この訃報を知った後、南京の市
民合唱団[16]は、中国語で「紫金草物語」を歌うことで山口を追悼し、平和を願
った。
　2013 年 4 月、紫金草合唱団はニューヨークで公演を行った。これは、南京
事件の当事国である日本と中国以外のところで行われた、初めての公演でも
あった。初公演として規模はまだ小さかったが、アメリカ人の観衆から南京
大虐殺記念館への 4 万円の募金が集められた。
　紫金草物語のニューヨーク公演をきっかけとして、紫金草合唱団は、「ニュ
ーヨーク南京大虐殺受難者を記念する会」の元会長、在米台湾人の姜と出会
った。姜の提案で、紫金草合唱団は 2014 年 7 月に台湾公演を実現した。
　本節をまとめると次の通りである。山口裕と「紫金草花園建設の会」の方々
の努力で、平和のシンボルとしての紫金草平和花園と紫金草少女のモニュメ
ントは、南京大虐殺記念館の平和公園に建てられた。これらのモノは紫金草
に込められた平和の思いをより多くの人に発信している。そのほか、紫金草

16　　南京友協のスタッフＳさんが住む高層マンションの合唱団である。Ｓさんは紫金草合唱団の
　　第一回訪中公演からずっと通訳として協力していた。彼女の呼びかけで、高層マンションの合
　　唱団のメンバーは紫金草合唱団のコンサートに行き、紫金草のストーリーに感動し、紫金草物
　　語を歌うようになったという。

合唱団をはじめ、紫金草に関わるさまざまなアクターの行動によって、紫金草は日本と中国の間を媒介するにとどまらず、より広い世界に広がる可能性をみせ始めている。

五、おわりに

本論文の目的に立ち返りながら、結論を導きたい。本論の目的は紫金草と紫金草物語がいかに国境を超えた交流を媒介するのか、それはどのように「平和」につながるのかという問題を民族誌的に明らかにすることであった。

本論文における紫金草平和運動は、市民によって担われた、積極的な平和を構築する実践であるため、「下からの平和構築」（Oda 2007）に位置づけられる。紫金草平和運動は、平和運動としての側面を持つ一方で、南京大虐殺事件、または日中戦争に関わるため、戦後和解の実践でもある。

和解とは、戦争・暴力状態から平和状態への転換である。小田（2014）の関係論的な平和概念に照らすならば、和解は戦争・暴力の当事者の間の関係性を再構築する作業でもある。戦争・暴力の当事者の間の関係性が変化しなければ、戦争・暴力が終わったとしても、矛盾が残され、積極的な意味での平和が存在しないと考えられる。

藤田（2003）によれば、「矛盾」は「行動」と「態度」とともに、紛争を構成する３要素とされている。矛盾は個々人において内面化されると態度となり、外面化されると行動となる。このような矛盾からはしばしば暴力が発生する。

紫金草平和運動の流れから見ると、日本と中国の間にある矛盾[17]の転換に最も重要なのは「紫金草物語」が媒介する交流であった。紫金草合唱団との直接の交流をきっかけとして、日本の人々と中国に人々の間に間接的な対話が形成された。この間接的な対話によって、日本の人々と中国の人々は相手側に関する「他者イメージ」を打破することができ、相手側と交流する意欲が生まれた。ここで、間接的な対話に場を提供したのは、紫金草が紡ぐ国境を越えたネットワークである。

藤田は「対話は平和的な紛争転換に必須の要素である」（藤田 2003：12）と指摘し、紛争転換における対話の重要性を提示した。藤田（2003）によれば、

17　本論文では、日本側と中国側の矛盾は「南京大虐殺事件」と「日中戦争」に関する歴史認識のギャップにある。

対話の際に重要なことは、語を発しているかどうかではなく、精神または心が世界に開かれているかどうかという点である。精神・心が開かれていなければ、相手の言うことを注意ぶかく聴くことができず、対話になることはない。換言すると、自己を相対化できるかどうかということが、対話にとって重要なのである。

　本論文から見ると、日中戦争の時代から、日本人と中国人は戦争と暴力の歴史によって「加害側」と「被害側」のカテゴリーに分断されてきた。戦後の冷戦構造とマスメディアによる報道の影響で、社会体制の異なる日本と中国は、対立する他者として再構築され、互いが互いを対立するものとして固定していくようになった。このように、固定化された他者が、どのように自己を相対化したのかという点は、本論文のテーマに照らして非常に興味深い。

　ここで、紫金草合唱団と観衆の交流の現場を振り返ってみたい。紫金草合唱団と観衆との交流は、観衆が日本人、中国人のいずれの場合においても、「紫金草物語」の演奏の後で行われた。観衆たちは交流・対話の前に、歌を聴くことを通してすでに紫金草合唱団の姿勢と南京事件のあらすじを理解していた。このことが、演奏後の交流に大きな影響を及ぼしたことは想像に難くない。

　このような現象について、奥本（2003）は、「芸術の創造過程だけではなく完成した作品を味わう過程においても、そこに関わる人々全員による『対話』が存在すると考える」（奥本 2003：180）と指摘した。そもそも、日本の市民も中国の市民も自己と異なる他者[18]の前に、精神または心を即時に開くことは至難の業であろう。しかし、歌という芸術を介することで、互いの「対話」が促進されることは起こりうる。

　本論文の事例に照らせば、歌を通じて、両者が自己を相対化する契機を獲得したと言えるのである。したがって、日中市民の間接的な対話において、紫金草物語という歌は、解釈の幅が広い芸術として、異なる立場に立つ他者の関心を呼び、他者に対話の可能性を提供していると考えられる。紫金草平和運動では、日本市民と中国市民の間に友好的な関係性を作るために、紫金草と紫金草物語は重要な役割を果たしたので、平和資源といえるだろう。

　しかし、紫金草物語に関する、日本側と中国側の観衆の反応は一致しているとは限らない。具体的には、歌を通して「南京大虐殺があった」という共

18　本論文の例では、紫金草合唱団は日本の大学生にとっては「歴史の他者」であり、中国の大学生にとっては「国別の他者」でもあり、「歴史の他者」でもある。

通認識はある程度形成されたが、この事件にどう対応するべきかという問題についての共通認識は未だ形成されていない。これは、今までの対話が感性のレベルにとどまり、理性のレベルではまだ十分に進められていないからである、と考えられる。そのため、紫金草平和活動は、対話による和解の可能性を示す一方、より深いレベルでの対話の必要性も示唆しているのである。

参考文献:

奥本京子（2003）「平和的価値の創造における芸術の役割」『ガルトゥング平和学入門』ガルトゥング・藤田明史（編）法律文化社

藤田明史（2003）「第1章　平和とは何か」『ガルトゥング平和学入門』ガルトゥング・藤田明史（編）法律文化社

Galtung,Johan（1969）"Violence, Peace, and Peace Research",Journal of Peace Research vol. VL,no.3,1969

Galtung,Johan（1990）"Acceptance Speech: Peace Studies inspiration,objective,achievement",60 Speeches on War and Peace, PRIO

ガルトゥング・J（2000）『平和的手段による紛争の転換：超越法』伊藤武彦（編）・奥本京子（訳），平和文化

栗本英世（2000）「『上からの平和』と『下からの平和』—スーダン内戦と平和構築」『NIRA政策研究』（特集：予防外交—アフリカに見るその課題）13（6）：p46-49.

Oda, Hiroshi（2007）Peacebuilding from Below: Theoretical and Methodological Considerations toward an Anthropological Study on Peace, Journal of the Graduate School of Letters・Hokkaido University

小田博志（2010）「『平和の人類学』を構想する—共同研究：平和・紛争・暴力に関する人類学的研究の可能性」『民博通信』128：p18-19.

小田博志（2014）「平和の人類学　序論」『平和の人類学』法律文化社 :p1-23 小田博志・関雄二（編著）

斉藤文男（2011）「震災乗り越え平和の歌声響く—紫金草合唱団64人が南京で公演」『北京週報日本語版 20110407』

沈海涛（2005）「民間交流在戦後中日関係中的地位与作用」、『日本研究』2005年第4号 :p4-8

山口裕（2013）「紫金草精神」『追悼山口裕』：p27-30　山口文子（発行）　私家版

特別賞

ハイアールのネット化戦略を読み解く
―日立、アイリスオーヤマとの比較を中心に―

日本大学商学部
渡邊進太郎（3年＝代表）、岡野正吾（4年）
河合紗莉亜（2年）、橋本清汰（2年）、山口掌（2年）

はじめに

　家電市場の競争が激化している。市場では世界中の電機メーカーが収益の獲得競争を繰り広げ、インターネットの進展がそれに拍車をかけている。

　家電市場の収益獲得競争激化には、１つの問題が関連していると考えられる。それは製品のコモディティ化である。コモディティ化は、①競合他社が増加する、②機能・性能の進展が消費者のニーズを越える、という二つの要因から、収益の減少を引き起こす問題である。

　このコモディティ化の問題を突破し、世界でトップを走る電機メーカーこそハイアールである。ハイアールは白物家電で世界シェア１位を誇る中国企業だ。時代の進展と共に四段階の進化を遂げることで、世界有数の電機メーカーへと成長を遂げた。現在のハイアールは五段階目の進化の途上である。第三次産業革命、つまりネットワークの成長と共に、次なる時代へと進展する世の中において通用する製品開発システムを生み出している。それが「創客（maker）を中心とした U+SmartLife」というネットワークの構築である。このネット化戦略こそ、ハイアールが世界１位のシェアを得ることを可能にした戦略である。

　本論文では、ハイアールのネット化戦略に着目し、ヘンリー・チェスブロウが提唱したオープンイノベーション戦略の視点から、日本企業の日立製作所、アイリスオーヤマ株式会社の２社とも対比しながら、家電事業の行方を読み解くことを目的としている。その答えこそが、家電市場における収益獲得の成否を分ける戦略であると仮説を立て、検討を進める。

第１章　家電製品のコモディティ化

(1) 日本の家電産業におけるコモディティ化

　家電事業においては、商品のコモディティ化が以下の二つの原因により進みやすく、利益を獲得することが困難な状況にある。『イノベーションと競争優位—コモディティ化するデジタル機器』[1] によると、「コモディティ化とは、参入企業が増加し、商品の差別化が困難になり、価格競争の結果、企業が利益を上げられないほどに価格低下すること」と定義している。即ち、製品の

1　延岡健太郎、伊藤宗彦、森田弘一編 (2006)『イノベーションと競争優位—コモディティ化するデジタル機器』NTT 出版 p.24

特別賞 ／ 渡邊進太郎、岡野正吾、河合紗莉亜、橋本清汰、山口掌　　**127**

モジュラー化[2]による中間財の市場化と、顧客価値の頭打ちの二つの原因によるものであり、家電業界はこの打撃をまともに受けていたのである。製品のモジュラー化による中間財の市場化について、同著より図表1を引用する。

図表1：デジタル家電における市場化の現状

	モジュールの市場化			システム統合の市場化		日本企業の競争力
	汎用モジュール	主要モジュールの日本企業内製率（注1）	主要モジュールの日本企業占有率（注2）	システム統合モジュール	システム統合提供企業（注1）	日本企業の市場占有率
ノートパソコン	○	33.3%	26.8%	○	○	15.2%
携帯電話	○	33.3%	46.6%	○	○	11.5%
DVDプレイヤー	○	26.7%	78.2%	○	○	22.4%
DVDレコーダー	△	23.3%	80.1%	△	×	69.4%
デジタルカメラ	△	43.3%	74.2%	△	×	85.6%
液晶テレビ	△	43.3%	40.2%	△	×	44.4%
PDPテレビ	△	33.3%	51.3%	△	×	54.1%

注1：筆者らの企業インタビューおよびデータから、市場で簡単に調達できる可能性の総合的評価。（○：可能　△：一部可能　×：困難）
注2：実際の調査は、神戸大学から富士キメラ社に依頼した。調査対象企業は、日本電気、松下電器、富士通、三菱電機、シャープ、ソニー、カシオ、オリンパス、キヤノン、富士写真、パイオニア、東芝、船井電機、日本ビクター、日立製作所、日本IBMの各社の当該ビジネスユニット（事業部）である。主要モジュールは、表示装置（液晶ユニットなど）、能動素子（CCD、テレビチューナーなど）、光学部品（レンズなど）、機構部品（モーター、ハードディスクなど）、メモリー（DRAM、FROMなど）を表している。

出所：延岡、伊藤、森田（2006）30p

　この図から、製品の「汎用モジュール」化が×から○になるほど、「日本企業の市場占有率」が減少していることが分かる。
　もう一つの要因である顧客価値の頭打ちとは、以下の図表2のように、製品の機能的価値が、顧客の求める価値のレベルを超えてしまうことを意味している。商品が誕生した後で、技術・商品の進化が進みながら、通常はモジュラー化・市場化も徐々に進んでいく。特に家電においては、顧客の必要とする機能的価値のレベルが低く、頭打ちになりやすい。そして、顧客ニーズのレベルが低ければ、それに対応できる参入企業が増加し、価格競争に結び付くのである。

2　部品が交換可能な標準型になること

図表2：顧客価値の頭打ちによるモジュラー化の促進とその要因

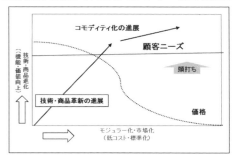

出所：延岡、伊藤、森田（2006）37ページを基に作成

このように、デジタル家電は、モジュラー化・市場化して、商品の開発・製造が容易になることと、顧客ニーズが頭打ちになりやすいこと、つまり商品（供給側）と顧客（需要側）の両面から、参入企業の増加と価格低下をもたらすのである。そして家電産業におけるコモディティ化が、収益獲得競争を激化させたのである。

(2) オープンイノベーション並びにハイアール型オープンイノベーションについて

イノベーションの一つの方法として、オープンイノベーションがある。米国の著名な経営学者であるヘンリー・チェスブロウ（2003）はこの方法を、「スタートアップ企業や大学の研究機関といった製品を作る側の組織と企業間の結び付きを活用することで、知識の流入と流出を自社の目的にかなうように利用して社内イノベーションを加速するとともに、イノベーションの社外活用を促進する市場を拡大することだ」と定義づけている。

一方で我々は、ハイアールのネット化戦略を研究する中で、ヘンリー・チェスブロウが提唱するものとは異なる、新型のオープンイノベーションモデルが存在することを発見した。これを我々は「ハイアール型オープンイノベーション」（以下HR型オープンイノベーション）と命名し、ヘンリー・チェスブロウの提唱したオープンイノベーションと区別することにする。

このHR型オープンイノベーションには、従来のオープンイノベーションに加え、二つの新たな特徴を持つ。一つ目は「徹底した消費者目線」である。ヘンリー・チェスブロウが提唱したオープンイノベーションでは、アイデアの知識供給源が、スタートアップ企業や大学の研究機関といった製品を「作

る側」の組織を中心としていたのに対し、HR 型オープンイノベーションでは、製品を「使う側」である消費者のニーズを得ることを重視している。そして二つ目は「素早い製品開発」である。製品の高機能化よりも、素早く製品を完成させることに重きを置いている。

第2章　ハイアールアジア R&D について

ここではコアとなる事例としてハイアールアジア R&D 株式会社をとりあげる。企業訪問し入手したヒアリング情報をもとに、研究開発マネジメントおよび経営戦略の特徴を描出する。

(1) 企業概要

ハイアールアジア R&D 株式会社の親会社であるハイアールは、1984 年に青島冷蔵庫本工場の名で創業された（1987 年にハイアールと改称）。その前身は青島市にあるモーター会社で、年間 154 万元の赤字経営に陥っていた。そこで当時工場に送り込まれた張瑞敏氏が、ドイツの有名冷蔵庫メーカーLiebherr 社から製造設備と重要部品、および関連製造技術を導入することになる。また、発展プロセスの中で「ハンマー事件[3]」や「ショック状態の魚を食べる[4]」などの経営手法を採用し、徹底した成果主義による管理で、売上高を 2005 年には 1000 億元にまで伸ばした。

このような経営努力の結果、ハイアールは市場調査機関のユーロモニター・インターナショナル（Euromonitor International）が実施するグローバル・メジャー・アプライアンス・ブランド 2014 において、市場占有率 10.2％で 1 位となり、6 年連続で世界一となっている。

ハイアールは今日に至るまで、すでに 4 つの戦略段階を経験している（図表 3）。第 1 段階（1984 年〜 1991 年）は高品質発展戦略、第 2 段階（1992 年〜 1998 年）は多角化発展戦略、第 3 段階（1999 年〜 2005 年）は国際化発展

3　　張瑞敏のところに販売店から冷蔵庫の品質に関するクレームが届いた。張は倉庫に行き、品質に問題のある冷蔵庫を見つけると、ハンマーでたたき壊すように命じた。

4　　ハイアールの企業買収戦略は「休克魚（ショック状態の魚）を食べる」という言葉で表現されている。「ショック状態の魚」とは、生産設備などのハードウェア面では優位性をもっているが、市場戦略や管理に問題があるために停滞に陥っている企業。このような企業を買収し、ハイアール流の管理思想や管理方法を導入すれば、すぐに生き返らせることができるというわけである。

戦略、第4段階（2006年〜2012年）はグローバルブランド戦略である。そして、ハイアールは2012年から、第5段階のネットワーク化戦略発展段階に入っている。[5]

図表3：ハイアール成長の歴史

第1段階（1984年〜1991年）商品質発展戦略、TQM〈全面質量管理〉
品質と企業イメージの向上こそが至上命題。76台の欠陥冷蔵庫をハンマーでたたき壊したエピソード。
第2段階（1992〜1998年）多角化発展戦略：OEM（Overall Everyone Everyday Everything Control and Clear 管理法）
冷蔵庫・エアコンのほか、家電全般へ参入。企業の核となる目標を各人の小さな目標に量化する。「過去や結果に対する管理から瞬間状態に対するコントロールへと変化し、精密と正確、欠陥ゼロへと転換した。」
第3段階（1999年〜2005年）国際化発展戦略：SST
世界ブランドの確立を志向：欧米市場を開拓してから中東・南米・東南アジア等に輸出物流推進本部が提供した部品が価格・品質・納期の面で契約条件に合わない場合、製品事業部が賠償請求する。両社が合意できない場合は、第3者が問題の所在と責任を明確にして責任者を処罰する。
第4段階（2006年〜2012年）グローバルブランド戦略段階：従業員とユーザーの一体化
全世界におけるブランドを目指し、2006年より開始。それまでは中国を基地として世界に向かうモデルであったが、この段階ではその国の求めるハイアールブランドを確立することを目指す。
第5段階（2012年〜2019年）ネットワーク化戦略発展段階：ネット化市場、ネット化市場
第3次産業革命のチャンスをとらえ、ネット化戦略を実施する。ネット化戦略は、3つの「無」であらわされる。①企業のボーダレス化。すなわちユーザーに応じて拡散するプラットフォーム型の組織②リーダーなきマネジメント。すなわち、ダイナミックな最適化がなされる従業員とユーザーの自主経営組織。③尺度なきサプライチェーン。すなわち、ニーズに応じて設計し、ニーズに応じて生産し、ニーズに応じて配送するマス・カスタマイゼーションをいう。

出所：小菅（2011）ならびに平成28年度「比較経営論2」（日本大学商学部、高久保豊教授）の配布資料を参考に作成

　ハイアールアジアR&D株式会社は、2014年に日本における拠点として設立された。同社の代表取締役会長兼CEOは伊藤嘉明氏、社長兼COOは時振玉氏である。社員の99%はハイアールがM&Aで得た旧三洋電機株式会社の社員であり、旧三洋から引き継いだブランドである「AQUA」に関する技術開発を行うとともに、グローバルブランド「Haier」の新製品も開発している。製品アーキテクチャはモジュラー型製品であり、新製品開発時のリードタイムが短くなり、連続的な新製品投入が可能になるといったメリットを最大限に生かしている。

5　小菅正伸「中国企業におけるビジネス・プロセスの革新：ハイアールの事例を中心として」（2011）

(2) ハイアールにおけるオープンイノベーション戦略

　ハイアールは第五段階の発展とともにオープンイノベーションを進化させてきた。まず、インターネット時代に対応して、工場は「ネット工場」に変貌を遂げているという点である。ネット工場とは、ユーザーが生産の全ての流れとつながり、工場とユーザーの間がゼロ距離になる工場のことを指す。これからは顧客が参加できる「ネット工場」を中心として、顧客の好みにもとづいて製品を作る時代になるだろう。

　ハイアールでは、世の中にないアイディアを持っている人に着目し、彼らを「創客」と名付けて迎え入れ、イノベーションを起こそうとしている。現在、創客は6000人ほどいるとされている。図表4では、中国系日本家電企業であるハイアールアジアR&D株式会社が、商品開発力でナンバーワンになるために、「創客」を中心として総合メーカー、協力パートナー、産学連携、専門メーカーといった高い技術を持つ企業・大学などと連携し、技術ネットワークを構築していることを示している。産学連携では現在、群馬大学、東京大学、東京海洋大学といった理系の大学と情報交換をし、商品開発に役立てている。ハイアールでは、こうした方式を総称して「U+SmartLife」とも呼んでいる。

　ハイアールの有価証券報告書によると、2015年から「皆が創客」という発展的なテーマを重視し、「創客」の熱意を起こすことで革新的な商品を生み出し続けている。つまり、「U+SmartLife」に基づくHR型オープンイノベーション戦略が、イノベーションのアイディアを持つ全ての人々をハイアールという組織と結びつけ、新製品を次々と市場へ投入することで売り上げを伸ばすことに成功している。

図表4：U+SmartLife

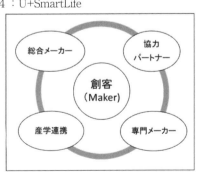

出所：ハイアールホームページを参考に作成

第3章　日立が構築する製品開発ならびに
オープンイノベーションについて

　ここではハイアールのネット化戦略について、より深く理解していくために、日立製作所をとりあげる。企業訪問し入手した情報をもとに、オープンイノベーションとの関連に留意し、経営戦略の特徴を挙げる。

(1) 企業概要

　1910年の創業以来、日立は「優れた自主技術・製品の開発を通じて社会に貢献する」という企業理念のもと、世界最先端の研究開発に取り組んできた。現在は日本最大の総合電機メーカーとして、情報・通信システム、電力システム、社会・産業システム、電子装置・システム、建設機材、高機能材料、オートモティブシステム、生活・エコシステム、金融サービス、その他の10の部門を構成している。そのうち日立製作所の白物家電は利益率3％ほどで、これは日立全社の利益率の目標が8％であることを踏まえると低い値となっている。

(2) Sプロとダントツ開発及びオープンイノベーション戦略

　図表5のソリューションプロジェクト（以下Sプロ）というのは、「何をつくるのか」から、「いかにつくるのか」、「どうお客様に伝えて売るか」までを、事業部・工場・研究所企画・開発・デザイン・製造・資材・営業など事業の関係者が共有し、製品化をプロジェクト体制で推進する仕組みである。ベテランから若手まで各分野の関係者が，多いときには数十名単位で参画し、市場のトレンドに敏感な製品を開発できる組織づくりをめざしている。[6]

　また、同社の掲げる「ダントツ開発」が前述の「いかにつくるのか」にあたり、これは消費者のニーズを実現するために独自技術によって課題を解決し、基本性能を従来品や競合他社に比べて頭一つ抜け出せるよう、高い目標を設定した製品開発のことである。

6　石井吉太郎（2009）

図表5：Sプロとダントツ開発

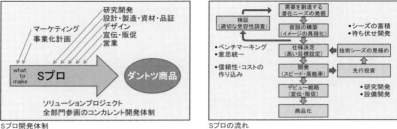

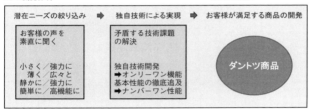

出所：石井（2009）12ページ

第4章　アイリスオーヤマについて

　ここでは、我々が命名したHR型オープンイノベーションと同じ特徴の経営戦略を採用する日本企業の事例として、アイリスオーヤマを紹介する。実際に企業訪問し入手したヒアリング情報をもとに、アイリスオーヤマが行うHR型オープンイノベーションについて、研究開発マネジメントおよび経営戦略から描出する。

(1) 企業概要
　アイリスオーヤマ（以下 IRIS）とは1986年に設立された、アメリカ、中国、ヨーロッパにも工場を持つ多国籍企業である。
　我々がIRISに注目した点は主に2点である。1つ目に家電事業から日本電機メーカーが撤退を余儀なくされる中で、2017年の春に白物家電への参入を決めたこと。2つ目にスピードという面でこだわりを持ち、組織作りをしていたことである。

(2)「伴走方式」と「業態メーカーベンダーシステム」

　IRIS は、生活者の潜在的な不満を解消するソリューション型商品を生み出すためのものづくりを行っている。そのためいち早く消費者のニーズに応え、製品を届けるため独自の経営戦略を持っている。

　まず注目されるのは、開発→生産→営業という一般的なバトン方式ではなく、開発部署が一緒に動く「伴走方式」の商品開発を行っていることであり、これにより素早い製品開発を実現している。

　IRIS の最大の特徴は「業態メーカーベンダーシステム」を採用していることにある（図6）。メーカーベンダーシステムとは卸売業者（問屋）を通さず、メーカーが販売店に直接的に商品提供を行い、生産者が卸売業者の役目も果たすことだ。問屋を省くことによって、中間流通の段階で発生する流通コストを削減することができる。このことにより、価格競争力のある商品開発力を生み出し、販売店とメーカーの適正な利益の確保を可能にし、商品価格を抑えるというメリットを生み出している。

　それだけでなく、生産者が直接販売店との接点を持つことによって、販売店の生の情報を吸収するという大きなメリットを持つため、消費者ニーズを収集しやすくなっている。

図表6：業態メーカーベンダーシステム

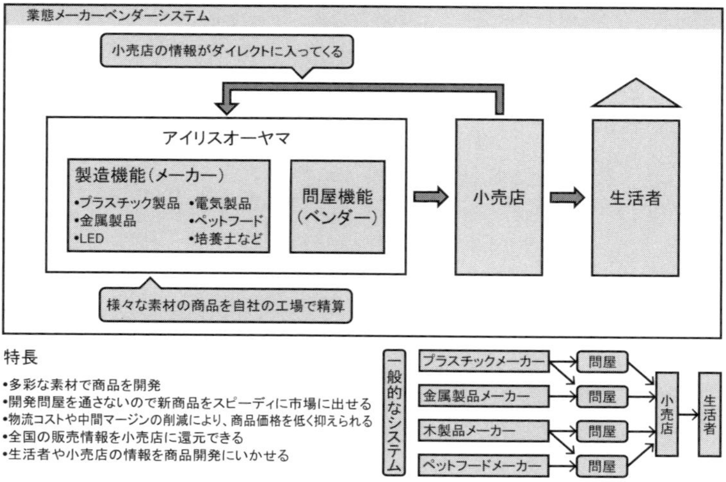

出所：IRIS ホームページより

(3) IRIS のオープンイノベーション戦略

　IRIS は HR 型オープンイノベーションを行うため、前述の業態メーカーベンダーシステムを軸に 2 つのシステムを構築している。

　1 つ目のシステムがアイリスプラザだ。IRIS は独自の EC サイトを構築しており、EC サイト上で商品の使い方、ノウハウを伝える一方で、アイリスプラザ利用者に商品について問い合わせしたり、アンケートを行うことで消費者の潜在的なニーズを直接収集する。

　2 つ目が SAS (Sales Aid Staff) の存在である (図表 7)。ホームセンターのような小売店に IRIS が雇用したスタッフである SAS を無料で派遣し、IRIS の商品特長を直接伝えるセールス促進効果だけでなく、実際に来店した消費者から直接ニーズを探り、IRIS 本社に日報として報告を行うシステムである。現在全国 1000 店舗に派遣されており、IRIS と消費者を直接繋ぐ重要な役目を担っている。

図表 7：SAS の役割

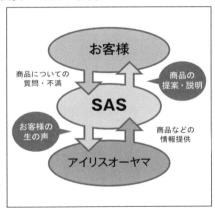

出所：IRIS ホームページより

　上記事例からも判るとおり、IRIS は消費者のニーズを効果的に製品開発に活かすことが出来ており、消費者目線のユーザーイン発想[7]のソリューション型商品[8]を販売することで、図表 8 の通り 2004 年から右肩上がりの売り上げを続けている。

7　モノづくりの効率や技術を優先するのではなく、生活者の目線で不満や不便を解決すること
　　IRIS ホームページより一部抜粋
8　性能、機能、便利さを持ち味とする商品

図表8：アイリスオーヤマの売上推移

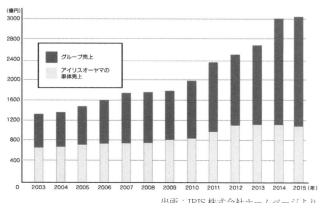

出所：IRIS株式会社ホームページより

第5章　ハイアール、日立、アイリスオーヤマの事例比較分析

　第5章では、コア事例となるハイアールと日立、アイリスの2社の事例を比較し、オープンイノベーションと今後の家電事業への展望を纏めることとしたい。

(1) 三社のオープンイノベーション戦略の運用対象
　ハイアールはネット化戦略のU+SmartLifeというネットワークを構築し、HR型オープンイノベーションを行うことで高い収益、シェアを獲得している。一方で日立製作所は、コモディティ化による悪影響を受けつつも、高い技術とシーズ（企業が持っている特別な技術や材料）に基づく製品開発を続けているため、白物家電事業は後手に回り始めている。IRISはHR型オープンイノベーションを行うことで成長を続け、収益を伸ばしている。

(2) 三社の製品開発スピード
　ハイアールは積極的に創客などの外部リソースを使うことで開発時間を短縮し、素早い製品づくりを可能としている。
　続いてIRISは製品を市場に送り出すまでの製品開発において、全部署が同時に動き出す伴走方式の採用により、素早い製品づくりを達成している。
　一方、日立の製品開発ではダントツ開発によって消費者の課題を独自の技

術で解決し、高い目標を設定した製品開発が行われている。しかし独自技術の獲得には、激しい競争によるコストと時間がかかっている。

　これら三社の具体的な取り組みを図表9としてまとめた。

図表9：三社の特徴

	日立	ハイアール	アイリスオーヤマ
協力体制	作る側同士 （ダントツ開発）	使う側も入る （U+smartlife ネットワーク）	使う側も入る （業界メーカーベンダーシステム）
重視すること	性能・機能 （ダントツ開発）	スピード （U+smartlife ネットワーク）	スピード（伴走方式）
アイディアのスタート地点	シーズ発出 （Sプロ）	ニーズ発出 （U+smartlife ネットワーク）	ニーズ発出 （業界メーカーベンダーシステム）

出所：三社の事例より作成

（3）本章のまとめ

　以上をまとめると、ハイアール、IRIS と日立には大きな違いが二点あったことがわかる。一つ目は製品開発におけるアイデアの出発点が、日立はメーカー側にあるが、ハイアールと IRIS は消費者側にあったことである。コモディティ化が進み、機能的価値ではなく意味的価値[9]の求められる家電市場においては、自社の観点で機能的に優れたものを売るのではなく、顧客の求める意味的価値を出発点とした製品を市場に売り出す必要性が高まっている、ということだ。

　二つ目は、ニーズを素早く市場に反映するスピードにおいて、ハイアール、IRIS は日立に比べると圧倒的に速いことである。

　コモディティ化の進んだ市場では、競合する企業が参入しやすいため、どんなに HR 型オープンイノベーションによって獲得した消費者のニーズでも、他社との競合によってそのニーズに応える機会が失われやすい。ニーズに応えた商品を市場に送り出すのが遅れれば、獲得できる収益も少なくなる。それどころか消費者のニーズは日々変わり続けるものであり、時間が経過してしまえば、捉えていたはずのニーズが異なる形へと変貌を遂げていく可能性もある。

9　顧客が主観的に意味づけるこだわりやブランドなどの価値。

したがって我々は企業と消費者という結びつきによって得る意味的価値のあるアイデアだけでなく、素早く製品作りを行える製品開発システムの2つの特徴を加えたHR型オープンイノベーションが、家電事業の収益獲得に有効であると結論付けた。

図表10：オープンイノベーションとHR型オープンイノベーションの比較図表

	協力体制	重視	アイディアの スタート地点	価格
オープンイノベーション	作る側同士	性能・機能	シーズ発出	高くても我慢
ハイアール型 オープンイノベーション	使う側も入る （消費者が入る）	スピード	ニーズ発出	リーズナブル

出所：筆者が独自に作成

おわりに

　家電市場の収益獲得には、コモディティ化の突破が必須である。コモディティ化は、参入企業の増加、ニーズの頭打ちの二つの要素に分けることができる。

　このコモディティ化を突破したハイアールは、ネット化戦略に基づくハイアール型オープンイノベーションを進めることで、時代の進展と共に世界有数の電機メーカーへと成長を遂げた。HR型オープンイノベーションは「消費者目線」と「素早い製品づくり」の2つの新たな特徴を持つオープンイノベーションである。具体的には、オープンイノベーションによって外部と協力体制を築く際、ベンチャー企業や大学の研究機関といった「作る側」だけでなく、「使う側」である消費者ともつながりを持つことである。

　ネット化戦略を分析するにあたり、日立の例から、性能・機能の高さや、それに付随する開発時間のスピードの遅れが収益を阻むと推測できた。またIRISの例から、中国企業のみならず、日本企業でもネット化戦略の取り組みを行うことこそが家電事業の収益獲得に繋がると推察される。以上に鑑み、家電事業において収益を獲得するためには、HR型オープンイノベーションが有効であるとの推論が可能である。

　しかし、確証を得るためには、より多くの事例研究が必要となると考えられることから、本件についての更なる考察は他稿に回すこととしたい。

参考文献：

（ネット記事・論文）

アイリスオーヤマホームページ（http://www.irisohyama.co.jp/company/specialty/、2016 年 9 月 5 日アクセス）

石井吉太郎「何をつくるのか－お客様の潜在ニーズを形に　家電品の開発のこだわり」（『日立評論』、2009、http://www.hitachihyoron.com/jp/pdf/2009/04/2009_04_00_pioneers.pdf、2015 年 10 月 29 日アクセス）

尾形重男「技術経営と産業再生」（三洋総合研究所所報 No.42、2003 年、http://www.mri.co.jp/NEWS/magazine/journal/42/__icsFiles/afieldfile/2008/10/21/jm0311）

小菅正伸「中国企業におけるビジネス・プロセスの革新：ハイアールの事例を中心として」『関西学院大学リポジトリ』（2011 年 1 月 30 日 http://hdl.handle.net/10236/7281 2016 年 10 月 31 日アクセス）

田橋風太郎「ものづくり白書 2014 を読み解く（前編）」（2014 年 9 月 30 日、http://monoist.atmarkit.co.jp/mn/articles/1409/30/news014.html、2015 年 11 月 2 日アクセス）

出川通『図表解入門ビジネス　最新 MOT（技術経営）がよ～くわかる本』（株式会社秀和システム、2009 年 2 月 8 日）

ハイアールアジア R&D 株式会社公式ホームページ（http://haierasia-rd.co.jp/、2016 年 8 月 31 日アクセス）

「ハイアール 2014 年有価証券報告書」（http://www.haier.net/en/research_development/rd_System/research/、2016 年 9 月 7 日アクセス）

「日立製作所ホームページ、基本理念」（http://www.hitachi.co.jp/about/corporate/philosophy/、2015 年 10 月 30 日アクセス）

「日立製作所ホームページ、オープンイノベーション」（http://www.hitachi.co.jp/rd/open/index.html、2016 年 9 月 22 日アクセス）

日立製作所　2014 年度有価証券報告書（http://www.hitachi.co.jp/IR/library/stock/hit_sr_fy2014_4_ja.pdf、2015 年 11 月 1 日アクセス）

水野一郎ハイアール（海爾）の経営管理システムについて―中国の巨大家電メーカーの実態を探る―発行年不明（http://www.kansai-u.ac.jp/Keiseiken/publication/seminar/asset/seminar09/seminar09_k187.pdf、2016 年 10 月 31 日アクセス）

（書籍・雑誌・新聞記事）

伊丹敬之 , 宮永博史（2014）『技術を武器にする経営 日本企業に必要な MOT とは何か』日本経済新聞出版社、p.5

M ドジソン D. ガン A. ソルター 発行者上田芳樹（2008）『ニュー・イノベーション・プロセス』晃洋書房

クリントン・M・クリステンセン（2013）『経営論』ダイヤモンド社

中川涼司 , 髙久保豊編（2009）『東アジアの企業経営－多様化するビジネスモデル－』ミネルヴァ書房

延岡健太郎 , 伊藤宗彦 , 森田弘一編（2006）『イノベーションと競争優位：コモディティ化するデジタル機器』NTT 出版

H. チェスブロウ（2012）『オープン・サービス・イノベーション　生活者視点から成長と競争力のあるビジネスを創造する』CCC メディアハウス

H. チェスブロウ（2004）『OPEN INNOVATION―ハーバード流イノベーション戦略のすべて』産業能率大学出版部、p.278

米倉誠一郎 , 清水洋編著（2015）『オープンイノベーションのマネジメント』有斐閣

140

特別賞

日中における東アジアFTA政策

上海外国語大学
日本文化経済学院 4 年
戴岑仔

はじめに

　1990年代に世界的な現象となった地域主義は、21世紀に入ってからも引き続き拡大している。特にヨーロッパや米州において、二大貿易ブロックが登場する可能性が高い。ヨーロッパでは欧州連合（EU）加盟国が27ヵ国に拡大し、米州では北米自由貿易協定（NAFTA）の成功以降、米州34ヵ国による米州自由貿易地域（FTAA）が推進中である。

　地域主義の点から見て東アジアは、ヨーロッパや米州に比べ大きく遅れをとっている。世界の主要な経済地域の中では東アジアにおいてのみ、地域レベルでのいかなる地域貿易協定も存在しない。

　東アジア諸国はアジア金融危機以降、遅ればせながら世界的な自由貿易協定（FTA）の流れに加わるようになった。東アジアではその後比較的短い期間に、東アジア諸国間のFTAを含む多数のFTAが締結され、多くの国々が積極的なFTA政策を進めており、二国間のFTAは一層拡大するようになった。

　2016年現在、東アジア経済は規模の面で世界経済の30％を占め、その中で中国、日本と韓国は東アジア経済の90％を占めている。さらに域内諸国間の交易および投資の面での相互依存性が高まっていることから、東アジアFTAの必要性が一層明確になった。

　しかし、東アジアFTAの推進も、それ程容易なことではない。一つは、東アジア諸国の多様性である。東アジアには多様な国と地域が存在する。東南アジア諸国連合（ASEAN）+3諸国の中でもその多様性は明らかに表れている。東アジア諸国は言語、宗教および政治体制の面で異なり、人口および経済規模の面でも大きく異なる。特に東アジア諸国間の経済発展水準の格差は、東アジアFTAの形成において、最も困難な阻害要因になると思われる。もう一つは、東アジア諸国・地域において様々な敏感な問題がある。経済的要因だけではなく、日中関係、台湾問題、北朝鮮問題など政治的要因にも配慮しなければならない。

　現在、アジア太平洋地域と東アジア地域において、FTAはともに活発化した状況となっている。アジア太平洋は、アジア太平洋自由貿易圏（FTAAP）構想や、環太平洋経済連携協定（TPP）の交渉開始により、2000年代後半よりその動きが活発化していた。一方で、東アジアの動きもこれらの動きに刺激され、日中韓FTAやASEANが主導する東アジア地域包括的経済連携（RCEP）構想が進展を見せ始めるなど、現在、再活性化の状況を呈している。

今後両トラックは、相互に刺激し合い、競合しながら、その歩みを進めていくものと思われる。

2010 年は東アジア FTA 時代の本格的な幕開けの年になった。東アジア及びアジア太平洋の FTA 戦略の各方面に関する著書や論文は多いものの、中日の FTA 政策が東アジア統合に及ぼす影響についての研究は少ないようである。筆者は東アジア FTA の最新の進展を基礎に[1]、日本と中国それぞれの FTA の特徴を分析した上で、両国の地域経済統合に向けた対策を中心に、米国が主導する TPP が両国に及ぼす影響について研究しようと試みた。

アジア地域の FTA に関する研究はここ数年継続され、関連する著書や論文も多い。筆者はアジア太平洋諸国、特に日本と中国が近年参加した FTA 交渉の内容や現状を解説し、日本と中国の FTA 政策を評価する。又、筆者は中日の FTA 政策が東アジアにおける経済統合にどのように影響するかを見据え、中日の FTA のあり方について考察してみる。

1．東アジアにおける FTA

経済成長著しいアジア太平洋地域は、FTA の主戦場になっている。東アジア地域において最初の主要な FTA は、ASEAN により 1992 年に設立された ASEAN 自由貿易地域（AFTA）[2] であった。その動機としては、経済発展に大きく寄与する海外からの直接投資が、急速に発展する中国に引き付けられるようになったことに対して危機感を持ち、それに対抗する為には、各国の小さな市場・生産基地を統合することにより、大市場・大生産基地を構築する必要があるという認識を持つようになったことが背景にある。

ASEAN は 21 世紀に入り、積極的に多くの国々と FTA を締結してきた。2005 年に中国との FTA を発効させてから、2010 年までに韓国、日本、オーストラリア、ニュージーランド、インドとの間に 5 つの ASEAN+1 と呼ばれる FTA を発効させており、ASEAN は東アジアにおける FTA のハブ的存在になっている。

ASEAN 諸国以外の北東アジア諸国は、1990 年代終盤になって FTA に関

1　2016 年 3 月 1 日まで

2　AFTA はブルネイ、インドネシア、マレーシア、フィリピン、シンガポール、タイの 6 カ国で設立されたが、後に、ベトナム、ラオス、ミャンマー、カンボジアが加盟し、現在では 10 カ国により構成されている。

心を示すようになった。実際、日本、韓国、中国は1990年代末時点において、FTAないしは関税同盟のような地域統合に参加していない数少ない主要国であった。日本と韓国は関税および貿易に関する一般協定（GATT）及びその後の世界貿易機関（WTO）における多角的貿易体制によって大きな利益を享受しており、FTAなどの地域統合は多角的貿易体制を破壊する貿易政策と見做し、あまり好ましいものとは考えていなかった。他方、中国及び台湾にとっては、地域統合よりGATT・WTO加盟への関心が高かった（図1）。

東アジアは、アジア太平洋における広域FTA構想が始まった地域である。アジア通貨危機により深刻な打撃を受けた東アジア諸国は、危機からの回復と危機の予防という目的で、1998年からASEAN+3[3]の枠組みで地域経済協力を議論するようになった。2002年に中国を中心とする東アジア自由貿易協定（EAFTA）構想が浮上した。ASEAN+3を構成メンバーとするEAFTAを実現する可能性について、2009年に政府間での検討が開始された。

図1　アジア太平洋諸国による発効済みFTAの数

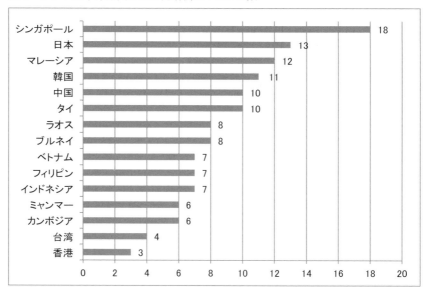

出所：WTO 2016年1月の資料により筆者作成。

3　ASEAN加盟国、中国、韓国、日本

一方、日本は ASEAN+6 を加盟国とする東アジア包括的経済連携（CEPEA）構想を 2006 年に提案した。中国と日本の東アジアのリーダーシップをめぐっての対抗意識や、EAFTA に関する議論でイニシアチブをとったのは中国であったことを考慮すれば、CEPEA 構想の背景には、東アジアの地域制度構築において指導的役割を果たしたいという日本の戦略が存在することがわかる。

EAFTA 及び CEPEA についての活動や研究は並行して進められた。中国と日本がそれぞれ主な役割を果たしていたが、ASEAN 諸国はこの面での対立を深めたくないという思惑から、優先順位を決めず、両方の活動に同じようなウェイトで参加し、両方の枠組みでの発言力を強化させた。

アジア太平洋地域にとって経済分野での最初の主要な地域的な枠組みは、1989 年に創設されたアジア太平洋協力会議（APEC）である。ただし、APEC の基本原則は自発性、非拘束性であることから、APEC での合意事項については、それが実施される保証はない。しかしながら、現在、APEC のメンバーを対象として拘束力のある FTA を構築する動きがある。それが環太平洋戦略的経済連携協定（TPP）である。2009 年、米国大統領は TPP に関心を示し、2010 年から日本を含め 7 カ国とともに拡大 TPP 交渉に参加している。

日本が TPP 交渉参加に強い関心を示していることを背景として、2011 年 8 月の ASEAN 経済大臣関連会合において、日本と中国は EAFTA 及び CEPEA 構築を加速するためのイニシアチブとして、物品貿易、サービス貿易、投資の 3 分野に関するワーキンググループ設置を共同で提案した。ASEAN は、対立した中日が東アジア経済統合に向けて共同歩調をとり始めたことから、同統合への動きにおける中心的地位を失うことを恐れ、2011 年 11 月に開催された東アジア首脳会議で、今後の経済統合のあり方の一般原則を定めた RCEP を提案した。2012 年 11 月に開催された ASEAN+6 首脳会議で RCEP 交渉開始式典が開催され、その結果、EAFTA と CEPEA 設立へ向けての動きは RCEP に統一されることになる。

東アジアにおいて地域レベルの FTA 構想が検討される状況の下で、2006 年、米国は APEC メンバーを加盟国とした FTAAP を提案した。米国による本提案の背景には、米国による東アジア市場へのアクセス確保が挙げられる。

---

4   ASEAN+3、インド、オーストラリア、ニュージーランド

5   オーストラリア、ペルー、ベトナム、マレーシア、カナダ、メキシコ、日本

2. 日本のFTA政策

　戦後、多角的自由貿易体制を中心とした日本の貿易政策は、地域自由貿易及び二国間自由貿易協定に対し、批判的な態度をとっていた。しかし、1990年代初めからFTA急増の勢いに影響を受け、1990年代後半から日本も貿易政策上、FTAを重視するようになった。FTAは基本的にモノの貿易を自由化する取り決めであるのに対し、日本が推進している経済連携協定（EPA）と呼ばれている経済協定は、関税やサービス貿易の自由化に加え、投資、政府調達、知的財産権、人の移動、ビジネス環境整備など、幅広い分野をカバーするものである（図2）

　EPAはモノだけではなく、人、金、情報なども国境を越えて移動することを目指しており、国際経済環境の下で経済的に大きなメリットをもたらすと考えられる。

図2　FTAとEPAの比較

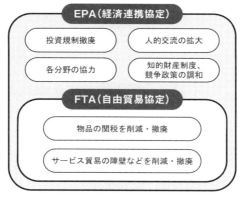

出所：ジェトロ（日本貿易振興機構）ホームページ

2.1　日本のFTA政策の変化

　日本のFTA政策を振り返ると、FTA交渉の初期段階では、FTAの相手国は東アジア、特にASEAN諸国が中心であった。最初の相手国であったシンガポールは、その交渉の容易さから選ばれたと考えられる。また農業に対する保護政策も日本のFTAの展開が他の国と比べて遅れていた原因である。

　2002年10月、外務省経済局により日本のFTA戦略のあり方について検討がなされた政府文書が発表された。その中のFTAの戦略的優先順位につい

て言及された部分では、「日中韓＋ASEANが中核となる東アジアにおける経済連携」が第一に挙げられている。その後、2004年の経済連携促進関係閣僚会議で、「今後の経済連携協定の推進についての基本方針」が決定された。それは、FTAの戦略に対してより具体的に取り組み、主に東アジア諸国を相手国とすることが明記された。

初期段階において、日本のFTA戦略がASEAN諸国を重視した原因は、欧米諸国に比較し、ASEANとのFTAは日本に経済利益をもたらすことが容易であるとの判断によるものであろう。そして政治面からは、非関税障壁がより多いASEAN諸国との交渉が優先されるべきとの考えである。

2010年に策定された「包括的経済連携に関する基本方針」において、日本のFTA政策の中心は、東アジア地域からアジア太平洋地域に拡大することが明記された。同時に、日本は高いレベルのEPA・FTAを推進することを目標とし、主要貿易国を重視するようになった。

2016年4月4日時点では、シンガポール、メキシコ、マレーシア、タイ、ブルネイ、インドネシア、フィリピン、スイス、ベトナム、チリ、インド、ペルー、オーストラリア（発効順）の13カ国との二国間FTAと、ASEANとの地域FTAを発効させている（表1）。現在、韓国、GCC諸国、トルコ、カナダ、コロンビア、EUとのFTA、日中韓FTA、並びにRCEP交渉を進めている。その後、2016年2月4日に、ニュージーランドのオークランドにおいて、日本はその他11カ国の代表とともにTPP協定に署名した。

表1　日本のFTA締結状況　（2016年4月4日現在）

現状	相手国	発行時期
発効	シンガポール	2002年11月
	メキシコ	2005年4月
	マレーシア	2006年7月
	タイ	2007年11月
	ブルネイ	2008年7月
	インドネシア	2008年7月
	フィリピン	2008年12月
	スイス	2009年9月
	ベトナム	2009年10月
	チリ	2010年1月
	ASEAN	2010年1月
	インド	2011年8月
	ペルー	2012年3月
	オーストラリア	2015年1月

	モンゴル	2015 年 2 月
調印	TPP	2016 年 2 月
	韓国	2004 年第 6 回交渉会合開催以降、交渉会合が中断
	日中韓 FTA	2012 年開始、2016 年 4 月第 10 回交渉会合開催
	トルコ	2011 年開始、2016 年 1 月第 4 回交渉会合開催
交渉中	EU	2013 年開始、2016 年 2 月第 15 回交渉会合開催
	カナダ	2012 年開始、2014 年 11 月第 7 回交渉会合開催
	コロンビア	2011 年開始、2015 年 9 月第 13 回交渉会合開催
	RCEP	2011 年開始、2016 年 2 月第 11 回交渉会合開催
	GCC（注 1）	2006 年開始、2007 年 1 月第 2 回交渉会合開催
構想段階	AFTA（ASEAN+3）	―
	CEPEA（ASEAN+6）	―

出所：外務省平成 28 年 4 月の資料より筆者作成
（注 1）サウジアラビア、UAE、オマーン、カタール、クウェート、バーレーン 6 ヶ国による関税同盟

2.2　日本の FTA 政策の動機

　日本の FTA 推進の動機については、日系企業にとっての輸出市場の確保・拡大、直接投資環境の整備、資源の安定確保、さらには日本国内での構造改革の推進などが挙げられる。具体的には以下 3 つを挙げる。

　一つ目は、巨大自由貿易圏と高いレベルの FTA を構築することにより、国内需要を刺激し、内需を拡大する。

　日本は 1990 年代初期のバブル崩壊以降、「失われた二十年」と形容されるように、長期間にわたり低成長が続いた。また 2008 年にアメリカを端緒とする金融危機と 2011 年の東日本大震災の影響により、日本経済は衰退の一途を辿った。また少子高齢化問題は表面化して久しいが、状況は一向に改善されていない。

　これらの問題を改善するために、アジアの 35 億人、アジア太平洋の 40 億人の需要を、日本国内の「内需」に転換する必要がある。しかし、日本と中国の FTA の推進はより難易度が高い。日本は日中韓 FTA 及び RCEP によって、間接的に日中貿易を推進することが必要である。

　二つ目は、日米両国が同盟関係を修復・深化・拡大するとともに、「対中戦略」を共有することである。北朝鮮の核問題や中国の経済的、軍事的台頭による脅威により、その状況に対応するためには日米同盟強化が必要となる。アメリカが主導する TPP はそれを実現する絶好のチャンスである。アジア第 2 位かつ世界第 3 位の経済大国である日本が TPP に参加することによって、TPP の意義が増すものとみられる。日本と米国の GDP は TPP 参加メンバーの GDP 総量の約 80% 程度を占めている（表 2）。よって、日本が TPP 交渉に参加することは、日米 FTA 交渉を開始することに等しい。

三つ目は、主要貿易国との FTA 締結により、FTA カバー率が向上することで、韓国の FTA 戦略に比肩することが可能となる。

　日本の FTA カバー率は、輸出、輸入とも 2000 年代初めまではゼロであったが、2002 年にシンガポールとの EPA が発効したことを受け、数 % 程度の割合で推移するようになった。2014 年時点で約 22% 程度となっている。従って、他の主要国と比べた場合、日本の貿易に占める FTA カバー率は低水準で推移しており、FTA 等への取組が遅れていることがわかる。

　日本はこれまでに 14 の FTA を発効しているが、日・ASEAN 包括的経済連携（AJCEP）協定以外は全て二国間 FTA である。しかも、中国、韓国、EU、米国という主要貿易相手国との FTA を締結できていないため、日本のFTA カバー率は 22 程度 % に留まっている。

　これに対して、韓国は 2000 年代半ばから多数の国・地域との FTA を同時に進めてきた。2015 年の時点で、韓国の FTA カバー率は 62.5% と日本を大きく超えている。日本は韓国との輸出競合度が高い為、日本の FTA への対応の遅れは日本を不利な立ち位置へと追いやってしまう。日本は FTA カバー率を引き上げる為に、主要貿易相手国である中国、韓国、米国、EU などとの FTA を締結する必要がある。このような状況下で、日本政府は 2013 年に公表した「日本再興戦略」において、2018 年までに FTA カバー率を 70%に引き上げるという目標を発表した。現在、交渉中のすべての FTA が締結・発効すれば、日本の FTA カバー率は 80% を超えることとなる。[6]

表2　2015 年 TPP メンバー国 GDP とその比率

国名	GDP（10 億米㌦）	TPP メンバー国に占める比率
米国	17,968	62.9%
日本	4,818	16.9%
カナダ	1,839	6.4%
オーストラリア	1,241	4.3%
メキシコ	1,210	4.2%
マレーシア	340	1.2%
チリ	292	1.0%
シンガポール	278	1.0%
ペルー	212	0.7%
ベトナム	193	0.7%
ニュージーランド	172	0.6%
ブルネイ	12	0.0%
合計	28,575	100%

出所：世界貿易機関　2016 年 1 月資料より筆者作成

6　　貿易全体に占める自由貿易協定の発効対象国との貿易の割合

3．中国の FTA 政策

中国の FTA 締結は 2001 年の WTO 加盟以降、本格化した。2015 年 12 月時点で、チリ、パキスタン、ニュージーランド、シンガポール、ペルー、コスタリカ、アイスランド、スイス、オーストラリア、韓国（発効順）の 10 カ国と二国間 FTA、及び香港[7]、マカオ[8]、台湾[9]との協定、また ASEAN との一つの地域 FTA を発効させている（表3）。

3.1　中国のアジア経済統合戦略

現在、中国は TPP 交渉に参加していない。また、先進国との FTA においては、知的財産権、環境規制、労働問題など、現状では中国の合意困難な分野が交渉に含まれており、交渉開始のハードルは高いと考えられる。TPP への主体的参加が難しい状況下、中国は TPP の影響を緩和する対策として、アジア経済統合をより積極的に推進している。

特に北東アジアにおける韓国及び日本については、いくつかの動きが見られる。中国は日中韓 FTA に大きな期待を寄せているが、TPP に傾いた日本に対応する為にも、中韓 FTA を最優先課題としている。2015 年 12 月 20 日に発効した中韓自由貿易協定において、韓国側は発効時に 50％の商品の関税を、中国側は 20％の商品の関税を撤廃するとし、これはそれぞれ双方の輸入金額の 52％と 44％に相当する規模となっている。

韓国との FTA 締結とともに、中国は ASEAN 主導の RCEP を積極的に支持しており、中国・ASEAN 自由貿易協定のアップ・グレード版も提案されている。2015 年 11 月 22 日、マレーシア・クアラルンプールにおいて、中国と ASEAN10 カ国は『中国と ASEAN が「中国・ASEAN 全面的経済協力枠組協定」とその関連協議を修正する協定』に調印し、物品貿易、サービス貿易、投資、経済技術協定等の分野に関するグレードアップの内容が盛り込まれた。

7　2004 年 1 月 1 日より実施された中国と香港の経済・貿易関係緊密化協定（CEPA）

8　2004 年 1 月 1 日より実施された中国とマカオの経済・貿易関係緊密化協定（CEPA）

9　2010 年 6 月 29 日に中国重慶市で『海峡両岸経済協力枠組協定』（ECFA）に調印し、9 月 12 日より発効した。

表 3　中国の FTA 締結状況（2016 年 3 月）

現状	相手国	発効時間
発効	ASEAN	2005 年 7 月物品貿易 2007 年 7 月サービス貿易 2007 年 8 月投資協定
	香港	2004 年 1 月
	マカオ	2004 年 1 月
	チリ	2006 年 11 月
	パキスタン	2007 年 7 月
	ニュージーランド	2008 年 10 月
	シンガポール	2009 年 1 月
	ペルー	2010 年 3 月
	台湾	2010 年 9 月
	コスタリカ	2011 年 8 月
	アイスランド	2014 年 7 月 1 日
	スイス	2014 年 7 月 6 日
	韓国	2015 年 12 月 20 日
	オーストラリア	2015 年 12 月 20 日
調印	コロンビア	2012 年 5 月
交渉中	RCEP	2011 年開始、2016 年 2 月第 11 回交渉会合開催
	GCC（注 1）	2004 年開始、2016 年 2 月第 6 回交渉会合開催
	ノルウェー	2007 年開始、2010 年 9 月第 8 回交渉会合開催
	日中韓 FTA	2012 年開始、2016 年 4 月第 10 回交渉会合開催
	南アフリカ	2004 年交渉開始合意
	スリランカ	2013 年開始、2014 年 11 月第 2 回交渉会合開催
	モルディブ	2014 年開始、2015 年 12 月第 1 回交渉会合開催
	ジョージア	2015 年開始、2016 年 2 月第 1 回交渉会合開催
構想段階	EAFTA（ASEAN+3）	―
	CEPEA（ASEAN+6）	―

出所：ジェトロ（日本貿易振興機構）2016 年 03 月 28 日の資料より筆者作成

4.　今後の課題

4.1　FTA ブームでの中日の役割

　近年、日本、米国、中国を含むアジア太平洋地域諸国は、積極的に FTA 締結を推進している。これらの FTA 締結を軸とした地域経済統合の動きが進んできている。現在その動きは、アジア太平洋全域にわたる動きと、日中両国や ASEAN などの東アジア地域における動きという二つの潮流に大きく分かれている。

　二つの異なるグループが存在する状況において、日本は両者の「架け橋」となり得る。日本は、アジア太平洋と東アジアの双方の FTA に参加することで、両グループの相互刺激により、両者における展開を推進することがで

きる。つまり、もし日本が TPP 交渉に参加せず、TPP 参加国の拡大が見込めなくなれば、アジア太平洋トラックから東アジアトラックへの刺激が薄れ、日中韓 FTA や RCEP の動きも停滞しかねない。TPP からの刺激による東アジア FTA の進展は、東アジア FTA に加わっていない米国等に対する日本の立場を強化し、TPP 交渉における発言力を高めることにつながるであろう。

　一方、TPP 交渉に参加していない中国は、短期的に見ればあまり大きな影響はないと思われる。現在、中国は米国と投資協定を協議中であり、また TPP に参加する国の多くと FTA を結んでいる。しかし、長期的にみれば必ずや影響を受けるであろう。米国が日本と共同で 21 世紀の高いレベルのルール作りを進める TPP は、国際経済の新しいプラットホームになる可能性があり、もしこれに参加しなければ、中国への影響は将来的に非常に大きなものになる可能性が考えられる。中国は、TPP 交渉を利用して中国国内における改革を促進すべきである。同時に、中国は上海などでの自由貿易試験区、二国間 FTA、『一帯一路』なども促進している。経済発展における共通のルールを作る手段は TPP だけではないということである。

　世界経済の成長センターであるアジア太平洋地域で、ルール形成の主導権をめぐる争いが熾烈になってきた。先進国と新興国をそれぞれ代表する米中は対立しつつあり、日本に残されたチャンスは少なくなっていると言えよう。

　日本は、「世界第 2 位の経済大国」という過去の栄光を拭い去り、米中二大巨頭時代を迎えたアジア太平洋地域において、日本にとって望ましい地域的枠組みを構築するための方策を考えなければならない。FTAAP 等の FTA はその枠組みにおける経済面での柱の一つである。

4.2　TPP より日中韓 FTA

　昨今、最も注目が集まる FTA である TPP を巡る論争は多い。日本と米国を含む 12 カ国は既に TPP に関して合意し、署名した。これからは TPP の内容やそのハイレベルな規制が実際に実施されるかどうかが、本当の試練となるだろう。特に TPP を主導する日本と米国は、両国とも国内で論争が起こり、意見が鋭く対立しているおり、TPP が最終的に成功するかどうかはまだ予断を許さない状況にある。[10]

　日米主導の TPP と言われるが、実際、日本は米国との交渉時、往々にして

10　2016 年 11 月 21 日、次期米大統領に決まったトランプ氏は、「就任初日に TPP から離脱する」
　　と明言した。TPP の実行は一層不確定性が大きくなる。

米国から脅されることがある。日本政府は、米国を交渉相手でなく、絶対服従すべき「お上」と見なす傾向が強い。従ってTPPの交渉では、日本政府は米国に譲歩することが多いので、TPPがもたらすデメリットはメリットより多いのではないかと思われる。東アジアでは、域内の貿易が全体の貿易に占める割合が非常に高いため、日本にとってはTPPよりもむしろ日中韓FTAに大きな関税削減メリットがあると試算されている。

　中国と韓国はまだTPPに参加していない。資本主義の先進国である韓国がTPPに参加する可能性はあるが、中国はかなり難しいであろう。協定第17章では国有企業の優遇撤廃が規定されているが、中国の場合、国有企業が経済の大きな割合を占めているため、この点が障害になるとされている。

　これに対して、中国はTPPへの対抗策として、日中韓FTAの交渉を加速させている。

　日本も韓国も、米国よりも中国との貿易取引のほうが多く、日韓ともに中国が最大の貿易相手国である。日韓両国間の貿易も密接であり、日韓にとって長期的にはTPPよりも日中韓FTAの方が、重要な貿易の枠組みになると思われる。

　米国の衰退と中国の台頭が、今後も長期的な傾向として続きそうである。東アジア経済が持続的に成長を続ける上で、製造業の高度化が進み、経済規模も大きい日中韓の連携は欠かせない。それぞれの得意分野を活かしながら、お互いに市場を開放し、最適な役割分担と共存共栄を目指すことが理想である。

おわりに

　19世紀末、英国の覇権が衰退し始めてから、米国が台頭して世界唯一の超大国となり、太平洋地域の支配的勢力となった。しかし、中国を含む新興国の台頭により、新興国の国際経済システムの中での発言力は高まっており、同時に新たな国際経済秩序の構築も求めるようになった。これは、日米欧などの現状維持勢力にとっては、大きな挑戦である。FTAはこれらを背景にした産物である。

　日本と中国は先進国と新興国として、新たな国際経済秩序が形成される中で、それぞれ有利な地位を得るため、また自らに有利なルールを策定するために、異なるFTA政策を打ち出した。本論文は中日のFTA政策をそれぞれ検討して、今後を見据えることを目的としている。

中国は米国の対中包囲網を警戒し、中国国内の改革の進展に伴い、自由貿易試験区、二国間 FTA、『一帯一路』なども促進すべきである。その中で、TPP への対抗策として日中韓 FTA を加速させ、世界の GDP と人口の 20% を占める日中韓 3 カ国の発展のため、その連携を促進すべきである。

　日本は中米が拮抗する中で、特別な位置を占めるだろう。即ち、日本は米国主導のアジア太平洋トラックと中国主導の東アジアトラックの間で、両方の FTA に同時に参加していることから「架け橋」になり得る存在である。しかし、日本は従来から米国に対して絶対服従の傾向が強い為、TPP で受けるメリットは限定的であり、それに対して地理的にも、経済的にも密接な中韓両国との FTA が成立すれば、日本にとっての利益はより大きいと考える。

参考資料：

馬田啓一・浦田秀次郎・木村福成 2012『日本の TPP 戦略』
木村教授 慶應義塾大学 2015「わが国の経済連携強化に向けた課題」
クリスティーナ・デイビス教授 2016「アメリカから見た TPP」
外務省ホームページ http://www.mofa.go.jp/mofaj/index.html
みずほ総合研究所 2015『TPP 参加を巡る韓国・中国・タイのスタンス』
日本貿易振興機構 2015『経済連携は成長戦略の切り札』https://www.jetro.go.jp（最終アクセス 2016 年 4 月 12 日）
金堅敏 2013『中国のアジア経済統合戦略：FTA、RCEP、TPP』
http://www.fujitsu.com/jp/group/fri/report/research/2013/report-412.html（最終アクセス 2016 年 4 月 12 日）
中央政府门户网站 2015「商务部长：中方对有助于促进亚太区域经济一体化的制度建设持开放态度」http://www.gov.cn/xinwen/2015-10/09/content_2943909.htm（最終アクセス 2016 年 4 月 13 日）
李昌在 2010『東アジア FTA: 東アジア共同体へ向けた第一歩』
菅原淳一 みずほ総研論集 2012 年 II 号『アジア太平洋地域における地域経済統合と日本の戦略』
ジェフリー・J・ショット バーバラ・コトチュウォー ジュリア・ミュール 浦田秀次郎 2013『TPP がよくわかる本』

特別賞

アリババが生む中国的ビジネスイノベーション
― ビジネス・エコシステムの新展開 ―

日本大学商学部
小泉裕梨絵（3年＝代表）、原田朋子（4年）
林智英（3年）、池田真也（3年）
伊東耕（2年）、仲井真優豪（2年）

序論　問題の所在と分析方法

　現在中国国内の情報通信技術産業がイノベーションを起こしており、特に小売りの分野では情報通信技術との融合が進んでいる。中国インターネット情報センターの「第37回中国インターネット発展状況統計報告」（2016年1月）によると、2015年末現在、中国のインターネット利用者は前年比3,951万人増の6億8,826万人に達し、インターネットの人口普及率は50.3％となっている。特にネット通販の規模は年々広がり、2015年のネット販売額は前年比39.0％増の6,225億ドルであった。この背景には「アリババグループの急成長」がある。

　国内最大手のEC[1]企業「アリババグループ」はBtoB[2]からBtoC[3]、さらにCtoC[4]へと幅広い範囲で取引を行うプラットフォームを運営しており、現在は動画サイトや宅配サービスなども行っている。さらに第三者支払いサービスを中心としたインターネット金融の分野でも活躍している。2015年11月11日の「独身の日」に行われるネット通販サイトのセールでは、一日の取引額が143億ドルに達した。そこで我々は、アリババがどうしてこのような急激な成長を遂げることができたのか疑問に思い、調査した。

　本論文では、ジェームズ・F・ムーアが1993年に提唱した「ビジネス・エコシステム」[5]とマルコ・イアンシティとロイ・レビーンが2006年に提唱した「キーストーン」[6]の概念を用い、アリババグループの成長戦略とビジネス・エコシステムの展開を考察することを目的とする。第1章ではアリババグループの企業構造・急成長の要因を説明する。第2章では従来型のエコシステムの成長段階・役割について詳しく説明する。第3章はアリババグループのエコシステムについて述べる。最後の4章では、第2章、第3章をもとに従来型とアリババ型のビジネス・エコシステムを比較し、今後のアリババの成長戦略とビジネス・エコシステムの展開を考察する。

1　　EC：“Electronic Commerce”の略。インターネット上での売買を表す電子商取引のこと。

2　　BtoB：”Business to Business”の略。企業対企業の取引のこと。

3　　BtoC：”Business to Consumer”の略。企業対消費者の取引のこと。

4　　CtoC：”Consumer to Consumer”の略。消費者対消費者の取引のこと。

5　　ビジネス・エコシステム：1つの企業を単一産業の構成員としてではなく、多様な産業にまたがる1つの企業生態系ととらえること。

6　　キーストーン：エコシステム内の安定性を図る企業のこと。

第1章　アリババグループの近年の急成長

1-1　アリババグループの企業概要

　アリババグループは1999年3月に中国杭州で創業した。創業者は馬雲をはじめとする18名である。設立当初では、企業間電子商取引のプラットフォーム[7]を提供するマッチングサイト阿里巴巴（アリババドットコム）が主な事業内容であった。その後、2003年に顧客間電子取引をサポートする淘宝网（タオバオドットコム）、2004年には決済サービスである支付宝（アリペイ）をスタートした。アリババグループは時代の進化やニーズに合わせて、様々な分野への事業展開を繰り返していったのである。

図表1　アリババグループの主な事業

事業名	事業内容
阿里巴巴（アリババドットコム）	BtoB プラットフォームサービス
淘宝网（タオバオドットコム）	CtoC プラットフォームサービス
天猫（テンマオ）Tmall	BtoC プラットフォームサービス
酷网（ヨウク）	中国の動画共有サイト
口碑（コウベイ）	宅配サービス
支付宝（アリペイ）	決済サービス
阿里妈妈（アリママ）	広告取引プラットフォーム
阿里云（アリクラウド）	クラウドサービス事業

（出所）アリババグループ HP より作成

1-2　アリババ急成長の一要因　～「独身の日」～

　創立以来17年間でアリババグループは、中国最大の電子商取引企業となっている。2016年3月期決算は、本業の儲けを示す営業利益が前年同期比26%の約4388億円だった。売上高は同期比33%増の1.5兆円だった。このようなアリババの急成長の要因として、11月11日に行う大規模なセールに注目しなければならない。アリババは7年前に、11月11日を「独身者が自分に贈り物をする日」として売り込み、今では総取引額で世界最大のネット通販イベントになっている。

7　プラットフォーム：各プレイヤーや各ユーザーが財・サービスを提供、収受する「場」のこと。

図表2 「独身の日」のアリババグループの売上高　単位：億元

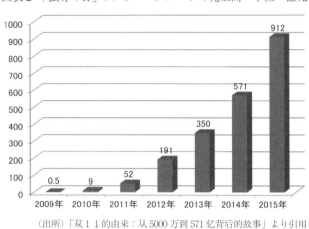

（出所）「双11的由来：从5000万到571亿背后的故事」より引用

　図表2は、2009年から2015年の7年間、「独身の日」に行った大規模セールの売上高である。これを見ると、セールが始まった2009年には、売上高はまだ5000万元（約7.5億円）だが、2015年には前年比60％の増の912億元（約1.4兆円）に達した。

図表3　アリババグループ独身の日の売上高と楽天グループの年間売上高
　　　　　　　　　　　　　　　　　　　　　　　　単位：百万円

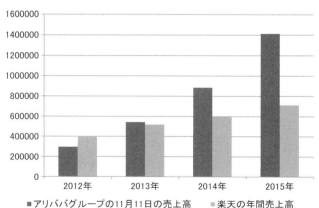

（出所）楽天HP　財務・業績情報より

図表3ではアリババグループの「独身の日」1日の売上高と楽天の年間売上高を比べている。2012年の時点では、アリババグループの「独身の日」の売上高は2957億6700万円で、楽天の年間売上は4004億4400万円であった。しかし2013年には、独身の日が国内で浸透していき、2015年には売上高が1兆4122億5300万円となり、楽天の年間売上高の2倍近い数字を上げた。これらの結果から、日本の大手ECサイトを運営する楽天が、年間売上高でさえもアリババの1日の売上高に大きく差をつけられていることがわかる。

第2章 従来型ビジネス・エコシステム

2-1 ムーアの「ビジネス・エコシステム」

「ビジネス・エコシステム」という言葉は、1993年にジェームズ・F・ムーアが『ハーバード・ビジネス・レビュー』誌に寄稿した「企業〝生態系〟4つの発展段階 エコロジーから企業競争をみる」の中で提唱された。その中で彼は、「企業はあらゆる種類の資源を引きつける魅力を持ち、協調的ネットワークを創造するために、資本、パートナー、サプライヤー、さらには顧客を誘い込まなければならない。」[8]と述べた。つまりパートナー、サプライヤー、さらに顧客をも巻き込んだ独自のネットワークを構築し、その中で協力や競争をしながら経営することが重要なのである。

さらに彼はネットワークについて、「自然界での生態系では、肉食動物と獲物の関係や開花した植物と受粉媒介昆虫の関係のような相互依存関係にある種が、無限のサイクルの中でそれぞれの種が成長している。（中略）企業生態系においては、企業は新たな技術革新を巡ってその能力を相互進化させる。つまり新商品を支えるために協力的かつ競争的に活動し、顧客のニーズを満足させ、そして最終的に次回の技術革新を組み入れることになる」[9]と解説した。

このようにあらゆる企業間での結びつきにより、様々な商品・サービスを提供するこの体系を、自然界の生態系になぞらえて企業生態系（ビジネス・エコシステム。以下エコシステムと表記する）と呼んだ。エコシステムでは全てのメンバーが共通の利益のために、技術・サービス創出のための投資をすること、エコシステム内での原動力としてメンバー間で競争することが鍵

8　ムーア／坂本義実訳（1993）「企業〝生態系〟4つの発展段階 エコロジーから企業競争をみる」『ハーバード・ビジネス・レビュー』4、5ページ 引用

9　同上 参照

となってくる。

　さらにこの論文では、エコシステムは4つの段階で進化することが示唆されている。第1段階は誕生、第2段階は拡大、第3段階はリーダーシップ、第4段階は自己再生である。これらをまとめたのが次の表となる。

図表4　企業生態系の進化段階

	協力的挑戦	競争的挑戦
誕生段階	技術革新で浮上した新たな価値を特定するために、顧客およびサプライヤーと連携する。	類似の提案を特定するために活動していると思われる他社から、自社のアイデアを守る。
拡大段階	供給規模を拡大し、最大限の市場浸透を図るために、サプライヤー及びパートナーと連携する形で新たな提案を大規模市場に導入する。	類似のアイデアが別の形で実行されるのを防ぐ。鍵となる市場セグメントを支配することにより、自社のアプローチが確実にそのクラスの市場の標準となるよう努める。
リーダーシップ段階	完全な提案を改善し続ける方向にサプライヤー及び顧客を誘導するような、未来に対する強制的なビジョンを与える。	鍵となる顧客や特別なサプライヤーを含めて、生態系内部の他のプレイヤーとの関係では強力な交渉力を維持する。
自己再生段階	既存の生態系に新たなアイデアを組み込むために、技術革新企業と協力する。	技革新新企業が代替的な生態系を構築するのを防ぐため、強力な参入障壁を維持する。自社独自の製品・サービスに新たなアイデアを取り入れる時間を稼ぐため、顧客が切り替えに要するコストを高く維持する。

(出所) ムーア (1993) 6ページ　引用

　「誕生段階」は、エコシステム内で創出した新たな技術やサービスを市場で確立していく段階である。「拡大段階」では、供給規模を拡大し、エコシステム内の既存の技術やサービスを最大限に活かすための新たな試みを進める。「リーダーシップ段階」では、以下の2点のことを踏まえて成長していく。1点目は、これまで拡大してきた事業を、エコシステム内の中心的企業が統合させていくこと。2点目は独自のエコシステムをより発展させるべく、新たな技術やサービスのビジョンを構想することである。特に、「リーダーシップ段階」においては、次なる新たなビジョンが構想されていかないと、「自己再生段階」を迎えた際に衰退してしまう。そして「自己再生段階」では、前段階による新たなビジョンを基に、エコシステム内に新たな息吹をもたらすの

特別賞 ／ 小泉裕梨絵、原田朋子、林智英、池田真也、伊東耕、仲井真優豪　*161*

である。

2-2　キーストーン戦略

　ムーアの考えをさらに発展させたのが、ハーバードビジネススクール教授のマルコ・イアンシティと元マイクロソフト社でコンサルタントのロイ・レビーンである。彼らは 2007 年に『キーストーン戦略—イノベーションを維持させるビジネス・エコシステム』で、エコシステムではそれぞれの役割を担う異なった企業が、ネットワークにおける安定性と生産性に影響を及ぼし、異業種混合の構造が形成されると述べている。

　ここでの役割は、①キーストーン、②支配者、③ハブの領主、④ニッチ・プレイヤーの 4 つに分類される。それぞれの役割は、ネットワークの健全性を形成するために必要な機会と、ネットワークから利益を得るための機会を持っている。中でもキーストーンは「安定性を維持し、多様性をもたらし、生産性を高める役割」を示す。本稿ではこれについて言及していく。

第 3 章　アリババ型エコシステム

3-1　アリペイを中心とした発展

　アリババのエコシステムの中心には、彼らが作り出した第三者決済システム「支付宝（アリペイ）」が存在する。アリペイは 2004 年 12 月に馬雲氏によって設立された第三者決済サービスで、現在のユーザーは 4 億人、アクティブユーザーは 1.9 億人を超えている。

　第三者決済の仕組みは、①はじめに買い手が売り手に商品を注文する。②次に買い手はアリペイに代金を預け、アリペイは売り手に代金を預かったという報告をする。③報告を受けた売り手は買い手に商品を送る。④買い手は商品を受け取ったことをアリペイに報告し、初めてアリペイから売り手に代金が渡る、という仕組みである。どちらかが詐称行為をしても、もう一方が損をしない仕組みになっているので、買い手側・売り手側の双方が安心して取引できる。

　アリペイが支持される要因として、アリババグループのサービス以外でも利用が広がっていることが挙げられる。特にオフラインでの広がりが大きく、中国の 20 万以上のオフライン店舗と 50 万以上のタクシーでアリペイを使用することができるようになっている。さらに 30 以上の国と地域がアリペイを受け入れるようにサインアップし、14 種類の通貨に対応しており、グローバ

ル展開はとどまるところを知らない。また日本でも、中国からの観光客の購買力が増えるとともに、アリペイの利用が広がっている。

　アリペイを中心に据えることで、顧客を確保することができるメリットがある。他社のサービスや実店舗でも利用できるようになっていることで、アリババのサービスのユーザーでない人もアリペイに登録することが可能となり、アリババのほかのサービスに触れる機会を増やしている。さらにアリペイを使い続けてもらうことで、顧客をエコシステム内に囲い込むことができる。また他社サービスで利用されることは、多様な顧客情報を得ることが可能になり、新たな産業へ進出するための糧にすることができる。

3-2　アリクラウドの発展

　阿里云（アリクラウド）は 2009 年 9 月に設立された。クラウドとはクラウド・コンピューティングの略である。「クラウド」とは「雲」を意味し、クラウド・コンピューティングはデータを自分のパソコンや携帯端末などではなく、インターネット上に保存するシステムである。アリババは、アリペイを含む自社サービスを利用する顧客のデータをアリクラウド上に集め、そのデータを基にさらなるサービスの開発や既存サービスの向上を目指している。今後アリババグループは事業展開を広げることで、アリクラウド上の顧客の行動パターンデータを充実させ、自社エコシステムのプラットフォームや他社のプラットフォームで活用していくビジョンを掲げている。アリババはこれから「EC 企業」から「データカンパニー」（多くの顧客データを管理し、それらを基に多種多様なサービスを行う会社）に移行しつつある。

　さらにアリババグループは日本国内でもクラウド事業の展開を進めており、2016 年 1 月にソフトバンクグループと合弁会社「SB クラウド」を立ち上げている。

3-3　セルフチューニング

　アリババグループは自身のエコシステムの拡大を進めている。それにはアリババの非常に速いスピードでビジネスモデルの実験をし、状況に応じて実験スピードの調整ができる仕組みが重要である。これはトップダウンの意思決定に縛られない事業展開によるものである。

　なぜビジネスモデルを早期に実験することが、エコシステムの拡大につながるのだろうか。それには、例として前述した淘宝（タオバオ）の分割が挙げられる。タオバオモールは開設からわずか 4 年で、中国の消費者向けイン

ターネット・ショッピングサイト市場で80％以上のシェアを獲得し、2011年までに中国全体を席巻する社会現象となった。通常の企業であれば、このビジネスモデルを成功例として活用していっただろう。しかしアリババは、このモデルを有効活用しようとせず、逆に市場の深刻な不透明性を示すシグナルであり、現行モデルに対するリスクととらえた。社内での激論の結果、アリババはトップダウンの意思決定に頼らず多方面に展開して市場淘汰に委ねた。その結果、三つに分割した独立事業はそれぞれが成功を収めた。

　中国で昔から考えられてきた「先斬後奏[10]」のように、トップダウンの意思決定に頼らず、現場での判断や市場淘汰に委ねることで、動きが激しい中国のEC市場でも臨機応変に対応することができる。柔軟な判断が可能である点が、アリババの強みであると考えられる。それによって様々な分野のニッチ市場へ早期に進出し、成功の可能性を見極めることができるのである。

第4章
従来型とアリババ型ビジネス・エコシステムの比較

　エコシステムの役割とエコシステムの進化段階を焦点に、両者のビジネス・エコシステムを比較し、「アリババのビジネス・エコシステムの効果による新たなサービス・技術の持続的創出が企業成長を促しているのではないか」という仮説が立証されたかを確認する。次に、得られた結果を考察し、最後に「アリババのビジネス・エコシステムの独自点と今後の成長戦略」とは何かを提示する。

4-1　エコシステム内のネットワーク戦略

　我々は第2章2-2で言及したキーストーン戦略の役割である「安定性を維持し、多様性をもたらし、生産性を高めること」がアリババのネットワーク戦略に近いと考えた。この考察をさらに深めるために定義・価値創出・価値獲得の3つの点からキーストーン戦略とアリババのネットワーク戦略を比較する。

10　　指示を受ける前に問題を解決して、その後に上の立場の人に報告すること。軍紀や規則を破った人を処罰した後に、君主に報告するという意味から。

図表5　キーストーンとアリババ・エコシステムの比較

戦略	定義	価値創出	価値獲得
キーストーン	エコシステム全体の健全性を積極的に改善し、その結果、自社の持続的なパフォーマンスにも便益を享受する	価値創出の結果の大半をネットワークに残しておく。自社内で創出した価値も広く共有する	ネットワーク全体で価値を共有する。特定の領域では、価値の獲得と共有のバランスをとる
アリババ	上記と同様と考えられる	企業や消費者が知識や技術を共有するプラットフォームを構築する。そして各プラットフォーム上に集約したデータをもとに新たなサービスを構築する。	各プラットフォームに集約したデータをアリクラウドにて解析、解析データをエコシステム内の企業に還元する。

(出所) マルコ・イアンシティ／ロイ・レビーン著／杉本幸太郎訳 (2007)『キーストーン戦略・イノベーションを持続させるビジネス・エコシステム』、99ページ、表4-1を参考に作成

　定義に関しては、クラウドの存在がアリババと各企業・消費者を結び合わせ、エコシステム内の健全性を守っていると考えている。価値創出においては、従来型であるキーストーン戦略と同じようにアリババ内で創出した価値（プラットフォーム）をエコシステム内の各企業・消費者に共有するが、創出するためには各企業、消費者のデータが必要不可欠と考える。よって価値獲得は各プラットフォーム上で得られた購買情報などのデータを、エコシステム内の企業に活用してもらい、新たなサービス・技術創出を促すことであると考える。

4-2　エコシステムの進化スピード

　第2章で述べたように、エコシステムの進化段階は①誕生②拡大③リーダーシップ④自己再生、の4つに分かれている。通常のエコシステムの成長であれば、この進化段階がそのままあてはまるだろう。しかし、アリババがBtoB から CtoC・BtoC へ、金融事業やデータカンパニーへ、といった多様な展開を短期間で遂げていることを踏まえると、ただこの4段階を経て進化してきたとは考えにくい。

　そこで我々は、4つの進化段階が循環しているのではないかと考えた。この仮説を明らかにするために、アリババグループのエコシステムの成長過程をその当時の経済情勢に合わせて、EC黎明期・EC全盛期・Cloud黎明期の3つに分け、それぞれの時代ごとにキーストーンと進化プロセスを考察した（図表6参照）。

図表6　アリババビジネス・エコシステムの進化段階

EC 黎明期		EC 全盛期		Cloud 黎明期	
誕生（アリババ）	99年設立				
拡大	04年「阿里旺旺」「アリペイ」06年「淘宝大学」08年「天猫」設立 10年「聚划算」「全球速卖通」11年「淘宝商城」「天猫」独立プラットフォーム 11年「聚划算」独立プラットフォーム				
リーダーシップ	05年成立額80億元 06年アジア最大のネットショッピングサイトに 14年ニューヨーク証券取引所に上場	誕生（アリペイ）	04年12月設立		
自己再生		拡大	06年ユーザー企業が30万社突破 07年交易額476億元 08年ユーザー1億人越え 09年ユーザー2億人 11年QRコード支払い開始 12年生活費の支払い可能に 13年余額宝		
	リーダーシップ		11年交易額・件数がPayPalを抜く	誕生（アリクラウド）	09年9月設立
	自己再生		拡大	10年「订单贷款」設立「独身の日」のデータ運営 11年「淘宝云服务」開始「国家発展」などの協力企業「云服务器」アリクラウド・OS発表、最初のスマートフォン 12年「云应用市场」13年「万网」合併→新しいクラウド企業へ	
			リーダーシップ		
			自己再生		

（出所）第2章の図表4を参考に作成

アリババが設立された当時、中国 EC 業界はまだ黎明期であり、アリババは「アリババドットコム」がキーストーンであった。BtoB が主であるこのサービスには、多くの中小企業が参加し、その後の「テンマオ」「タオバオ」への発展の礎となった。EC 業界が全盛期であった 2000 年〜 2010 年代には「アリペイ」が要として働いている。アリペイの利用者の情報を得ることによって、アリババは新たな段階へ進んでいく。これがアリババの次に目指す「データカンパニー」である。4-1 の分析からも、この役割を果たす上で「アリクラウド」が新たなキーストーンになっていくだろうと考えられる。

　もちろん中国経済自体の急速な成長も要因の一つだが、その成長についていくことができる企業は決して多くない。そのような急成長についていくことができるスピーディーな進化を可能にしたのは、子会社・関連会社が上層部の意思決定に頼らず現場で意思決定をしていく形態ができているからだと考えられる。時代の流れに合わせて、いち早く顧客のニーズに合ったサービスを創出、提供していくことが、エコシステムの拡大を可能にする要因である。

結論

　我々は競争が激しい中国 EC 市場で、アリババグループが圧倒的優位性を持つ理由は「他業種を取り込むことによって、新たな価値を創出しているため」という仮説を立てた。これをもとに、従来型ビジネス・エコシステムとアリババ型ビジネス・エコシステムに差異はあるのか明らかにし、「アリババグループの成長戦略とビジネス・エコシステムの展開」を考察するために研究を進めてきた。

　第 1 章ではアリババグループの企業構造を見ながら、どのように発展してきたか見てきた。アリババグループは BtoB のサイトであるアリババドットコムから CtoC のタオバオ、BtoC のテンマオなど様々なプラットフォームを展開し、世界 5 本の指に入る小売り・流通企業となった。

　第 2 章ではムーアの「ビジネス・エコシステム」を詳しく説明してきたが、ここで最重要となるのは、ビジネス・エコシステムが新技術やサービスを創出するための企業生態系であるということである。この企業生態系の中では、企業間が協力的かつ競争的な相互関係であることが必要であり、それが、ビジネス・エコシステムの原動力となる。

　第 3 章ではアリババ型ビジネス・エコシステムの特徴を見た。その特徴と

は、アリペイを利用した顧客情報の獲得、アリクラウドによる情報管理、そしてセルフチューニングである。特にセルフチューニングは中国経済の急速な発展に対応するために最も重要なものである。

最後に第4章では従来型エコシステムとアリババ型エコシステムを比較し、アリババが急速な成長を遂げた要因を探った。その結果、アリババ型エコシステムは従来型エコシステムの成長段階を複数回繰り返しており、アリババはそのサイクルをより短期間で遂行することができているのだと判明した。なお、この急速な成長にはアリババがセルフチューニングであることが不可欠であり、核となるプラットフォームがアリババ・アリペイ・アリクラウドへと段階的に変化してきたことも要因の一つである。

以上、本稿ではアリババグループの事業展開とビジネス・エコシステムの動きをみてきた。アリババのビジネス・エコシステムの独自点は、「アリペイやアリクラウドによって、顧客のデータを管理し、ビジネス・エコシステム内の企業に新しいサービス・技術の創出を促すこと」と「アリババの子会社や関連会社が顧客のニーズにあったプラットフォーム構築を柔軟に行う体制（セルフチューニング）」の2点であると我々は考える。また今回の企業訪問によって、今後、「新興国などにEC事業を展開すること」、「データカンパニーとして、さまざまな顧客データを集めるために、新しいサービス・技術を作り上げていくこと」がわかった。アリババグループの強みの本質は「クラウド・コンピューティングやビッグデータの運用」ではなく、「時代の潮流に合わせた素早いビジネス展開」であると考える。

参考文献・URL 一覧：

（書籍）

堀池 武史「プラットフォームによる中国IT市場進出」『JC ECONOMIC JOURNAL』2014年3月号　pp.10-13 日中経済協会

ジェームズ・F・ムーア「ビジネスの〝生態系〟がもたらす5つの変化」『ハーバードビジネスレビュー』1993年9月号 pp.4－17 ダイヤモンド社

江鴻、湘麗、黄陽華、賀俊「アリババ‐プラットフォーム帝国への道」『一橋ビジネスレビュー』2015年冬号 pp.48-61　東洋経済新報社

李雪「中国における越境ECの進展－政府の促進政策とEC企業の取組みに注目して」『流通情報』2015年11月号（no.517）pp.35-48　流通経済研究所

マルコ・イアンシティ／ロイ・レビーン（2007）「キーストーン戦略―イノベーションを持続させるエコシステム」翔泳社

マーティン・リーブス／曽鳴／アミン・ベンジャラ「アリババの戦略はアルゴリズムに従う」『ハーバードビジネスレビュー』2015年11月号 pp.83－92 ダイヤモンド社

関 志雄 「中国における新しい成長エンジンとなるイノベーション - 注目されるインターネット
  産業の発展」『中国経済研究』第 13 巻第 1 号　pp.17-29
平 正雄 「21 世紀のプラットフォームは誰がつくるのか」『ハーバードビジネスレビュー』
  2016 年 10 月号 pp.88 − 96 ダイヤモンド社
渡邊 達朗 「中国小売市場におけるネットとリアルの競争と融合　−オムニチャネル戦略の展開と
  の関連で」『流通情報』2014 年 9 月号（no.510）pp.21-34　流通経済研究所
Ying Lowrey（2016）「The Alibaba Way-Unleashing Grass-Roots Entrepreneurship to Build the
  World's Most Innovative Internet Company」McGraw-Hill Education

（ネット）
アリババグループ HP　http://www.alibabagroup.com/cn/global/home（2016 年 10 月 7 日最終閲
  覧）
「中国アリババ、「独身の日」の売上高 1.7 兆円に」「東洋経済 ONLINE」2015 年 11 月 12 日 http://
  toyokeizai.net/articles/-/92265（2016 年 9 月 22 日最終閲覧）
楽天 HP　財務・業務情報
  http://corp.rakuten.co.jp/investors/financial/（2016 年 10 月 16 日最終閲覧）
「双１１的由来：从 5000 万到 571 亿背后的故事」
  http://www.chinaz.com/biz/2015/1109/467860.shtml（2016 年 9 月 22 日最終閲覧）

特別賞

爆買いの衰退から見る日中関係

明治大学経営学部4年
岩波直輝

1．はじめに

　東京オリンピックの開催が決定したことで、外国人観光客の増加にますます拍車がかかっている。観光客の中でも一番大きな割合を占めているのは、依然として中国人観光客である。数年前から中国人が日本の高品質な商品をおみやげとして買い占める現象が多く見られ、「爆買い」として流行語大賞にもなった。私も家電量販店などで中国人が大量にモノを買っている光景をよく目にした。

　しかし中国人観光客の数はなお増えているにもかかわらず、最近になって「爆買い」については失速し始めているという。中国人観光客の消費目的が変わったためと考えられる。こうした変化に対応して、中国人観光客を日本に取り込むために、どのようなことが大切なのか述べたい。

2．中国人観光客の現状

　図1を見ると、訪日中国人観光客数は、ここ数年間で確実に増加していることがわかる。特に2010年以降はコンスタントに、毎年100万人を超えている。2012年に尖閣諸島の問題が大きくとりあげられたが、それでも同年も142万5100人もの来日者を記録している。そして2014年には過去最高の240万9,200人が訪日した。2014年の世界からの来日者数で見ても1位の台湾、2位の韓国に次いで第3位となった。さらに2015年には、あと一歩で500万人というところまで一気に増え、韓国を抜いてトップに躍り出た。

　ではなぜ日本はここまで中国人観光客に人気なのだろうか。中国人観光客が増加している理由としてまず一つ目に、中国国内の経済発展があげられる。裕福な人が増え、世界中に旅行する中国人が増えている。日本は中国から距離も近く、清潔で安心というイメージがあるため、多くの中国人が旅行先として選んでいる。

　二つ目に2010年には、中国人観光客に対する観光ビザの発給要件が緩和されたことがあげられる。これまでは年収25万元（約450万円）以上などの条件を付け、富裕層に限定していたが、これを中間層にも拡大した。新しい要件は、大手クレジットカード会社発行のゴールドカードを所有しているか、年収約6万元（約108万円）以上の収入があるなどになった。

　さらに2015年1月から中国人観光客に対するビザの発給要件が、より一層

緩和された。具体的には有効期間中は何度でも日本に入国できる「数次ビザ」の発給要件が緩和された。これまで求めていた日本への渡航歴要件の廃止や日本側身元保証人からの身元保証書等の書類要件も省略された。これにより団体客だけでなく、個人旅行の中国人観光客が増えたということである。

三つ目としては円安が進行していることも挙げられよう。これにより中国人にとって日本旅行がより割安に、お得に感じるようになった。日本での交通・宿泊費だけでなく、買い物もしやすくなった。中国人観光客が日本で爆買いするのも、円安の影響があることは間違いない。しかしこの「爆買い」が最近になり減少傾向にあるという事実がある。このことに着目して、本論文を進めていきたい。

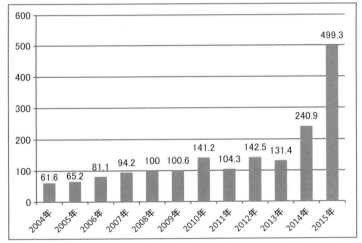

図1　訪日中国人観光客数　　　　　　　　　　　　　単位：万人

出所：日本政府観光局

3．爆買いについて

まず初めに「爆買い」という行為の誕生について振り返りたい。爆買いとは、別に特別な行為を指しているわけでなく、一度に大量に買うことを表す俗語である。主に中国人観光客が大量に商品を購買することに用いられ、2014年頃から使われ出した。2015年には既にテレビや新聞などの各種メディア

で、当たり前のように使われるようになった。2月の春節、10月の国慶節休暇には、特に中国人観光客が日本を訪れ、高額商品から日用品まで様々な商品を大量に買い込んだ。これにより、お店の売り上げがかなり伸びたというほど実質的な効果があった。

　誰が言い出した言葉かは今のところ不明だが、言葉面をみると分かるように、どうもただ大量に物を買うことを指しているというよりも、中国人観光客が日本の商品を買いあさる様子を「爆買い」と表現しているような節も見受けられる。多くの日本メディアが取り上げている言葉であるが、あまり良くないイメージで認識されている。しかしながらこの現象は日本企業にとってビジネスチャンスであり、今でも多くの観光客を引き付けようと、様々な取り組みが行われている。

　「爆買い」という現象がどうして誕生したのか。経緯は大きく分けて3つあると考えられている。一つ目は前にも述べたアベノミクスの方針でもある円安である。これにより観光客が増えていたところに、「高品質のものが国内よりも他の外国よりも安く買うことが出来る」という所に目をつけた中国人観光客達と旅行会社やツアーコンダクターたちにより、買い物をメインの目的とした日本へのツアーが多く組まれるようになった。こうして日本で買い物をする「爆買い」と呼ばれる現象に拍車がかかった。

　二つ目は2013年12月に観光庁により発表された「外国人旅行者向け消費税免税制度の改正」である。これは日本の各地域への外国人観光客の勧誘に力を入れた観光庁が行った様々な改革のうちの一つである。これによりそれまでの免税対象であった家電機器、装飾品、衣類などだけでなく、免税販売の対象ではなかった食品類、薬品類、化粧品類なども免税対象とされた。

　そして最後の三つ目の要因は中国で起こった「官製バブル」による影響である。中国はリーマンショックに際して日本円で約56兆円と言う巨額を投じた大規模で積極的な大型景気刺激策を行い、国内の経済を上向きにすることに成功した。この「官製バブル」により、中国人全体の生活用品への質の向上を求めた動きが起こり、格安の質の悪いものより、少し高くても質の良いものを求めるようになったのである。

4．爆買いの衰退

　まず初めに近年の「爆買い」の状況を見てみよう。図2は日本国内の小売りの動きを示す数字である。『小売業販売額』は、2015年11月からほぼ前年同月比マイナスの数字が続いている。主に高級品などの消費を示す「全国百貨店売上高」を見てみると、同じく2015年11月あたりから前年同月比でマイナスに転じている。2016年4月は同マイナス3.8％、5月は同マイナス5.1％、6月は同マイナス3.5％と、大幅に悪化していることが分かる。

　6月の『全国百貨店売上高』の『商品別売上高』をみると、やはり『美術・宝飾・貴金属』が前年同月比マイナス9.2％と大幅に減少している。また、構成比は0.3％と非常に低いが、『家電』も同マイナス23.7％と大幅に落ち込んでいる。一方で、比較的単価の安い『化粧品』は同7.6％と増加している。

　以上のことから、中国人観光客による高級腕時計や宝飾品、絵画など高級品の買い漁りは明らかに減っており、わずかに化粧品などの手頃な商品を購入している様子が窺える。

　百貨店大手の三越伊勢丹の決算にも、これが大きく影響している。図3を見ると、売上高（2017年3月期第1四半期決算）は前年同期より4.9％減の2946億円である。本業の儲けを示す営業利益は、同比47.7％減の60億円となった。先ほど、百貨店全体として売上高が落ち込んでいることを確認したが、やはり三越伊勢丹でも同様の傾向が見られる。この主な原因は、株価低迷や給与増加スピードの鈍化などにより日本全体の消費が盛り上がらないということもあるが、中国人観光客による爆買いの終了、単価の減少が大きいと考えられる。

　同じく百貨店大手の高島屋の数字（図4）を見ると、売上高（2017年2月期第1四半期決算）は前年同期と変わらず2193億円を確保している。営業利益も3.2％増の76億円で、ほぼ横ばいである。同社は中国の大手オンライン旅行会社と提携して、営業を強化したことが功を奏した。これによって、化粧品を中心とした免税販売額が前年比2桁増と大幅に伸びた。高島屋の場合は、戦略勝ちと言える。

　このように、各社の戦略によって明暗は分かれているが、百貨店全体としては、これまでのように爆買いに期待するのは難しい状況になりつつあることは間違いない。

図2　日本国内の小売りの動き　　　　　　　　　　　　単位：%

	小売業販売額 （前年比）	全国百貨店売上高 （前年比）
2013 年	2.9	4
2014 年	▲ 1.2	▲ 4.6
2015 年	0.8	1.8
2015 年　7 月	1.8	3.4
8 月	0.8	2.7
9 月	▲ 0.1	1.8
10 月	1.8	4.2
11 月	▲ 1.1	▲ 2.7
12 月	▲ 1.1	0.1
2016 年　1 月	▲ 0.2	▲ 1.9
2 月	0.4	0.2
3 月	▲ 1.0	▲ 2.9
4 月	▲ 0.9	▲ 3.8
5 月	▲ 2.1	▲ 5.1
6 月	▲ 1.3	▲ 3.5

出所：小売業販売額は経済産業省、全国百貨店売上高は全国百貨店協会

図3　三越伊勢丹の決算　単位：百万円

株式会社 三越伊勢丹ホールディングス 2017 年 3 月期第 1 四半期決算		
		対前期増減率 （%）
売上高	294,646	△ 4.9
営業利益	6,062	△ 47.7
経常利益	7,339	△ 43.8
親会社株主に 帰属する 四半期純利益	4,954	△ 43.5

図4　高島屋の決算　　　　　単位：百万円

株式会社 高島屋 2017 年 2 月期第 1 四半期決算		
		対前期増減率 （%）
営業利益	219,318	0.0
営業利益	7,692	3.2
経常利益	8,106	△ 2.9
親会社株主に 帰属する 四半期純利益	3,563	△ 43.6

出所：中国人観光客の「爆買い」が失速！インバウンドブームは終焉を迎えるのか？
http://www.nikkeibp.co.jp/atcl/column/15/129957/080400076/（2016 年 10 月 30 日アクセス）

　次に日本の経済にプラスの影響を与えてきた「爆買い」が、近年なぜ減少傾向にあるのか。その理由を探っていきたいと思う。
　一つ目は中国政府が、外国の商品を国内に持ち込む際の課税を強化したことにある。中国財政省は 2016 年 4 月から関税を品目によって最高で倍以上に引き上げた。酒や化粧品などは従来の 50% から 60% に、高級時計は 30% か

ら 60％に。衣類や自転車、ビデオカメラなどは 20％から 30％に、さらにカメラや食品、飲料水、玩具などが 10％から 15％にそれぞれ税率が引き上げられた。さらに中国で約 6 億人に普及しているという「銀聯カード」の引き出し制限を設け、海外で外貨を引き出す上限額をカード 1 枚あたり、1 年間で最高 10 万元（約 150 万円）までとした。

　二つ目は、中国経済が長期的な減速傾向にあるということである。中国の成長率を見ると、2015 年 7-9 月期は前年比 6.9％、10-12 月期は 6.8％、2016 年 1-3 月期は 6.7％。4-6 月期は 6.7％と、じわじわと減速してきていることが分かる。かつては 10％を上回る年もあったが、いまや 7％を維持するのも難しい状況にある。中国政府は 2016 年の成長率目標を 6.5 ～ 7.0％としている。

5．これからの対応策

　ではこの爆買い減少傾向を前にして、日本としてはどう対応していけばよいのか。一つ目は越境ＥＣの活用である。いま中国で、越境 EC（電子商取引のプラットフォームを通じて、海外の個人や企業から直接商品を購入し、配送してもらうこと）が急速に発展している。インバウンドの延長線上にある越境 EC は、日本でも最近注目を集めている。日本から中国への越境 EC の市場規模は、2015 年に 7956 億円（対前年比 31.2％ 増）、2016 年に 1 兆円を超え、2019 年には 2.3 兆円に達する見通しである（経産省「平成 27 年度電子商取引に関する市場調査」、2016 年 6 月）。

　越境 EC を通した商品が熱烈に支持される理由は安全性だけでなく、中国国内に流通している中国製品の品質が低いことも影響している。日本製品に関しては、①同じ中国製でも日本に輸出した製品の方が品質がよい、②日本製の最高級品は日本でしか買えない、と信じている。

　したがってどうしても直接、日本で購入したくなるというわけだ。訪日観光客や越境 EC 利用者にインタービューしたところ、「同じブランドの同じ名称の化粧品でも、店舗によって販売しているものは異なる。日本の百貨店は一級品を、日本の空港免税店は二級品を売っている。その次は日本のドラッグストアで割引されて販売しているもので、一番よくないのは中国国内で販売しているもの」と言う中国人女性がほとんどだ。彼女らは日本の百貨店に直接、買いに行くか、または越境 EC を通して日本の百貨店の製品を買い求めるのである。

　さらに、中国人の所得が向上し、ブランド意識や要求基準が高くなり、海

外製品嗜好がさらに強まったことも指摘できる。中国人は以前から欧米や日本といった先進国のブランド品や商品に対する憧れが強い。近年、中間層が増え、自分のセンスの良さを伝えられるブランド品を使う傾向も高まった。しかし残念ながら、中国製品のブランド力はまだ先進国ほど高くない。

　実際、日本の象印マホービンは「可愛い」「軽い」「おしゃれなピンクでダサくない」などと人気があり、このような商品を越境ECで手に入れるのだという。中国国内の製造業は以前よりはるかに進歩しているものの、まだ追いついていない。さらに海外の新製品は中国で販売されるまで時間がかかるし、そもそも中国国内で販売されない商品も多い。越境ECを利用すれば、中国国内で未発売の商品も購入することができる。ファッション、電気製品、日本限定化粧品等だ。この「購入不可能」を「可能」にする越境ECは、先端的な中国消費者にとって魅力的であろう。

　アリババグループの創業者である馬雲氏は、「中国向けECでチャンスをつかめ」と題した講話で、次のように語っている。「1999年の会社設立から、アリババは今年で17年目に入った。直近の1年間で素晴らしいマイルストーンを得ることができた。アリババグループのEC規模は3兆人民元を突破し、これは5000億米ドルに相当する規模だ。つまり、世界最大の流通・EC企業に成長した。この成長の背景には、中国に多くの消費者がいることがあげられる。数億人の中国人がWebサイトに訪問できるようになったし、世界各国に商品を届けることができるようになった。これは素晴らしいチャンスだ」。

　馬雲氏はさらに日本企業への期待を語る。「中国人は日本で買い物をするだけではなく、『天猫（Tモール）』でも日本製品を買っている。世界最大のプラットフォームを通じ、数億人もいる中国の消費者が日本製品へアクセスできるようにしたい。そのためにも、（『Tmallグローバル』出店者などは）ブランドの認識度を高めてもらいたい。アリババグループは、アリババグループが運営する『天猫』、『天猫国際』などを通じて、メーカー企業などが商品を販売できる『出品』支援サービス『Japan MD Center』を開始した。アリババグループがこのサービスを利用する企業に提供する消費者に関するデータをもとに、次の商品開発にいかしてもらいたい」。

　アリババとしても『Japan MD Center』を設立することで、日本企業にビジネスチャンスを与えているのである。中国のマーケットを理解して、最新

1　　アリババグループCEOが語る日本企業への期待「中国向けECでチャンスをつかめ」
　（https://netshop.impress.co.jp/node/2983）（2016年10月30日アクセス。）

データを得て販売計画を立てることができる。さらにアリババは東南アジアやインドにも展開していくので、日本企業としてはアリババと密接に提携して、中国市場に参入することが重要になると思う。

二つ目は中国人の観光の目的がモノからコトに変わっていくのに対応して、観光としての日本をアピールすることである。訪日の初心者や団体旅行客はまだ「モノ消費」に走っているが、富裕層や個人旅行客の一部はすでに、「コト消費」へと興味・関心が移ってきている。

「コト消費」とは何か。たとえば、医療、健康、美容、芸術鑑賞、グルメ、スポーツ、学習、農業など、モノを購入する以外に、何かを体験することだ。モノの消費はわかりやすい。中国人観光客を受け入れる日本の観光施設にとっても、対応策が取りやすい。家電量販店やドラッグストアなどでは大量の中国人スタッフを配置し、春節の「爆買い」に備えている。団体旅行の場合、ショッピングの時間が制限されるので、短時間に買い物しなければならず、そのサポート役が必要だからだ。大量に在庫を取り揃えることもできるし、ビジネスとしてやりやすい。

だが、コト消費は幅が広くて種類が多い。スタッフを揃えればよいというわけではないし、モノ消費に比べて、言語の壁も大きい。一度に大量の人数を受け入れることも難しいし、丁寧な説明が必要だ。だが、モノをすでに十分持ち始めた富裕層や、それに近い中間層の上クラスの人々は、上に挙げたような未経験の日本文化に興味を持っている。上に挙げた分野以外にも、もっと広がっていくだろうし、日本人が考えもつかなかったような分野にまで拡大する可能性がある。中国人は母国では体験できないことを欲しているのだ。つまり、やり方次第で、モノ消費よりも将来性があるということだ。またモノ消費の場合、銀座、新宿など経済効果は都市部にしか及ばない。しかしコト消費になると、経済効果は地方にまで広がる。地方活性化にもなりうるのである。

中国人観光客を東京、大阪、京都という黄金ルート以外の地域にも行ってもらうために重要なことは口コミである。地獄谷野猿公苑で温泉につかるニホンザルが「スノーモンキー」として有名になった長野県山ノ内町がその代表だ。2014年の延べ宿泊者数は過去最高の2万8600人となった。先進国で野生のサルが暮らすのは日本だけである。しかも雪と戯れるサルも日本にしかいない。中国人観光客の間では、東京駅から3時間かけて地獄谷野猿公苑へ足を延ばすのが、口コミで定番になりつつあるのだ。

また旅行サイトトリップアドバイザーの「外国人に人気の日本の観光スポ

ットランキング」を見てみると、日本人としてもお馴染みの観光スポットが並んでいるが、その中の第15位に香川の「栗林公園」というあまり知られていない場所がある。ここは2009年3月16日発売のミシュラン観光ガイドに、「わざわざ訪れる価値のある場所」として最高評価3つ星に選定された。しかし厳島神社や清水寺と比べると、日本で知っている人は少ないのではないだろうか。また第5位には京都の「サムライ剣舞シアター」、第27位には東京の「サムライミュージアム」と日本の文化を体験できる施設も人気がある。

　そして口コミと関連してもう一つ大切なことは、SNSの活用である。中国で一番利用されているSNSアプリ「We chat」はSNSの範囲をこえて、生活インフラになりつつあると言われている。このアプリの中でチャットの次に使われている機能が、「WeChat Pay」、つまりオンライン方式の電子決済サービスである。毎月の携帯電話の利用料の決済や家賃の支払いができるほか、コンビニなどでもQRコードを読み取ってもらうと、クレジットカードのようにサインをしなくても決済できるのである。

　中国を中心に拡大しているWeChatであるが、海外でも中国人旅行者を取り込む上では、WeChatをどう活用していくかを考えざるを得ない。そうなると、必然的に中国人が旅行に行くような都市には、WeChat Payを導入するような店舗が増えなければならない。

6．おわりに

　中国人観光客を日本に取り込むためには、越境ECの拡大とコト消費への変化への対応が重要であると論じた。特にコト消費への変化への対応という部分では、今後、様々なトラブルが予想される。

　実際、中国人観光客のマナーが悪いというのは度々ニュースになっている。例えば、お寺などの公共施設に土足で入るなどである。中国は欧米と同じく室内でも土足なので、靴を脱ぐ習慣はなく、トラブルが起こってしまう。まずは日本の側に、中国の文化を理解した対応が必要である。そして観光大国として中国人観光客を受け入れるために、これからの日中関係として重要なことは、日本と中国の民間企業がもっと密接に提携することである。先ほどのアリババ、WeChatだけではなく、様々な中国企業と日本企業、もしくは観光施設が提携することで、中国人にとっては観光しやすい街、日本にとっては地方活性化といったWin-winの関係になることができるのである。

参考文献：

中国人観光客の「爆買い」が失速！インバウンドブームは終焉を迎えるのか？（http://www.
nikkeibp.co.jp/atcl/column/15/129957/080400076/）（10 月 30 日アクセス）

アリババグループ CEO が語る日本企業への期待「中国向け EC でチャンスをつかめ」（https://
netshop.impress.co.jp/node/2983）（2016 年 10 月 30 日アクセス）

「爆買い」ネットでも　中国アリババ、日本で出店勧誘　朝日新聞
（http://www.asahi.com/articles/ASJ5M4V4YJ5MULFA016.html）（10 月 30 日アクセス）

中国の SNS 事情——もはや生活インフラになりつつある「WeChat」
（http://www.itmedia.co.jp/mobile/articles/1606/13/news146.html）（10 月 30 日アクセス）

爆買いツアーよりもスゴい「越境 EC」の潜在力　東洋経済
（http://toyokeizai.net/articles/-/123969）（10 月 30 日アクセス）

180

[特別賞]

大豆貿易の政治的商品への過程
―日中の協力と競争をめぐって―

アメリカ・カナダ大学連合日本研究センター
ウィスコンシン大学・マディソン校
歴史学部博士課程後期3年
エバン・ウェルス

はじめに

　日本と中国の経済的な相互作用は、国際社会に様々な影響を与えてきた。貿易における日中間の協力が世界経済に利益をもたらした例があり、その一方で両国間の貿易摩擦が原因となって国際政治が不安定化する例も存在している。この点の具体的な例として、本稿では日中間の大豆貿易を取りあげることにする。

　19世紀末から20世紀前半まで、日中の経済的な相互作用は大豆取引の国際化にとって、大きな役割を果たした。しかし、日露戦争後、両国の関係悪化や大豆貿易のゼロ・サム・ゲーム化によって、政治的な不安定が生じるようになる。中国東北部で、日中両方が大豆貿易を独占しようとし、お互いに不信感をつのらせていく。このことが満州事変、日中戦争、太平洋戦争という道に向かっていく間接的な一要因となった。現在においても、大豆の重要性は世界中で認められている。

　本稿では、まず、大豆がどのように地方的な商品から国際的な商品になったかという過程、特に日中の相互協力が、この過程のなかでどのような役割を果たしたかという点を中心に説明する。次に、日本側と中国側（本稿では清国、及び張作霖と張学良）の大豆利権をめぐる攻防と影響を分析する。最後に、19世紀から20世紀前半に至るまでの大豆貿易は、現代の日中関係を考える際、どのような教訓をもたらすのかという点を考える。

第1章　大豆貿易の政治的商品への過程

　日中の互恵的関係は、大豆がアジアで主に取り扱われていた地域的な商品から国際的な流通商品になることに大きく貢献したと言える。1908年に、大豆が初めて欧州市場に進出してから第二次世界大戦まで、最も大豆の生産量が多いのは中国東北部であった。中国東北部と外国市場との繋がりは、日中の相互協力によって生まれたと言える。本章では大豆が世界的な商品になる過程で、日本と中国の関係者や企業がどのような役割を果たしたかという点を明らかにする。

1-1 日清戦争前後

　19世紀半ば、清国東北部で生産された大豆（以下「東北大豆」）は、日清の相互協力によって、清国から海外へ輸出され始めた。それ以前、東北大豆

は東北と華南の間の交易商品として、重要な地位を占めていた。誰が何年に、なぜ清国から東北の大豆と大豆製品を外国に輸出したかは明らかではないが、1861年の天津条約によって、清国東北部における最初の条約港であった営口（牛荘）が開港された後ということは推測できる。そして、他国に先駆けて日本が東北大豆の輸出先となった。1872年に書かれた『支那通商必携』によると、当時の営口で、『……産物ハ大豆ヲ以テ随一トシ亦豆油ヲ製シ諸方へ輸出ス方今皇国ニテ唐人油称スル者則是ナリ……』とある。

　その後、清国商人と日本の農民のそれぞれの事情がうまく作用し合い、東北大豆の重要な外国販路ができていく。1880年代後半、日本では魚肥不足が発生して、肥料の相場は高騰した。日本にいた清国商人は魚肥の高値を商機と考え、日本の農民の需要に応えるために、魚肥の代用品として豆粕（大豆の搾りかす）を清国から日本へ輸出し始めた。従来、清国の一番重要な大豆の取扱い港であった営口は、主として香港、上海、廣東、厦門などへ大豆と大豆製品を送ったが、清国商人の動きによって、1890年代に入ると、日本が重要な大豆の目的地になった。1891年に、日本では肥料不足を背景として、長崎と神戸といった港は営口から32万擔（たん）以上の大豆、20万擔以上の豆粕を輸入した。日本への輸出は営口から積み出された大豆の約8％にあたる。

　1892年（明治25年）に、能勢辰五郎という芝罘（山東省青島）駐在帝国領事代理書記生が書いた報告によると、当時、営口と日本の間の大豆貿易は、ほとんど「廣東組合の清商六戸」が取り扱っていたとのことであった。また、営口から輸出された大豆の多くは、外国商人、特にイギリスのジャーデイン・マセソン（Jardine Matheson & Co.）商会が経営した汽船で日本へ運ばれていた。しかし、欧州商人や企業は東北大豆を欧州へ輸出することを引き受けなかった。それは概して欧州商人は、大豆が欧州市場で有望な商品ではないと思ったからである。

　一方、日清戦争の直前、日本企業は、清国商人が始めた営口からの大豆貿易は利益となると考え、自らも着手し始めた。例えば、1891年春、日本郵船は営口と神戸の間を結ぶ航路に、一カ月一回の定期船を就航させた。1893年には、三井物産上海支店長の小室三吉が、営口を視察し、同年に営口に出張所を設けると決定した。

　しかしながら、営口の大豆貿易に進出した日本の会社は、価格競争と経験不足のせいで、清国商人から市場を奪うことができなかった。そこで、清国商人に代理業務を依頼することにした。なぜかというと、清国商人は経験と

コネを持っていたからである。例えば、東永茂という有力な清国商人は、三井物産の営口に於ける出張所の代理店として大豆を取り扱った。

　日清戦争が終わって間もなく、日本は営口から輸出された大豆の主たる目的地になったが、この貿易はまだおしなべて清国商人が取り扱っていた。牛荘（遼寧省営口）駐在帝国二等領事の田邊熊三郎が 1897 年に書いた報告によると、同年 4 月から 7 月までに営口から輸出された大豆のほぼ半分が日本の港へ送られ、神戸が一番主要な受け入れ港であった。三井物産以外に大豆貿易を行ったのは、清国商人だけである。しかも、1897 年 4 月から 7 月までの間に、222 艘の船が大豆を積み込み、営口から日本へ向かうが、その中で三井物産の 5 艘を除いて他は全て復興や宏泰などの清国商人の貨物であった。

　日清戦争後、三井物産による営口の大豆貿易への参入は、清国商人との激しい競争に火をつけたが、三井物産の経済活動は清国農民や労働者、荷主は言うまでもなく、清国商人にも依存していた。大豆貿易を拡大するために、三井物産は 1983 年の出張所に続き、1896 年には支店を設立する。だが三井物産は、日本向け輸出に従事していた清国商人との熾烈な競争に直面した。また、日本市場において他社との競争を有利にするために安値で先売りを行った結果、純益を上げることは難しくなった。これにより三井物産は、経営費を削減するために営口支店を出張所に格下げすることにした。その後社員の代わりに、東永茂という清国商人を通して大豆を取り扱うことにしたのである。

　以上から分かるように、日中の経済協力関係のおかげで、清国東北部の大豆は日本における貿易商品となった。1880 年代に清国商人は、日本における農民の肥料需要に応えるために、自国の豆粕を日本へ輸出し始めた。その後、清国商人の成功を見て、日本の大企業である三井物産は、大豆貿易に着手することにした。しかし、三井物産は、清国商人に打ち勝つことができず、清国商人の協力に頼った。三井物産と清国商人の商務上の関係は日露戦争の後も続き、この両者の協力関係は、大豆貿易の欧州販路開拓に、大きな役割を果たすこととなる。

1-2　日露戦争後の日中の互恵的関係

　日露戦争後、日本が中国東北部に於ける経済上の権利を獲得していくとともに、大豆貿易における日中の相互作用はより複雑かつ密接になっていった。このため 1908 年に中国東北部で生産された大豆が初めて欧州に進出することが可能となる。例えば三井物産は日露戦争後、大豆貿易市場を欧州へと拡

大したが、依然として清国商人のコネに頼っていた。また、三井物産以外の日系企業も中国東北部の大豆貿易に着手し始めたが、こうした企業にとって清国商人や清国の労働者は欠かせないものであった。例えば、日露戦争後に設立された半官半民の南満州鉄道株式会社（以下満鉄）にとって、大豆の生産はもちろんのこと、収穫されたその大豆の運搬や地方市場での取引は殆ど中国人によるものであった。こうした清国商人や労働者がいなければ、満鉄の経営は不可能であったと言えるであろう。

1-3　欧州市場への進出

　1908 年、三井物産が満州で生産された大豆をイギリスのリバプールに初めて運んだ。その頃欧州の企業は石鹸、塗料、マーガリンなどの商品を作るための原料として綿実と亜麻仁などの植物油を使っていたが、需要に対してその供給は少なくなっており値段は高くなっていた。三井物産はこれを商機と考え、大豆が植物油の安い代用品となると判断し、イギリスへの大豆の試験的な積み送りを行うことにした。その後、イギリス、ドイツ、デンマークなどの商人は大量の大豆を買い上げ、大豆は次第に普及していく。豆粕についても他の飼料より比較的安いため、欧州人は牛の飼料として使い始めた。

　三井物産ロンドン支店で働いていた児玉一造は、中国東北で生産された大豆の欧州市場開拓において大きな役割を果たす。1907 年にアメリカで発生した金融恐慌によって、三井物産のロンドン支店は損害を被ったため、児玉は新たな販路を開くことにした。この功績に対して会社の経営者は以下のように児玉に感謝状を贈る。

　倫敦支店在勤　児玉一造
　曩ニ漢堡出張所勤務の当時ヨリ夙ニ満州大豆ヲ欧州に輸入スルノ有望ナルヘキ点ニ着眼シ鋭意之カ研究ヲ盡シ創始ノ際ニ於ケル引合ニ衝ニ當リ其業上ニ先鞭ヲ着ケ取扱高も亦鉅額ニ上リ同業者ニ比シ嶄然優越ノ地方ヲ占メ得ルノ素地ヲ作リタル段効労較著ニ付爲臨時賞金貳千圓ヲ給與ス
　明治四十二年八月三十一日　三井物産合名會社

　三井物産の社員に加えて、中国商人も欧州市場に大豆を導入することに欠かせない役割を果たした。三井物産と他の日本輸出業者は、通常農民から直接大豆を買い付けることができず、仲介者であった中国商人に依拠していた。この仲介者は「糧桟」、「糧行」、「糧店」或いは「糧房」などと呼ばれ、穀物

問屋に当たるものであった。1930年に書かれた満鉄の報告によると、輸出業者と生産者を繋ぐ糧桟は大豆貿易に不可欠なものであるとされており、糧桟の仲介者としての重要性が明確に分かる。

　当時、中国東北部には、輸出業者と生産者とが直接繋がることを妨げる様々な要素があった。まず大豆は他の農産物と同じく、「小規模なる無数の農民に依って、區々に生産せられるものであり」という状況なので、仲介者の手を借りなくては集めにくい。また、いわゆる需要者側に存する障害もあった。つまり、多量の大豆を必要とした輸出業者の多くは、日本人などの外国人なので、中国人の生産者と言語風習が異なっており、このことが直接取引を難しくした。最後に、糧桟という機関は大豆を買い付けるだけではなく農民に資金を貸す機能もあったので、糧桟がなかったら農民は緊要な資金を得られなくなり、大豆生産をできなくなってしまう。このように、三井物産や他の日本輸出業者の経済活動には、中国商人は切っても切れないものであった。

1-4　満鉄

　三井物産や他の日本輸出業者の大豆輸出は、南満州鉄道が経営した交通網と大連港施設を使って行われたが、満鉄にとって中国人が経営した馬車輸送システムと何千もの中国人の労働者は生命線であった。

　まず馬車は中国人の農民と地方糧桟が大豆を各生産地から満鉄の沿線の駅へ輸送するために使われていたものであり、馬車輸送システムなしにはこのような輸出機構の形成はありえなかった。何千斤の大豆を積んで馬車は凍結された道を一日に百清里進むことができ、その結果満鉄の勢力範囲は広がり、遠方の肥えた生産地の大豆も吸収できるようになった。その上、満鉄の貨車への積み下ろしは中国人の労働者の仕事であった。満鉄事業にとって、この中国人の労働者が不可欠であった。この中国人の労働者の重要性を端的に表す出来事として、1927年3月3日に、長春駅で250人の労働者がストライキを行ったため、満鉄の運輸が止まってしまったということがあった。

　1907年に、大連から輸出された大豆三品は163,496トンに及び、1920年には200万トンに近づき、1932年に300万トンを越す。大豆のトン数は年によって違ったが、毎年大連輸出総トン数の34〜95パーセントを占めたのである（表1）。

特別賞 ／ エバン・ウェルス **187**

表1 大連輸出総トン数　単位：トン

品目	1907 年	1910 年	1915 年	1920 年	1925 年	1930 年	1932 年
大豆	76,776	269,939	158,982	541,686	773,302	950,036	2,078,704
豆粕	86,687	324,671	618,701	1,131,732	1,143,411	675,656	883,730
豆油	33	26,261	80,886	137,854	105,325	107,999	100,507
大豆三品の総計	163,496	620,871	858,569	1,811,272	2,022,038	1,733,691	3,062,941
輸出貨物の総計	172,770	912,981	1,461,814	2,958,555	4,960,105	4,985,920	6,550,598
大豆三品の割合	94.60%	68.00%	58.70%	61.20%	40.80%	34.80%	46.80%

出所：南満洲鉄道株式会社経済調査会（1935）『満州交通統計集成』南満州鉄道株式会社、p.258

　1931 年に出版された満鉄の報告によると、繁忙期の労働者の数は1万 5,000 人に上り、閑散期でも 9,500 人が埠頭で船の積み込みを行った。大部分は山東省から大連へ来た労働者であり、一日に 9 時間ないし 11 時間働き、一日平均一人 8 トンを積んだ。埠頭で 3,500 百トンを積み込むのに、約 10 時間程度しかかからなかったという。大豆が欧州、日本、華南、アメリカなどへ運ばれた背景には、こうした中国人の労働者の働きが大きかったのである。

1-5　世界への影響

　以上から分かるように、日中の相互作用は大豆の流通範囲を広げることに大きく貢献した。三井物産が大豆を欧州に紹介した結果、世界各地の農学者、商人、評論家、官僚、栄養士などの専門家は大豆に関する研究を行うこととなる。

　まず 1909 年春、大豆の貿易商品としての価値を判断するために、多くの欧州商人は中国東北部に入り直接大豆の買い付けを試みた。そこに大豆の可能性を見出し、欧州の農学者は各地で試験的な作付けをし始める。1909 年に、農学者は既にインド、南アフリカ、ケニア、ガンビアなどの英国植民地で大豆の試験的な作付けを行っている。

　欧米の新聞は、関心を持つ評論家と栄養士のコメントを載せている。例えば 1909 年 1 月の『ロンドン・デイリー・メール』は「中国からの新たな食べ物」という見出しで、新たな輸入品としての大豆が糖尿病の人にとって理想的な食べ物であることを発見したという研究を紹介している。アメリカの新聞も大豆を「完璧な食べ物」と呼んだ。この頃から、大豆の消費範囲と作付け範囲は世界各地へ広がっていったのである。

第二章　大豆貿易のゼロサム・ゲーム

　第一章で見てきたように、日中の相互作用は、大豆とその流通の国際化に大きく貢献したが、次第に日中間で貿易の利益をめぐる対立が表面化するようになった。1932 年に発行された記事で、満州事変の勃発と満州国の設立を読者に説明したニューヨーク・タイムズのジョージ・ソコレスキ記者は、日中間の中国東北部の争奪戦は大豆のためだと主張した。また、新たに設立された満州国は大豆によって築かれた帝国であると書いた。

　ソコレスキ記者の書き方は誇大で単純すぎるかもしれないが、大豆貿易における二国間の対立関係は現実に激しいものであった。20 世紀前半、大豆は中国東北の一番重要な商品であった。日中双方は国家の目的を果たす為に収入源としての大豆貿易を重視しており、自らのシェアを拡大しようと試みていた。このように日中双方は大豆貿易をゼロサム・ゲームとして見るようになり、それぞれが大豆貿易を独占し、相手を排除しようとした。そして大豆争奪戦は地方政治の不安定化をもたらした。以下、両国のゼロサム・ゲームの考え方を反映した方策を総括的に紹介する。

2-1　大連中心主義　—満鉄による大豆貿易独占の試み—

　日露戦争後、日本政府は再びロシアと戦争になるのではないかと危惧するようになり、政府自ら南満州鉄道を経営することにし、半官半民の南満州鉄道会社を設立した。この軍事的な目的を持った鉄道にとって、大豆貿易は最大の収入源であるため、大豆の輸送が独占できるよう様々な方策を取った。

　この方策は日本政府が主張した「大連中心主義」という基本戦略を支えることとなる。例えば、満鉄は距離に関係なく大連への大豆輸送の際に適用できる運賃割引制度を施行し、中国人が支配した営口を中心とした遼河の交通網から、大豆の輸送を排除しようと試みた。また、満鉄は大豆を倉庫に保管するシステムを開始し、大豆の品質を検査することも行っていた。

　このように、政府の意向を強く反映している満鉄にとって、大豆は重要な資金源であり、独占する必要があった。しかし満鉄の方策は、中国側の当局者との間の緊張を高めるに至ったのである。

2—2　張作霖による大豆貿易の支配

　満鉄の大豆独占策は中国東北部における利権軍閥の反発をもたらした。満鉄の大連中心主義という戦略に抵抗し、軍費と政費のための資金を調達する

ために、奉天軍閥の張作霖と張学良も大豆の独占を試みた。

　まず、張氏は大豆と他の貨物輸送を日本企業と満鉄に独占させないために、渤海の西側に新たな港として葫蘆島を、また満鉄と平行に走る鉄道線を建設し始めた。満鉄社員が書いた『奉海鉄道と葫蘆島築港問題』から、日本側がこの方策を脅威として見ていたことがわかる。

　奉天軍閥も中央銀行に当たる官銀号を通して、直接大豆の取引を行うようになる。さらに、奉天軍閥が創設した「利達公司」を通して、三井物産などの日本の貿易会社を排除して、直接欧州へ輸出することを試みた。日本語で書かれ満州で発行されていた『満州日日新聞』の1928年の記事には、日本側は官銀号の制度によって大きく打撃を受けたと記してある。

　張作霖らの日本企業に抵抗するという方策は、日本側に包囲されているという懸念をもたらし、さらに過激な方策をとるよう煽ったのではないだろうか。奉天事件や満州事変の勃発に全く関係がないとは言えないであろう。

終わりに

　以上、19世紀末から20世紀前半までの大豆貿易を概観した。現在の日中関係にとっても重要な教訓が得られるのではないだろうか。まず、日中の相互作用は大豆貿易の国際化に重要な役割を果たした。日本側の企業と中国側の商人、労働者と農民は、中国東北産の大豆を日本、欧州など、世界各地へ広めることに貢献した。近年大豆は世界各地で作られ消費されており、世界で不可欠な商品になってきた。また、日中両国はアメリカ、ブラジルなどの国々から輸入した大豆に依存しており、20世紀前半の日中の相互作用は、現代の日本と中国の社会にも大きな影響をもたらしたと言ってもよいであろう。この視点から歴史を見ると、現在でも多様な日中の相互作用が、日中両国だけではなく、世界の様々な地域に恩恵をもたらすといえるのではないだろうか。

　一方で、当時の大豆貿易が日中の対立関係と密接に繋がっていたことは、経済的な相互作用だけでは日中関係を改善するためには不十分であることを示している。中国東北部の大豆貿易を踏まえると、地域の権益争奪などの政治問題がある場合、貿易すらもゼロサム・ゲームの場となる危険性があると言える。貿易を行う上で、国家間の摩擦は避けられないことかもしれないが、行き過ぎた競争を免れるために、協力的な構造が必要なのである。

参考文献：

満川成種（1873）『支那通商必携』酔軒書屋

小峰和夫（1983）「日本商社と満州油房業：1907年の三泰油房創始」『日本大学農獣医学部一般教養研究紀要』第19号

大蔵省印刷局（1892）『官報』第2686号。6月13日

大蔵省印刷局（1893）『官報』第2978号。6月5日

大蔵省印刷局（1897）『官報』第4289号。10月16日

遠藤大三郎（1928）『穀肥商売之回顧』。遠藤大三郎

三井文庫（1980）『三井事業史：本篇第三巻上』三井文庫

三井文庫（1971）『三井事業史：資料篇三』三井文庫

荻野仲三郎（1934）『児玉一造伝』三秀舎

斎藤征生（1931）『満鉄調査資料：第151編：満洲に於ける糧桟』南満州鉄道株式会社

永井リサ・安富歩（2009）「凍土を駆ける馬車」（安富歩・深尾葉子『「満洲」の成立：森林の消尽と近代空間の形成』名古屋大学出版会）

外務省外交資料館『外務省記録』1.4.4.0-3-6「中国ニ於ケル労働争議関係雑件／満蒙ノ部　2.長春」1927年3月14日

南満洲鉄道株式会社（1931）『大連港の荷役力』南満州鉄道株式会社

南満洲鉄道株式会社経済調査会（1935）『満州交通統計集成』南満州鉄道株式会社

南満州鉄道株式会社庶務部調査課（1926）『奉海鉄道と葫蘆島築港問題』

盛京時報影印組（1985）『盛京時報』

United States Bureau of Manufactures（1909)Soya Bean and Products, U.S. Government Print Office, Washington D.C.

Kingston Gleaner

London and China Telegraph

London Daily Mail

New York Times

The North-China Herald

The Racine Journal-News

| 特別賞 |

歴史認識と中日の未来
〜歴史に学び、歴史に束縛されないように〜

北京師範大学歴史学院
博士課程前期1年
勾宇威

はじめに

　日本は昔から中国の重要な隣国である。中国でも日本でも、中日関係は非常に重要な関係だと考えられている。しかし近年、釣魚島（日本で「尖閣諸島」）、戦争歴史認識などをめぐる争いと中日の各方面の激しくなる競争で、中日両国では不安や緊張も高まっている。特に戦後からずっと歴史認識問題は、中国人の心に刺さったトゲのような問題と考えられている。中日歴史問題は非常に複雑な問題であり、とりわけ中日民衆層の認識を知らないといけない。

　中日両国の関係が悪化したために、以前の「平和友好」や現在の「戦略的互恵関係」の原点に立ち戻って中日関係の改善を進めていくという考えは、もはや理想的すぎると考えられている。なぜなら、国民の間の信頼関係を生み出さない限り、どんな条約を結んでも、また相互の利益をどれだけ強調しても、長期に両国の関係がうまく進まないと考られているためである。中日関係の健全な発展を考える上で、両国が歴史認識の問題に客観的に向き合うのは当然である。それによって歴史に学び、歴史に束縛されない健全な中日関係の発展を見込むことができる。

　国民の間の信頼関係を生み出すために、国民は基礎だという認識が必要である。中国だけを見れば、人口の数が多く、教育水準もまちまちである。そして年齢によって、歴史認識に対するイメージや中日関係に関する考えなども異なる。そのように多様な中国人の中で、一番重視すべきなのは中国の若者だと考えている。今後の日本に対する認識あるいは中日関係の健全な発展という観点からみて、若者の中でも特に私が期待したいのは中国の大学生たちである。

　中日歴史認識の問題を中心に、21名の中国人大学生を対象として、インタビューを行った。本レポートではその結果を参考にし、現在の中国大学生が歴史認識や中日関係をどう考え、理解するかを分析した。また、言論NPOと中国国際出版集団が2016年8月20日から9月初旬にかけて中日の両国民を対象として実施した共同世論調査の結果と比べ、現在の中国大学生の考えや理解がどう違うか、その特徴を明らかにした。最後に、中日の未来を守るためにいま、どこを改善すればよいかを提起したい。

先行研究について

　本章では、主に歴史認識、中日関係に関する先行研究、および社会調査の

方法に関する先行研究を紹介する。

歩（2011）は戦後日本人の精神崩壊、国の内外での戦争責任の追究、日本のアジアへの戦争加害者としての思考、さらには広島と南京の比較、歴史修正主義の活発化と戦後責任の問題などの面から、日本の戦争責任についての認識を分析した。

歩は、中日歴史問題は非常に複雑な問題であり、それは政治・民衆・学者の三つの層で表れると考えた。その中で、法政大学（当時）の斎藤一晴が行った日本人若者の戦争責任に対する思考を中心としての調査が紹介されていることに気が付いた。これをきっかけに日本人だけではなく、中国人も自分の国の若者の考えを知るべきだと考えた。

湯（2009）は新中国成立後60年間の対日外交と中日関係の発展に注目した。新中国の対日外交について、民間外交から半官半民、中日国交樹立、平和友好条約の締結など重要なステップを分析した。平和友好から戦略互恵に至る中日関係も回顧した。湯は中日60年の関係を振り返り、中日関係の巨大な発展を認識し、中日間の諸問題にも言及した。将来の中日関係の改善や発展は中日両国の長期的な努力が必要である。中日交流や協力を強める信念や自信も必要である。

朱（2014）は近年における中日関係の特徴と複雑さを分析した。中日関係の中に、ほぼ全部の大国の対立を招く要因が見えると考えた。その要因は隣国の地理的な位置や両国の大国意識から産み出された地域政治の面の競争、まだ解決されていない領土を巡る争い、実力及び権力が変化した後の安全保障問題、イデオロギーおよび政治制度のお互いの排斥、両国の国民感情悪化などである。

中国国際出版集団と日本の言論NPOは、中日の両国民を対象とした第12回目共同世論調査を2016年8〜9月にかけて実施した。調査の目的は、両国民の相互理解や相互認識の状況やその変化を継続的に把握することにある。中国側の世論調査は、北京・上海・広州・成都・瀋陽・武漢・南京・西安・青島・鄭州を含む10都市で、18歳以上の男女を対象に実施された。回答者の最終学歴は中学校以下が10.2%、高校・職業高校・専門学校卒が34.9%、大学卒が24.0%、ダブルディグリーが0.2%、大学院卒が0.5%だった。[1]

その結果、現在の中日関係を「悪い」と判断している中国人は、昨年から

1　言論NPO「第12回日中共同世論調査」結果（http://www.genron-npo.net/world/archives/6365.html 最終アクセス2016年10月30日）

11 ポイント増加して 78.2％になっている。今後の中日関係の見通しについて、「悪くなっていく」と思う中国人は、9 ポイント増の 50.4％となり、今後の中日関係の改善に確信を持つことができていない。

　一方中国人の中で、「日本の歴史認識や歴史教育」が中日関係の発展を妨げるものだと考える比率は、昨年の 31.5％から 27.2％へと減少した。中国人の日本に対する印象は、「良くない印象」が昨年の 78.3％から今年は 76.7％とわずかながら減少した。最も悪かった 2013 年（92.8％）から 4 年連続で改善していることになる。中国人で日本に「行きたい」という人は昨年の 35.7％から増加して 40.9％となり 4 割を超えた。「景勝地や観光地への訪問」と「買い物」の理由が多かった。

　以上をまとめると、現在手に入れることができる日本の民間会社や団体の調査は、アンケート形式が多数を占める。また、中国人の歴史認識に関するインタビュー調査は、ほぼ限られている。そして中国側での先行研究は、歴史認識に関する重要な人物に対する研究者による取材という形式が多い。こうした調査や研究では、現代の中国社会で、普通の大学生が歴史認識と中日関係についてどのような理解をしているかは、明らかにできない。

　本稿の基本的な調査方法は、面接調査法[2]である。筆者は面接により、中国人大学生が歴史認識問題及び中日関係に対し、どのように考えているかに切り込んだ。日本に対するイメージ、歴史認識と中日関係の制約、歴史認識と日本に対する態度、将来の中日関係への展望の 4 つの質問に対する考えや理解を調査し、分析した。

歴史認識の争いの本質

　近年、日本の歴史認識がアジアの諸国で批判されている。日本の首相が靖国神社を参拝し、また「侵略」という用語を使わない例が多く、戦争の責任を曖昧して、自らの反省も見えない。中国、韓国を代表とする日本の侵略の被害国の民衆にとって、戦争の傷が癒えることは非常に難しい。その結果、日本がアジアで認められない。そして長い時間、歴史の重荷を背負わなければならない。

2　面接調査法は、情報収集を行う際の調査法のひとつ。調査担当者が直接相手に話や要望を聞くこと。インタビューやヒアリングによってデータの収集を行う。https://kotobank.jp/word/面接調査-9307　最終アクセス 2016 年 10 月 30 日。

戦争の歴史に束縛されたのは日本だけではなく、中国も長い年月に歴史の重荷を背負っている。中国や中国人にとって、その歴史の重荷は、日本から誠実な謝罪をもらえないという巨大な被害から生まれたものである。歴史の重荷によって、多くの中国人が日本に対する嫌悪の気持ちを持ち続け、日本との交流に消極的となるか、または日本を全面的にボイコットしたいと考えている。ある特定の事件をきっかけに、中国人には盲目的な抗日活動が起こる可能性が高い。2012年には数えきれない中国人が街頭に出て、破壊活動を発生させた。

　歴史認識は基本的に何の問題なのか。歴史認識問題は単に意識の問題ではない。国の過去・現在・将来に関わる原則の問題だと思われている。外交関係の面から見れば、歴史認識問題を解決しないと、両国民衆の信頼が生み出されない。国民の信頼がないと、国家関係はうまく進まない。国の発展から見れば、歴史認識問題を解決しないと、日本は危険な国だと思われてしまうだろう。過去の侵略の歴史をはっきり認識しない結果は、軍国主義をすっかり取り除かない。そして将来においても、戦争を起こす可能性が高い、という見方につながる。侵略の歴史をはっきり認識し、徹底的に反省しないと、日本はどんな経済や科学の成果があっても、世界中に真の大国として認めてもらえない。一方中国は、戦争の被害意識を限りなく膨張させたら、日本の先進的な発展経験に学ぶことができなくなる。まだ発展途上の中国にとって、これは賢明とは言えない。

インタビュー調査の結果と分析

　本稿の基本的な調査方法は面接調査法（インタビュー）である。先行研究はおおむね、研究者が現在まで公刊された資料を分析したものである。また、現在入手可能な日本の民間会社や団体の調査も、アンケート形式のものが多い。現代中国社会で大学生は歴史認識と中日関係についてどのような理解をしているか、明らかにしていない。中国人大学生は中日の未来についてどう思うのか。そこで、本研究では面接調査を実施し、その結果を分析・考察する。

　面接調査を行った原因は2つある。1つ目は、異なる中国人大学生の意見を集めることが可能である。2つ目は、アンケートだけの調査よりインタビューの方が自由である。なぜなら、アンケートでは選択肢への回答なので、調査対象者の考えが取材者の理解範囲に制限される可能性が高い。インタビュ

ーでは、取材者と対象者が相互的に交流できる。そのために、取材者は更に詳しく対象者たちの考えを理解できる。

「中日関係」や「日中関係」はただ中日両国の政府の間で使われる硬い言葉ではない。中日両国の関係は民衆と切り離れない関係があると考えている。その民衆の新たなパワーとなるのは、現在の中国の大学生である。

面接調査は、時間、調査対象、条件などの理由から小さい範囲内に限られた。しかし、調査対象の出身と専攻にも注意を払った。中国で生まれ、子供のころからほとんど全ての時間を中国で教育を受けている21人（その21人の中で、2人は1年間、日本に留学した経験がある）の中国人大学生を対象にしてインタビューを行った。インタビューの対象は少ないが、その21人の大学生は出身地、大学、専攻が異なるので、参考になる多様な情報を含んでいると考えることが出来る。

インタビューを通じて得られた結果は次の通りである。

質問1「日本が偉いと思うか。」

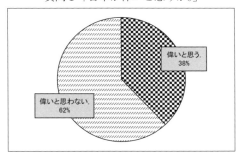

対象とした21人の大学生のうち、8人（約38％）が「日本が偉いと思う」を選んだ。その理由として、たいていの人が経済、文化（日本人の高い素養、職人精神、アニメとマンガ）、科学技術（工業水準や有名企業）、歴史（明治維新、戦後の高度成長）などの面を挙げた。

一方、13人（約62％）が「日本が偉いと思わない」を選んだ。このような選択をした理由について、13人すべてが「日本が中国侵略戦争を起こした」、「現在の日本政府は戦争について正しい態度を持っていない」などのことと関係があると指摘した。

具体的にみれば、工業デザイン専攻の大学生（北京市出身）は、「僕の考えですけど、日本はとても偉いと思います。なぜかというと、戦後20年で経済

は急速に発展ができました。それで世界も変えた。すごいですね」と答えた。
　中国史専攻の大学生（河北省出身）は、「日本は偉くはない。その理由は第２次世界大戦です。日本は戦争で中国に深い傷を引き起こした。日本は19世紀からだんだん強くなりました。その後、強くなってから、勢力や領土を広げ始めました。もちろん日本は国が狭く、資源も不足するなどの厳しい現実と関係がありますが、侵略戦争を起こして、ほかの国から資源を奪う理由にはなりえません。文化の面から見れば、日本文化は中国文化の深い影響を受けました。隋代や唐代から中国文化が日本に伝わりました。日本文化は中国文化と同じ源です。もし日本文化が偉いと言えば、実は、古代の中国が日本に良い影響を与えたからです。私はバドミントンに興味を持っています。2014年のトーマスカップの団体戦の準決勝で、中国は日本と当たり中国が負けました。テレビで日本応援団の顔を見たら、ものすごく『小人得志』（小人志を得る）といった感じがみられました。私は日本について詳しくはないですが、以前の日本の侵略戦争に加えて現在も日本人が広い心を持っていないと感じられ、日本が偉い国とは思えません」と言った。
　質問１「日本が偉いと思うか」の結果は以下の３点にまとめられる。
　１．日本の経済や文化などの面の成果を認めた上で、日本に対する高い評価を持っている中国人大学生が３分の１ぐらいいる。
　２．侵略戦争の歴史と歴史認識問題で、多くの中国大学生は日本に高い評価を与えたくない。
　３．侵略戦争の歴史と歴史認識問題で日本に反感を持っている人もいる。このため、侵略戦争の歴史と歴史認識問題に関する範囲以外でも、体育などのような普通の生活でも日本に対して嫌悪の気持ちを持っている。

質問２　「中日関係を制約する主な要因が歴史認識問題だと思うか」

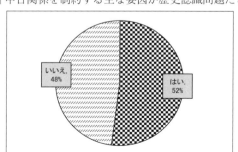

11 人（約 52％）が「中日関係を制約する主な要因が歴史認識問題だと思う」を選んだ。一方、10 人（約 48％）が「中日関係を制約する主な要因が歴史認識問題だと思わない」と答えた。

具体的にみれば、工業デザイン専攻の大学生（北京市出身）は、「歴史認識は相当重要な部分だと思います。中国で『前車之鑑』（前の人の失敗は後の人の戒めとなる）という諺があります。もし歴史をはっきり認識しなければ、将来もう一回間違う可能性があります。ドイツを見ると、歴史をはっきり認識して、問題をよく解決した。日本より賢明です」と答えた。

日本語・日本文学専攻の大学生（河北省出身）は、「歴史認識問題は中日関係を影響する重要な因子だと思います。しかし、最も根本的な要因は歴史認識だとは思いません。根本的な要因は、多数な力が歴史認識問題の表面化を利用して、中日関係やアジア関係に影響を及ぼそうとしていることが感じられます。日本は歴史を利用して、中国を挑発して、右翼勢力を発展させ、青少年を教育する。その中に絶対的な政治目的があります。これは日本の再起を図るための精神面での準備かもしれません。一方中国は、歴史を利用して、信頼が置けない現在の日本を抑えようとする。もし日本がはっきり歴史を認識して、誠実にアジアの被害国に謝罪したら、道義や法律の面で優位性を失う。すでに得た利益を失う可能性もあります。歴史認識問題は中日関係を制約する要因というより、むしろ中日双方が利用しているカードです」と指摘している。

質問 2「中日関係を制約する主な要因が歴史認識問題だと思うか」の結果は、以下の 3 点にまとめられる。

1．被調査者はほぼ全員が、歴史認識問題は中日関係を制約する重要な問題だと言っている。その原因は中国人の被害者の感情と将来の安全とに関係がある。

2．半分ぐらいの中国人大学生は主な問題とは言っていない。中日国力の対比の調整とアジアの主導権の争奪が一番実質的な問題である。実質の問題から見ると、歴史認識問題は単なる表面的な問題である。

3．被調査者の中の 1 人は、歴史認識問題は、中日両国によって利用されていることを指摘した。

質問3　「歴史認識は自分の日本に対する態度に影響を及ぼすか」

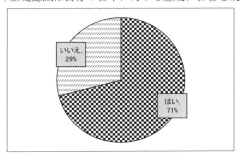

　15人（約71％）が「歴史認識は自分の日本に対する態度に影響を及ぼす」と述べたが、6人（約29％）が「歴史認識は自分の日本に対する態度に影響を及ぼさない」を選んだ。
　具体的に見れば、ドイツ語・ドイツ文学専攻の大学生（河北省出身）は、「もちろんです。歴史認識が私の日本に対する態度に深い影響を与えました。それは中国人の本能ですね。子供のころから受けている教育によって、知らず知らずのうちに影響を受けて、私の日本に対するイメージや態度などはマイナスになっています。中国人は常に「帮親不帮理」（道理より親しい人たちを助けたい）ですから、日本や日本人に対するイメージが更にマイナスになりました」と答えた。
　経営学専攻の大学生（上海市出身）は、「歴史認識は僕の日本に対する態度に影響を及ぼさないと思います。人は未来を注目すべきです。歴史問題をつかんで行くのはいけないです」と語った。日本語・日本文学専攻の大学生（四川省出身）は、「学術の面から見ても、個人的な考えから見ても、自分は日本に対する態度が歴史認識で影響されるのはよくないと考えます。学術は先入観を持たず、理性的、客観的な視点から世界や問題を認識することが必要です。個人の面から見れば、当然歴史が重要ですが、モノやコトについての判断は環境、政治などの要因で左右されない。日本や日本人と接触して、交流して、それで真の認識が出て来るかもしれません」と考えた。
　質問3「歴史認識は自分の日本に対する態度に影響を及ぼすか」の結果は、以下の2点にまとめられる。
　1．中国の教育（政府・学校の歴史・愛国教育と家庭の祖父母から受けた教え。例えば日本人は「小日本（儿）」、「日本鬼子」など）は、中国の大学生に深い影響を与えている。

2．日本に留学した被調査者は、日本に対する態度に変化があり、歴史認識を受けた影響が少ない。

質問2（中日関係を制約する主な要因が歴史認識問題だと思うか）と質問3（歴史認識は自分の日本に対する態度に影響を及ぼすか）の結果を合わせて考えてみると、歴史認識問題は主な問題ではないと言いつつも、中国人大学生への影響は強い。

質問4　「将来の中日関係について、どう思いますか」

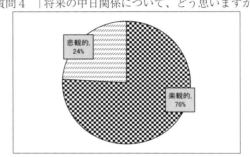

16人（約76％）が「将来の中日関係については楽観的である」を選んだ。一方、5人（約24％）が「将来の中日関係については悲観的である」と語った。しかし、楽観的と考える大学生でも、悲観的と考える大学生でも、日本は中国にとって非常に重要な隣国だと思われていることには変わりない。

具体的に見れば、ドイツ語・ドイツ文学専攻の大学生（河北省出身）は、「他の多くの国と同じように、日本の民衆は中国人にマイナスのイメージを持っているはずです。僕は日本が自分の誤りをはっきり認めるという前提で、両国は恨みを忘れ、関係を修復して、平和発展を続けるべきだと考えています」と語った。日本語・日本文学専攻の大学生（四川省出身）は、「私は中日関係を更に発展することを望んでいますが、現在は楽観的な態度を持っていません。日本はいつも自分が戦争の被害者だと考えているはずです。広島と長崎の原爆を忘れませんし、東京裁判（極東国際軍事裁判）は勝者が敗者を裁判したことだと考えているはずです。現在日本の若者に対する教育を見れば、戦争の侵略性を言わない趨勢が見えますし、戦争に対する反省が非常に少ないと思います。歴史を忘れる国がどうして歴史問題を反省できるだろうか。一方、中国では政府が度を超えた誘導で、ナショナリズムを扇動します。残念ですが、それは盲目です。中国国内の民衆の抗議や示威運動で日本に圧力を

かけることは、効果的ではないですね」と言っている。

質問4「将来の中日関係について、どう思いますか」の結果は、以下の2点にまとめられる。

1．今回の調査で、中日両国関係の重要性は21人の被調査者のほぼ全体が認めている。

2．将来の中日関係が楽観的だと考える中国人大学生の比率は圧倒的に優勢である。そして、健全な発展に望みを持っている人も多い。

インタビュー調査と世論調査の対比分析

第12回日中共同世論調査によれば、今後の中日関係の見通しについて、「悪くなっていく」と思う中国人は半分ぐらいであった。一方筆者が行ったインタビュー調査の結果では、将来を楽観的に見る大学生の比率が76％もあった。中国の大学生を代表とした若者は、中日関係についてより楽観的と言えよう。

第12回日中共同世論調査によれば、中国人が「日本の歴史認識や歴史教育」を日中関係の発展を妨げるものだと考える比率は、昨年の31.5％から27.2％へと減少した。筆者が行ったインタビュー調査では、半分ぐらいの中国の大学生が、歴史認識問題が主な問題とは言っていない。

中日国力の対比の調整とアジアの主導権の争奪が、一番実質的な問題である。中国人は現在の中日国力の調整について、以前よりさらに冷静な態度である。現在の中国人大学生が中日関係の実質についての認識を見れば、冷静な態度と客観性などの特徴が見えた。自らの反省もあった。

筆者が行ったインタビュー調査によれば、日本に留学した被調査者は、歴史認識の影響が少ない。交流を通じて両国の誤解などの問題を解決できる。将来の中日関係がうまく進むために、お互いの学生層が交流することは、積極的な効果があると考える。

終わりに

中国の民衆にとって、日本の侵略戦争で受けた損害は非常に大きい。多くの中国人が一度きりの貴重な命を失った。それに対して、日本が自ら徹底的な反省をしないといけない。しかし、中国は侵略の歴史だけに注目しすぎると、大局感がなくなってしまう可能性がある。歴史に束縛されることが中日

両国を誤った道に引き込む。中日両国は縦の方向で中日の歴史を見るように心がけ、歴史に学びつつも、歴史に束縛されないように頑張らなければならない。

筆者が行ったインタビュー調査によれば、現在の中国人大学生の中に、日本に非常に強く嫌悪感を持つ人がいるが、大部分の大学生は日本の経済発展の成果、日本人の高い素養、歴史の業績を認めている。

今回の調査結果により、大学生の回答が冷静で、客観的な傾向をもっていること、また中日関係についての広い展望も見えた。今後の日本に対する認識あるいは中日関係の健全な発展において、私が期待したいのは、将来における中日関係推進のパワーとなる中国の大学生である。

中日両国にとって、お互いの理解や交流が最も大切である。中日関係の改善は、政府の力だけでは難しい。中日関係を文書や条約だけで改善することも難しい。中日両国の国民こそが、中日の健全な関係の基礎である。

参考文献：

日本戦後 70 年編委会編『日本戦後 70 年：軌跡与走向』中国社会科学出版社
歩平『重視両个区別：关于中日历史问题的研究方法』安徽师范大学学报（人文社会科学版）2015
　　年第 43 卷
朱鋒『国际战略格局的演变与中日关系』日本学刊 2014 年 6 期
湯重南『新中国的对日外交与中日关系的发展』社会科学战线 2009 年 8 期
言論 NPO「第 12 回日中共同世論調査」結果
　　（http://www.genron-npo.net/world/archives/6365.html　最終アクセス 2016 年 10 月 30 日）
言論 NPO「第 12 回日中共同世論調査」記者会見報告
　　（http://www.genron-npo.net/world/archives/6368.html　最終アクセス 2016 年 10 月 30 日）

特別賞

日中における生活系廃棄物減量化について
〜ベストプラクティスに見るゴミを減らすためのソリューション〜

東京外国語大学総合国際学研究科
博士課程後期2年
村上昂音

はじめに

　経済発展、生活レベルの向上に伴い廃棄物の排出による環境への負荷が増大している。誰もが望まない人工的な処分場の設置の問題のみならず、ごみの焼却に伴う排気、特に地球温暖化への影響が懸念される二酸化炭素の排出問題がある。また処分のために多大な費用と労力を日本と中国は費やしている。

　廃棄物は産業廃棄物と一般廃棄物に分類される。本論は中国[1]と日本[2]において生活に直接かかわる一般廃棄物（家庭系、事業系）に論点を絞り論じる。

　日本の一般廃棄物の排出量は 2000 年度以降継続して減少していたが、2011年度以降は微減傾向にとどまっている。一方、中国の排出量は未だ増加傾向である。排出された廃棄物は主に焼却・埋め立てで処分されるが[3]、焼却、埋め立て量を減らすためにリサイクル、生ごみの堆肥化の取り組みが進められている。処分を行うために、焼却施設の整備、広大な埋め立て処分場を要し、多大な費用が発生する。焼却施設建て替えの時期を迎えている日本の自治体、新規焼却施設建設を行う中国、ともに建設場所及び有害物質排出の懸念による住民の建設反対運動など問題が発生している。

　廃棄物の課題に関しては、発生した廃棄物を単に焼却・埋め立てで処分することで解決はしない。解決には、廃棄物を発生させない仕組みを生活の中に取り入れ、やむを得ず発生した廃棄物を分別の上、リサイクルできるようにし（廃棄物の減量化）、残りを焼却・埋め立て処分するという考えで当たるべきである[4]。

　本論文では、日本、中国それぞれの国家全体の一般廃棄物の発生・処理状況を示し、問題点の抽出、解決への道筋を見出す。次に日本、中国において廃棄物減量化の取り組みを行っている優れた事例を挙げ、成功の要因を分析する。分析結果を基に他の地域に対し有効な取り組み、解決方法を見出し、提言に結び付けることを目的とする。

　第 1 章では日本、中国それぞれの生活系廃棄物排出量の推移を提示し、現

1　　中国において一廃棄物（生活ごみ）は、工業固形廃棄物、有害廃棄物とともに、固形廃棄物の下位に分類される。

2　　日本では一般廃棄物は主に、家庭系ごみと事業系ごみに分類される。処理責任は市町村にある。

3　　焼却後の残渣は、埋め立て（最終処分）、セメントの材料としての利用もある。

4　　3R とは、リデュース（Reduce）、リユース（Reuse）、リサイクル（Recycle）のことである。

在の国単位での廃棄物処分の状況を比較する。第2章では、日本における廃棄物減量化の優れた取り組みを行っている自治体を挙げ、減量化成功の要因を分析する。第3章では中国における廃棄物減量化の優れた取り組みを行っている自治体を挙げ、減量化成功の要因を分析する。第4章では日本、中国の優れた減量化の取り組みを比較する。そして日本、中国での他の自治体及び日中間での相互に有効な取り組み、解決方法を探る。

1．日本、中国における一般廃棄物の量の推移と処分の状況

　日本の一般廃棄物の排出量は2008年度からの集計では、微減傾向である（図1）。この排出量の値は、生活系ごみ排出量、事業系ごみ排出量及び集団回収量を合計したものである。2014年度の排出量のうち、処理が行われたのは4,184万トンであった。内訳は、直接焼却3,347万トン、資源化などの中間処理577万トン、直接資源化208万トン、直接最終処分（埋め立て）52万トンである。

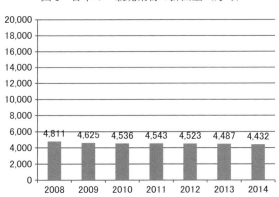

図1　日本の一般廃棄物の排出量（万トン）

（出所）「一般廃棄物の排出及び処理状況等（平成26年度）について」
　　　（環境省）より筆者作成。集計は年度

5　「一般廃棄物の排出及び処理状況等（平成26年度）について　生活系ごみと事業系ごみの排出量の推移」（環境省）

直接焼却は処理量合計の80%を占めている。この直接焼却の割合は10年間ほぼ変わらない。直接最終処分（埋め立て）は1.2%を占めている。次に、最終処分（直接最終処分、中間処理後最終処分）を減少させるために大きくかかわるリサイクル率に注目する。

　図2は日本のリサイクル率の推移である（2008〜14年度）。リサイクル率はほぼ20%であり、2008〜14年度間では大きな変化はない。この値は日本全国のものであり、後述するように、ゴミの処理責任を有する各市町村単位では、差異が生じている。

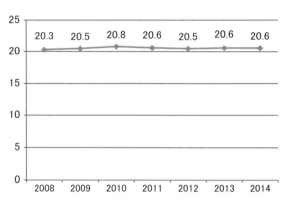

図2　日本の一般廃棄物のリサイクル率（%）

（出所）図1に同じ。集計は年度。リサイクル率は下記の式により算出

$$リサイクル率(\%) = \frac{直接資源化量 + 中間処理後再生利用量 + 集団回収量}{ごみの総処理量 + 集団回収量} \times 100$$

　次に中国の資料を示す。中国の一般廃棄物の排出量は2008年度からの集計では、増加傾向となっている（図3）。この排出量の値は日本と異なり、生活ごみ運搬量[6]の数値である。2014年度では17,860.2万トンが運搬された。内訳[7]は、焼却（無害化）5,330万トン、埋め立て（無害化）10,744万トン、堆肥ほか（無害化）320万トン、その他1,466万トンである。

6　生活垃圾清运

7　『中国統計年鑑2015』より

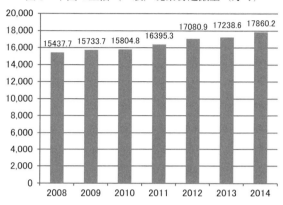

図3 中国の生活（一般）廃棄物運搬量（万トン）

（出所）『中国統計年鑑 2009 〜 2015』（中華人民共和国国家統計局）資料より筆者作成

　焼却（無害化）処分は運搬量合計の30%、埋め立て（無害化）処分は60%を占めている。この焼却（無害化）処分の割合は年々増加している。次に、最終処分を減少させるために大きくかかわるリサイクル率に注目する。

　中国のリサイクル率については公式な資料がないため、『中国統計年鑑』の生活ごみ運搬量と処理状況（生活垃圾清运和处理情况）のデータを用いて推計した。リサイクル率推計は以下のように行った。

①リサイクル率の定義（算出式）は日本で使用されている式を使用する。

$$リサイクル率(\%) = \frac{直接資源化量 + 中間処理後再生利用量 + 集団回収量}{ごみの総処理量 + 集団回収量} \times 100$$

②上記式の分子・分母の各項に『中国統計年鑑』の値を代入する。
　　直接資源化量←0（中国統計年鑑にデータなし）
　　中間処理後再生利用量←「焼却」、「堆肥ほか」の値を使用（中国統計年鑑）
　　　　ただし中国統計年鑑の「焼却」、「堆肥ほか」の値は、処理の投入量である。投入量がそのまま再生利用量とはならないため、日本における処理量（投入量）と再生利用量の比率を使用する。
　　　　「平成22年度 廃棄物の広域移動対策検討調査及び廃棄物等循環利用量 実態調査報告書、第4章 一般廃棄物の循環利用量」のデータを用い、比率を算出する。

比率は以下の通りである。
　　　　　焼却量：再生利用量＝1：0.028
　　　　　堆肥化[8]：再生利用量＝1：0.77
　集団回収量←0（中国統計年鑑にデータなし）
　ごみの総処理量＋集団回収量←生活ごみ運搬量

　『中国統計年鑑』のデータ[9]、および廃棄物の投入量と再生利用量の比率を用いて算出した値をまとめたものが図4で、中国のリサイクル率の推移を示す（2008〜14年度）。リサイクル率は、1〜2%であり、2008〜14年度間では微増である。この値は中国全土のものであり、後述するように、地区によって差異が生じている。

図4　リサイクル率（%）

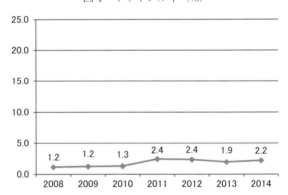

　ここで日本と中国の一般廃棄物（生活ごみ）の排出量、リサイクル率のまとめを表1に示す。

8　　中国統計年鑑のデータでは「その他（堆肥ほか）」であるが、本文の計算では、堆肥化のための投入量と、再生利用量の比率を用いる。

9　　図3の値（「焼却」、「堆肥ほか」）

表1　日本と中国における一般廃棄物処理の状況及び動向

一般廃棄物処理	日本	中国
排出量／運搬量の変化	微減傾向	増加傾向
直接焼却／焼却(無害化)量の変化	微減傾向	増加傾向
直接焼却／焼却(無害化)比率 2014 年(日本は年度)	80%	30%
直接最終処分／埋め立て(無害化)量の変化	減少傾向	横ばいで推移
直接最終処分／埋め立て(無害化)比率 2014 年(日本は年度)	1.2%	60%
リサイクル率 2014 年(日本は年度)	20.6%	2.2%

　一般廃棄物の量について日本は微減傾向であったが、中国は増加傾向であった。廃棄物の量は、経済発展とともに増加の傾向がみられる。

　焼却量の変化については、廃棄物の量の微減の傾向と共に焼却量も同じ傾向である。一方中国では、2014 年の焼却量は 2008 年比で 3 倍以上となっている。焼却の比率は、日本は 80% であるのに対し、中国は 30% であった。今後も中国の焼却比率の増加が継続されると見込まれる。

　埋め立て量について、日本は減少傾向、中国は横ばいである。政策として、埋め立て量は維持し、焼却量を増やし処分することが行われていると考える。

　日本は焼却比率が高いためか、埋め立て（直接最終処分）の比率は 1.2% と低い。中国では焼却の割合が低い分、埋め立ての比率が 60% と高くなっている。

　日本のリサイクル率は 20.6% であり、中国の 2.2% と比べ高くなっているが、ほぼ横ばいの傾向であり、リサイクル率向上のためには、何らかの施策が必要と考えられる。中国は 2.2% と低位であるが、リサイクル率向上の可能性は十分にあると考えられる。

　一般廃棄物排出による環境負荷を減らすには、次の取り組みを推進すべきであろう。

・排出量（中国では運搬量）を減らすためには
　包装が簡易なものを購入する。生ごみの自家処理を行う。ごみとして排出せずに資源として引き渡す（集団回収）。資源を分別し、資源ごみとして引き渡す。

・焼却量を減らすためには

　資源となるごみの分別を行う。中間処理を行い資源となるごみを分別する。

・埋め立て量を減らすためには

　焼却、又は別の中間処理を行い、容積及び重量を減少させる。

・リサイクル率を向上させるには

　「直接資源化量＋中間処理後再生利用量＋集団回収量」の量を増やすことである。分別を行い、直接資源化量、集団回収量を増やす。中間処理後の再生利用量を増加させるために、中間処理後の残渣などの利用法拡大に努める。

　次の第2章、第3章では日本、中国において優れた取り組みを行い、一般廃棄物の分別・リサイクル率向上などのごみ排出による環境負荷の低減に成功した事例を分析する。

2．日本：廃棄物減量化のベストプラクティス（徳島県上勝町）

　徳島県勝浦郡上勝町の人口は1,699人、徳島駅から車で約1時間の内陸部に位置する。主産業は農林業である。棚田と高齢者が就業し料理に使われるツマモノの葉の販売が有名である。

　上勝町は2003年に日本で初めてゼロ・ウェイスト宣言[10]を行い、2020年までにごみの排出をゼロにすることを目標に取り組みを始めた。環境庁の「一般廃棄物の排出及び処理状況等（平成26年度）について」の資料[12]によると、リサイクル率は77.2%に達し、全国第2位（人口10万人未満）となっている。

　日本国内で模範となるようなごみ処理を行っている上勝町であるが、1993年時点では野焼き処分を行っていた。[13] 1998年にはダイオキシン対策がなされた小型焼却炉を導入したものの、3年間で閉鎖した。[14] その後、大型の発電化が可能な焼却炉の導入はせず、ごみ処理の方向転換を行った。これが転機となり現在ではゼロ・ウェイスト宣言を行うまでに至ったのである。

　現在の具体的な取り組みとして、上勝町は法律と町の条例に基づき「上勝

10　Zero waste（ごみゼロ）

11　http://www.kamikatsu.jp/zerowaste/

12　環境省大臣官房廃棄物・リサイクル対策部廃棄物対策課、2016年2月22日

13　上勝町（http://www.kamikatsu.jp/zerowaste/keii.html）

14　「アース・地球環境」25号（http://www.ashita.or.jp/publish/earth/earth25/earth25-5.htm）

町一般廃棄物処理計画」を策定した。その中のごみ分別を行う排出物の表を以下に示す。

表2　上勝町におけるゴミの分別種類

分別して、日比ヶ谷ごみステーションに排出するもの			
No.	品目	No.	品目
1	アルミ缶	19	新聞・折込チラシ
2	スチール缶	20	雑誌・コピー用紙
3	スプレー缶	21	割り箸
4	金属製キャップ	22	ペットボトル
5	透明びん	23	ペットボトルのふた
6	茶色びん	24	ライター
7	その他のびん	25	ふとん・毛布・絨毯・カーテン・カーペット
8	リサイクルびん	26	紙おしめ・ナプキン
9	その他のガラス瓶・陶磁器・貝殻	27	廃食油
10	乾電池	28	プラスチック製容器包装類
11	蛍光管	29	どうしても燃やさなければならない物
12	蛍光管（壊れた物）	30	廃タイヤ・廃バッテリー
13	鏡・体温計	31	粗大ごみ
14	電球	32	家電製品（テレビ・エアコン・洗濯機・冷蔵庫）
15	白色トレイのみ		
16	古布		
17	紙パック		
18	段ボール		

各家庭で資源化するもの		農協等が収集するもの	
33	生ごみ	34	農業用廃ビニール・農薬びん等

　上勝町において分別の数は34種類である。他の自治体と比較してこの分別数は多い。次に上勝町に見られる分別数以外の一般廃棄物の処理、回収について特徴的な内容について述べる。

　日本国内では一般的な各戸、あるいは住居近くの収集場所に来るごみ収集車が上勝町には1台もない。各住民がごみステーションに廃棄物を捨てに来るのである。ごみステーションまで住民に来てもらうことは、ハードルが高いように思われるが、さまざまな工夫がなされている。上勝町の高齢化率は約50%であり、高齢者によるごみのステーションへの持ち込みは困難がある。この対策として、ボランティアが高齢者からごみを収集する仕組みが構築されている。

　ごみステーションの特徴をいくつか挙げる。

それぞれのごみ分別場所には、分別したごみが何に使われる（再利用される）のか記載がある。例として、蛍光灯は断熱材の材料となると表示されている。古い蛍光灯のガラスが断熱材（グラスウール）として生まれ変わり、住宅の壁や床に使われるのである。何のための分別か、これが明確になることにより、ごみ分別の意識向上につながる。さらに分別した廃棄物が日本の何処で処理され、何処の企業がリサイクルを行うのかが Web ページに情報開示されている。

異なった材料で作られている製品の材料別に分けるには、素手だけでは困難な場合がある。そこでごみステーションには、工具類が用意されている。

ゴミステーション内には、「くるくるショップ」と呼ばれる不要品交換場所が設置されており、無料（カンパ制）で必要なものを引き取ることができる。

上勝町では地域通貨であるゼロ・ウェイストカードが使用されている。間伐材、未利用木材、資源ごみの搬入（紙類）によりポイントをためることで、町内の商店で使用できる商品券と交換ができる仕組みがある。[15]

リサイクル率77.2%を誇る上勝町であるが、課題もある。減量化されているものの、焼却、埋め立ては他地域へ依頼をしている。ごみステーションへの搬入について、住居から離れており不便を感じる住民の存在も無視することはできない。廃棄物減量化、リサイクル率向上、環境負荷低減のため、安価な埋め立て処分をやめ、費用を掛ける処理も行っている。

しかしながら、他の地域にとって有効なゴミ対策、廃棄物減量化の取り組みを多く行っている。ここで、リサイクル率上位の市町村（規模別）を表3に示す。

表3　リサイクル率上位の市町村（規模別）

リサイクル率	人口 10 万人未満	人口 10 万人以上50 万人未満	人口 50 万人以上
1	鹿児島県 大崎町 81.9%	東京都 小金井市 49.2%	千葉県 千葉市 32.8%
2	徳島県 上勝町 77.2%	岡山県 倉敷市 48.5%	新潟県 新潟市 27.8%
3	鹿児島県 志布志市 76.1%	神奈川県 鎌倉市 48.2%	神奈川県 横浜市 26.4%

（出所）「一般廃棄物の排出及び処理状況等（平成26年度）について」（環境省）から筆者作成

15　地域発ゼロ・ウェイスト推進活動（http://www.soumu.go.jp/main_content/000063256.pdf）

3．中国：廃棄物減量化のベストプラクティス（北京市門頭溝王平鎮）

　北京市門頭溝王平鎮の常住人口は 6,000 人である。地域には、果樹としてナシ、ナツメ、クルミ、柿、ブドウ、桃、アンズなどや薬用植物がある。石炭、鉱物資源が豊富であり、採掘は長い歴史を持つ。

　王平鎮の生活ゴミは従来、ほかの中国農村と同様に、市民は自由に投棄し、大自然の分解に任せてきた。1990 年代に入ると、生活スタイルの洋式化に伴って、分解できないプラスチック類（特にプラスチック袋）が急増し、地上だけでなく、町周辺の森林と雑木林にも多くのプラスチック袋がかかり、その処理に大変苦労であった（羅 2014）。

　その後、生活ごみ分別の取り組みを始めた。はじめは王平鎮の中の 1 つの村から開始し、次第に王平鎮全体に活動が広がった。プラスチック以外の資源ごみ（ビン、紙など）は各住民が片付け、廃品回収業者に販売する。廃品回収業者が一般的に回収しないプラスチックごみに関しては、住民が一時的に保管し、毎月の決まった日に村が回収することとした。村が回収する際に、住民は洗剤などの生活用品と交換できる仕組みを作った。

　プラスチックごみのみならず、生ごみ、石炭燃え殻などのごみについても、他のゴミが混入しないように分別し、分別がきちんとされてゴミの引き渡しができた場合には、少額のチケットを渡し、集めると生活用品と交換できる仕組みを構築した。

　上記のように、王平鎮のゴミ分別の取り組みが進んだのは、分別することによる経済的インセンティブが大きくかかわっていると考えられる。

　王平鎮政府は毎年、約 1,200 万円（80 万元）の費用をごみ分別に支出しているが、住民のゴミ分別の取り組みが行われる以前には、1,500 万円（100 万元）を超えていたという。

　2016 年 9 月 6 日に門頭溝王平鎮政府がホームページで、プラスチックごみ収集の実例を紹介している。

　　地域の共同体センターに早朝、住民が集まったのは分別したプラスチックごみと生活用品を交換するためである。収集したプラスチックごみを計量、登録するために住民は長い列を作っている。登録後、生活用品の洗剤とプラスチックごみを交換することができる。共同体の規定により 2 キログラムのプラスチックごみ（ビニール袋）が 1 袋の洗剤と交換

できることになっている。1時間足らずで、運搬車両1台分のプラスチックごみが収集された。渡された洗剤は約300袋に上った。共同体は毎月プラスチックごみの回収を行っており、回収されたゴミは鎮堆肥工場に輸送された後、処理が行われる。

王平鎮では2007年に家庭ごみの分別の取り組みを開始し、現在では地域住民の間でごみの分別は当然のこととなって習慣化されている。毎年王平鎮政府は、1,000万円を超える費用をごみ分別に支出している。17の村はプラスチックごみを収集する奨励措置を制定した。毎月決まった日に住民は、プラスチックごみと交換で石鹸、洗剤、醤油、酢などの日用品を受け取ることができる。住民の環境保護意識が向上しており、分別により家庭ごみを減らしたことに伴い、地域の環境衛生が良好となった。(大意)

また2016年10月9日に同政府はホームページで、王平鎮の生ごみ処理についての説明を掲載した。

ごみの分別の効率と、家庭ごみ(生ごみ)資源化の割合を高めるために、王平鎮のごみ処理施設の高性能化を行う。現在の施設では十分に資源化の処理ができていない状況である。今回の更新では発酵槽を持つ生物化学的の設備を導入する。導入にあたり有機廃棄物が効率よく処理できるよう、高速粉砕、混合を行い短い周期で発酵を行う。この施設ではより良質で匂いの発生を抑えた有機肥料へと生ごみを処理することができる。

上記のような取り組みが行われる中で、門頭溝王平鎮のリサイクル率のデータはないものの、門頭溝王平鎮のある北京市のリサイクル率は9.6%(第1章での算出方法による)となっており、他の主な都市と比較すると高めであることが分かる(図5)。リサイクル率は日本と同様に地域により差異がある。

図5　中国各地の廃棄物リサイクル率（%）

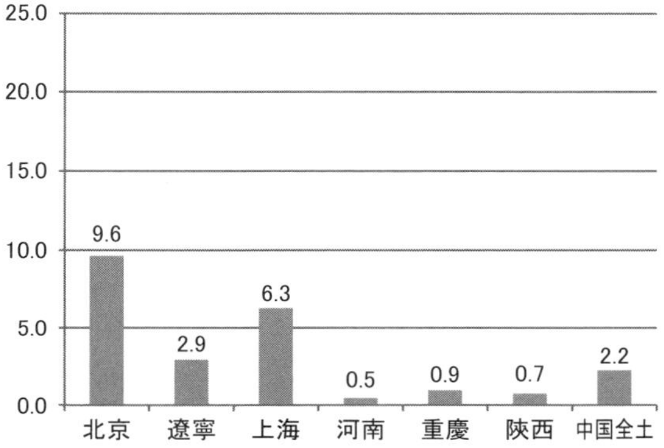

（出所）『中国統計年鑑 2015』の資料数値を用いて筆者が推計

4．日中のベストプラクティス比較と相互に有効なソリューション

　日本（上勝村）と中国（王平鎮）のごみ対策（減量化、分別）の取り組みについての比較表を以下に示す。

表4　ごみ収集状況の比較及び経済的インセンティブの有無

<table>
<tr><th colspan="3">比較内容</th><th>上勝村</th><th>王平鎮</th><th>日本国内（東京都内の平均的な例）</th></tr>
<tr><td rowspan="9">ご
み
収
集</td><td colspan="2">生ごみ</td><td>家庭で資源化</td><td>回収</td><td>回収</td></tr>
<tr><td colspan="2">経済的
インセンティブ</td><td>△
生ごみ処理機補助金</td><td>○
少額チケット</td><td>△
生ごみ処理機補助金</td></tr>
<tr><td rowspan="7">資
源
ご
み</td><td>プラスチックごみ</td><td>自己搬入</td><td>自己搬入</td><td>回収</td></tr>
<tr><td>経済的
インセンティブ</td><td>×</td><td>○
生活用品と交換</td><td>×</td></tr>
<tr><td>紙、段ボール</td><td>自己搬入</td><td>業者に販売</td><td>回収</td></tr>
<tr><td>経済的
インセンティブ</td><td>○
（地域通貨の
ポイント付与）</td><td>○
販売による収入</td><td>×
（集団回収の場合、
報奨金支給）</td></tr>
<tr><td>他</td><td>自己搬入</td><td>業者に販売</td><td>回収</td></tr>
<tr><td>経済的
インセンティブ</td><td>×</td><td>○
販売による収入</td><td>×</td></tr>
</table>

ごみの分別、リサイクル率で成功を収めている日本の上勝村、中国の王平鎮の特徴は、当該地域の規模が比較的小さいことが挙げられる。上勝村と王平鎮の人口はそれぞれ約 2,000 人、6,000 人である。規模が大きくなるにつれリサイクル率が下がることが表 3 から読み取ることができる。

また、経済的インセンティブが上勝村と王平鎮は他に比べると効いていると考えられる。ゴミ処理促進のための経済的インセンティブが効果的であるが、自治体にとり支出の増加を伴う施策では実施されることはないであろう。王平鎮のように、「分別の取り組み＋経済的インセンティブ」の取り組みの費用が、取り組み前の費用を下回る仕組みづくりが必要と言える。

おわりに

日本の上勝町と中国の王平鎮の一般廃棄物（生活ごみ）の処理、減量化、リサイクル率向上の取り組みを示し、比較を行った。両者に共通する特徴は、経済的インセンティブと小規模のコミュニティーである。また、王平鎮の特徴としてプラスチックごみを除く資源ごみ（紙、段ボール、ビン、缶など）は業者が買い取ることである。

経済的インセンティブの実施には第 4 章で述べたように、自治体にとっての費用削減が伴わなくてはならない。費用削減は、一見不可能なように考えられるが、王平鎮の例もその通りであるように、分別が収入を生むのである。分別が行われていない廃棄物では、費用を負担し、処理を業者に依頼することになる。しかし、分別が行われた場合は、廃棄物が有価（価値を持つ資源）となり、業者が買い取りをする。この仕組みを利用することで、経済的インセンティブの実施できる可能性が高まる。

規模が大きい自治体においては、小規模単位の複数のコミュニティーという考え方を持って一般廃棄物処理の取り組みを進めることが、効率的と考えられる。

現在、業者による資源ごみの買い取り（個人の住民から）は行われていないが、王平鎮で行われている資源ごみの業者買い取りの仕組み導入も施策の一つとして良いと考える。資源ごみの業者買い取りの利点は、分別した住民に経済的インセンティブがあることと、対面での買い取りであるため、分別がしっかり行われていない場合は業者が買い取りを拒否できることである。これは、住民が分別をしっかり間違いなく行う動機となる。

また、買い取り業者は民間企業であるものの、行政の業務の一翼を担うと

いう意味で民間委託とし、行政のコントロール範囲に入れておくことを考慮することが、円滑に廃棄物処理を進めるうえで重要となろう。

　日本、中国両国は空と海でつながっており、廃棄物処理は両国が両輪となって進めていくべきものと考える。廃棄物の減量と適正処理が必ずや両国の発展につながると確信している。

参考文献：

（日本語文献）

環境省大臣官房（2016）「一般廃棄物の排出及び処理状況等（平成26年度）について」2016年2月22日発表

羅歓鎮（2014）「中国における生活ゴミの分別収集：北京市の事例」The Journal of Tokyo Keizai University：Economics（http://hdl.handle.net/11150/6674）

（日本語インターネット）

上勝町（2015）まちのデータ（http://www.kamikatsu.jp/、2016年10月21日取得）

（中国語文献）

国家統計局『中国統計年鑑2009～2015』

（中国語インターネット）

门头沟区王平镇政府（2016）「王平镇简介」
（http://wp.bjmtg.gov.cn/cenep/portal/user/anon/page/mtgwp_HomePage.page、2016年10月21日取得）

门头沟区王平镇政府（2016）「回收白色垃圾增强环保意识」
（http://wp.bjmtg.gov.cn/cenep/portal/user/anon/page/mtgwp_CMSItemInfoPage.page?objid=684f638f2bd54fb1914cd7f78f927ac9&channel=030、2016年10月21日取得）

门头沟区王平镇政府（2016）「王平镇生活垃圾处理厂升级改造项目启动」
（http://wp.bjmtg.gov.cn/cenep/portal/user/anon/page/mtgwp_CMSItemInfoPage.page?objid=dee560a97e9b464693ede43fb5ecb268&channel=030、2016年10月21日取得）

付録

日中関係学会主催「第5回宮本賞（学生懸賞論文）」募集のご案内

2016年6月

　日中関係学会では以下の要領で、「第5回宮本賞(学生懸賞論文)」の論文募集を行います。若い世代の皆さんが日本と中国ないし東アジアの関係に強い関心を持ち、よりよい関係の構築のために大きな力を発揮していただきたい。また日中関係学会の諸活動に積極的に参加し、この地域の世論をリードしていってもらいたい。宮本賞はそのための人材発掘・育成を目的とし、2012年からスタートしました。

　論文のテーマは日中の政治、経済、文化など幅広い分野を対象としています。専門性の高い研究論文ももちろん歓迎しますが、それだけに限りません。実践報告や体験談をレポート形式でまとめていただいても構いません。オリジナリティがあり、これからの日中関係について明確なメッセージを持った論文・レポートを期待しています。

　応募は「A：学部生の部」と「B：大学院生の部」に分かれており、審査によってそれぞれの部から最優秀賞1本、優秀賞若干本を選びます。また応募者多数の場合には、佳作若干本をそれぞれに設けます。最優秀賞には副賞として10万日本円、優秀賞には3万日本円、佳作には5000日本円（図書券）をそれぞれ贈呈します。また受賞者論文集を日本僑報社から発刊予定です。

　昨年の第4回宮本賞には、「A：学部生の部」に24本、「B：大学院生の部」に27本、合計51本の応募がありました。この中から「A：学部生の部」では最優秀賞1本、優秀賞3本、佳作2本を選びました。また、「B：大学院生の部」では、優秀賞4本、佳作3本を選びました（最優秀賞は該当者なし）。

　このほか、受賞者全員に日中関係学会への入会資格が与えられます（卒業まで年会費無料）。また、中国国内の大学から応募し、受賞した方の中から、特に優れた3～4名を東京での受賞者発表会に招待します（3月半ばに開催）。

　なお、中国人受賞者の招請（交通費・宿泊費）や受賞者発表会の開催については、国際交流基金から資金助成を受けております。

　皆さん、奮ってご応募ください。

1 募集内容
（1）テーマ：本と中国ないし東アジアの関係に関わる内容の論文、レポート。政治・外交、経済・経営・産業、文化・教育・社会、環境、メディアなどを対象とします。なお論文の最後の部分で、論文内容がこれからの日中関係にどのような意味を持つか、提言も含めて必ず書き入れてください。
（2）応募資格：
A：学部生の部＝大学の学部生
B：大学院生の部＝①大学院の修士課程学生、博士課程学生、聴講生、研究生
②学部・大学院を卒業・修了・満期退学後３年以内で、研究職に就いていない人

〈注〉A・Bともにグループによる共同執筆が可能です（昨年は３つのグループの共同執筆論文が応募され、そのうちの１つが最優秀賞を獲得しました）。また、海外からの投稿も大いに歓迎します。もちろん、非会員の方でも投稿できます。

（3）執筆言語：日本語で執筆してください。
（4）字　　数：字数には図表、脚注、参考文献を含みます。字数制限を厳守してください。特に上限を大幅に超えた場合には、字数調整をお願いすることがあります。
A：学部生の部 ＝ 8,000 ～ 10,000 字
B：大学院生の部 ＝ 8,000 ～ 15,000 字
（5）応募方法：
●応募の申請（エントリー）：
応募を希望される方は、以下の項目を全て記載し、応募の申請を2016年9月30日（金）までに行ってください。
①氏名（フリガナ）　②大学名・学部名・学年／大学院名・研究科名・学年　③性別　④指導教員　⑤住所・郵便番号　⑥電話番号　⑦メールアドレス
●論文・レポートの提出：
応募者は2016年10月31日（月）までに、論文・レポートを提出してください。期限を過ぎますと応募資格を失いますので、ご注意ください。なお提出の際に、論文・レポートとは別に、論文・レポートの要約（約400字）を作成し、添付してください。

●応募の申請先、論文・レポートの提出先：（略）
（6）その他：
　①投稿論文は未発表のものに限ります。他に投稿した原稿と同一の場合は不可です。
　②受賞者（最優秀賞、優秀賞、佳作）は、受賞発表後に同一原稿を他に投稿することを一定期間控えるようにしてください。
　③受賞論文（最優秀賞、優秀賞、佳作）は、学会のニューズレターおよびホームページに、全文あるいは要旨を掲載します。あらかじめご了解ください。
　④受賞論文集（最優秀賞、優秀賞、佳作）を発刊いたしますので、あらかじめご了解ください。その場合の論文の著作権は、日中関係学会に属します。
　⑤投稿された原稿は返却いたしません。
　⑥受賞者の発表はご本人に直接連絡するほか、ホームページ上に掲載します。

2　表彰および副賞
　　　　A：学部生の部＝最優秀賞1本（表彰状および副賞10万日本円）、優秀賞若干本（表彰状および副賞3万日本円）を選びます。また応募者多数の場合には、佳作（表彰状および図書券5000円相当）を設けることがあります。
　　　　B：大学院生の部＝最優秀賞1本（表彰状および副賞10万日本円）、優秀賞若干本（表彰状および副賞3万日本円）を選びます。また応募者多数の場合には、佳作（表彰状および図書券5000円相当）を設けることがあります。

3　審査委員　　　　　　　（後述）

4　その他
（1）受賞者全員に、日中関係学会への入会資格が与えられます。卒業まで年会費無料の特典が付きます。受賞の直後に卒業の場合は、社会人になっても一年間だけ年会費無料で入会できます。
（2）中国国内の大学から応募し、受賞した方の中から、特に優れた3〜4名を東京での受賞者発表会に招待します。国際航空運賃・東京での宿泊費は、学会が全額負担します。

　宮本賞については毎年、様々なマスコミで取り上げられております。毎日新聞、中日新聞、NHKラジオ、人民日報、チャイナネット、ダイヤモンド・オンラインなどです。
　詳細は以下のサイトでご覧になってください。受賞論文一覧や参加大学一覧なども見ることができます）
　　　　　　　http://www.mmjp.or.jp/nichu-kankei/

これまでの主な応募大学一覧　　順不同

（中国大陸の大学）
　●中国人民大学（北京）　●北京外国語大学（北京）
　●北京第二外国語学院（北京）　●北京理工大学（北京）
　●北京師範大学（北京）　●中国政法大学（北京）　●首都師範大学（北京）
　●上海交通大学　●上海海事大学　●上海商学院（上海）
　●上海外国語大学（上海）　●東華大学（上海）　●青島濱海学院（山東）
　●青島大学（山東）　●山東大学（山東）　●曲阜師範大学（山東）
　●浙江工商大学（浙江）　●三江大学（江蘇）　●南京師範大学（江蘇）
　●南京大学（江蘇）　●中国江南大学（江蘇）　●武漢大学（湖北）
　●広東外国語外貿大学（広東）　●西南大学（重慶）
　●大連外国語大学（遼寧省）　●吉林華僑外国語学院（吉林）

（日本国内の大学）
　●東京大学　●東京外国語大学　●東京学芸大学　●大阪大学
　●神戸大学　●山梨県立大学　●愛知県立大学　●静岡県立大学

●早稲田大学　●立命館大学　●同志社大学　●明治大学　●日本大学
●中央大学　●関東学院大学　●愛知大学　●麗澤大学
●京都外国語大学　●大東文化大学　●関西大学　●名城大学
●明星大学　●二松学舎大学　●桜美林大学　●明海大学

◆◆◆

第5回宮本賞：審査委員会・推薦委員会・実行委員会メンバー

審査委員会
審査委員長
　　　宮本雄二　　　元駐中国大使、日中関係学会会長
審査委員
　　学部生の部
　　　大久保勲　　　福山大学名誉教授、日中関係学会顧問
　　　加藤青延　　　NHK解説委員、日中関係学会副会長
　　　佐藤保　　　　元お茶の水女子大学学長、日中関係学会顧問
　　　林千野　　　　双日株式会社海外業務部中国デスクリーダー、日中関
　　　　　　　　　　係学会理事
　　　藤村幸義　　　拓殖大学名誉教授、日中関係学会副会長
　　大学院生の部
　　　江原規由　　　国際貿易投資研究所チーフエコノミスト、日中関係学
　　　　　　　　　　会監事
　　　加藤青延　　　NHK解説委員、日中関係学会副会長
　　　北原基彦　　　日本経済研究センター主任研究員、日中関係学会評議員
　　　杜進　　　　　拓殖大学教授
　　　吉田明　　　　前清華大学外国語学部日本語教員、元朝日新聞記者、日
　　　　　　　　　　中関係学会会員

推薦委員会（あいうえお順）
　　　王敏　　　　　法政大学教授、日中関係学会評議員
　　　岡田実　　　　拓殖大学国際学部教授、日中関係学会評議員
　　　郝燕書　　　　明治大学経営学部教授、日中関係学会会員

梶田幸雄	麗澤大学教授、日中関係学会会員
加茂具樹	慶應義塾大学総合政策学部教授
刈間文俊	東京大学大学院総合文化研究科教授
川西重忠	桜美林大学教授、日中関係学会理事
川村範行	名古屋外国語大学特任教授、日中関係学会副会長
菅野真一郎	東京国際大学教授、日中関係学会評議員
近藤伸二	追手門大学経済学部教授、日中関係学会会員
周瑋生	立命館大学政策科学学部博士、日中関係学会会員
徐一平	北京外国語大学教授、北京日本学研究中心主任
鈴木隆	愛知県立大学准教授
砂岡和子	早稲田大学政治経済学術院教授
諏訪一幸	静岡県立大学国際関係学部教授、日中関係学会会員
高久保豊	日本大学商学部教授、日中関係学会理事
張厚泉	東華大学教授、日中関係学会会員
張兵	山梨県立大学国際政策学部教授、日中関係学会会員
服部治	松蔭大学教授、日中関係学会会員
範雲涛	亜細亜大学、日中関係学会評議員
馬場毅	愛知大学教授、日中関係学会評議員
細川孝	龍谷大学経営学部教授、日中関係学会会員
水野一郎	関西大学教授、日中関係学会会員
結城佐織	大東文化大学外国語学部非常勤講師、日中関係学会会員

（注：このほか中日関係史学会をはじめ、中国の各大学の諸先生や宮
本賞の過去の受賞者などの方々にも、論文推薦のご協力をいた
だきました）

実行委員会
実行委員長

| 加藤青延 | NHK 解説委員、日中関係学会副会長 |

委員

藤村幸義	拓殖大学名誉教授、日中関係学会副会長
江越眞	監査法人アヴァンティアシニアアドバイザー、日中関係学会副会長
川村範行	名古屋外国語大学特任教授、日中関係学会副会長

　　　　　青木俊一郎　一般社団法人日中経済貿易センター理事長、日中関係学会副会長
　　　　　内田葉子　　スポーツプログラマー、日中関係学会理事
　　　　　林千野　　　双日株式会社海外業務部中国デスクリーダー、日中関係学会理事
　　　　　北原基彦　　日本経済研究センター主任研究員、日中関係学会評議員
　　　　　三村守　　　日中関係学会評議員
　　　　　吉田明　　　前清華大学外国語学部日本語教員、元朝日新聞記者、日中関係学会会員

第1回宮本賞受賞者（2012年）

最優秀賞（1編）
　謝宇飛（日本大学大学院商学研究科博士前期課程2年）
　　アジアの未来と新思考経営理論　―「中国発企業家精神」に学ぶもの―

優秀賞（2編）
　宣京哲（神奈川大学大学院経営学研究科博士後期課程修了）
　　中国における日系企業の企業広報の新展開
　　―「期待応答型広報」の提唱と実践に向けて―

　馬嘉繁（北海道大学大学院経済学研究科博士後期課程）
　　中国国有企業における民主的人事考課の実相
　　―遼寧省における国有銀行の事例分析―

奨励賞（3編）
　周曙光（法政大学大学院人文科学研究科修士課程2年）
　　清末日本留学と辛亥革命
　　―留学ブームの成因及び辛亥革命への影響の一考察―

　長谷亮介（法政大学大学院人文科学研究科博士後期課程1年）

現状において日中関係を阻害する要因の考察と両国の将来についての展望

山本　美智子（中国・清華大学国際関係学研究科修士課程）
　日中国交正常化以降の両国間の経済貿易関係
　―日中経済貿易関係に影響を与える政治要因を分析する―

努力賞（1編）
沈　道静（拓殖大学国際学部 4 年）
　尖閣問題を乗り越えるには

第 2 回宮本賞受賞者（2013 年）

最優秀賞（1編）
江暉（東京大学学際情報学府 III 博士課程）
　中国人の『外国認識』の現状図
　〜 8 ヶ国イメージ比較を通じて日本の位置づけに焦点を当てて

優秀賞（3編）
長谷川玲奈（麗澤大学外国語学部 4 年）
　中国人富裕層をターゲットとするメディカルツーリズムの可能性
　〜亀田総合病院の事例研究を中心に〜

周会（青島大学日本語学部 3 年）
　冬来たりなば春遠からじ　―中日関係への体験談―

佐々木亜矢（愛知大学現代中国語学部卒業、中青旅日本株式会社中部営業本部勤務）
　華僑・華人のアイデンティティについて
　―変化し続けるアイデンティティ―

佳作（4編）
鈴木菜々子（明治大学経営学部 4 年）
　中国における日系小売業の企業内教育に関する一考察
　―CIY 社の事例より―

劉暁雨（立命館アジア太平洋大学アジア太平洋学部4年）
心の繋がりからみる東アジア平和的な未来

桑建坤（西南大学4年）
中日両国の社訓に関する対照考察

龔奚珑（上海外国語大学研究生部修士課程卒業）
中国市場におけるユニクロの成功要因　—ブランド構築を中心に—

第3回宮本賞受賞者（2014年）

最優秀賞（1編）
間瀬有麻奈（愛知県立大学外国語学部中国学科4年）
日中間の多面的な相互理解を求めて

優秀賞（6編）
佐々木沙耶（山梨県立大学国際政策学部3年）
日中間における歴史教育の違いに関する一考察

陸小璇（中国人民大学4年）
日本人の『甘え』心理の働き方　—漫画『ドラえもん』を中心に—

韓静ほか6人（日本大学商学部3年）
日本における外国人学生の就職と大学の支援施策に関する一考察

陳嵩（東京大学大学院学際情報学府博士課程後期課程5年）
尖閣諸島（釣魚島）問題をめぐる反日デモに対する中国民衆の参加意欲
および規定要因に関する所得階層ごとの分析

丁偉偉（同志社大学大学院社会学研究科博士後期課程2年）
日中関係促進とテレビ番組の役割に関する一考察
—中国中央テレビ『岩松が日本を見る』の分析を例に—

王鳳陽（立命館大学・政策科学研究科・D2）
食品安全協力の視点から日中関係の改善を考える

付録　227

佳作（5編）

丸山健太（早稲田大学政治経済学部国際政治経済学科3年、北京大学国際
　　　　　関係学院双学位留学生）
　中国における非効率的市場の存続
　―売り手の行動に着目したゲーム理論的分析とその原因の考察―

渡辺航平（早稲田大学法学部3年、北京大学国際関係学院）
　僕らの日中友好@北京活動報告レポート

耿小薊（中国人民大学日本語学科13年卒業）
　日本メディアの中国進出についての研究
　―『朝日新聞中文網』の中国報道記事を中心に―

王暁健さん（中国人民大学国際関係学院外交学系大学院1年）
　中日協力の視点から見る東アジア経済一体化の可能策

張鶴達（神戸大学大学院法学研究科国際関係論研究生）
　日本の対中政策における支援と抑止－長期的戦略と短期的目標－

第4回宮本賞受賞者（2015年）

最優秀賞（1編）

方淑芬（日本大学商学部3年）、董星（同4年）、関野憲（同3年）、
陳文君（同3年）、小泉裕梨絵（同2年）、姜楠（同2年）
　日中経済交流の次世代構想　〜華人華僑の新しい日本展開を巡って〜

優秀賞（7編）

幡野佳奈（山梨県立大学国際政策学部4年）
　日中映画交流の歴史と意義　〜高倉健の事例を中心に〜

倪木強（日本大学商学部3年）、佐藤伸彦（同4年）、趙宇鑫（同3年）、
韓姜美（同3年）、林智英（同2年）
　日本企業は中国リスクをどう捉えるか
　〜中国労働者の権利意識に関するアンケート調査からの示唆〜

福井麻友（明治大学経営学部 4 年）

　在中日系企業の中間管理者の確保に関する一考察

張鴻鵬（名城大学法学研究科博士課程後期 3 年）

　陸軍中将遠藤三郎の『非戦平和』思想と日中友好活動

龍蕾（広東外語外貿大学東方言語文化学院日本語言語文化研究科博士課程前期 2 年）

　中国清朝末期における福沢諭吉認識への一考察

堀内弘司（早稲田大学アジア太平洋研究科博士課程 2015 年 3 月修了）

　中国在住の日本人ビジネスパーソンらの異文化社会適応のアスペクト

　―Swidler の『道具箱としての文化』の理論を援用した考察―

胡優（立命館大学大学院政策科学研究科博士課程前期 2 年）

　日中韓三国の排出権取引制度のリンクについて

佳作（5 編）

　西野浩尉（明治大学経営学部 4 年）

　　日中企業の評価制度比較と企業経営への影響

　艾鑫（北京師範大学外国言語文学学院 4 年）

　　戦後国民党対日賠償放棄の出発点についての研究

　　―蒋介石『以徳報怨』の方針と賠償請求権の放棄をめぐって

　盧永妮（北京外国語大学北京日本学研究センター社会コース博士課程前期 2 年）

　　21 世紀初頭における日本経済界の対中認識について

　宋鄧鵬（広東外語外貿大学東方言語文化学院日本語言語文化研究科博士課程前期 1 年）

　　中国人の爆買いをめぐる一考察

　李書琴（北京外国語大学北京日本学研究センター社会コース博士課程前期 2 年）

　　中日関係における国家中心主義及びその衝撃

■監修　宮本雄二（みやもと　ゆうじ）

1969年外務省入省。3度にわたりアジア局中国課に籍を置くとともに、北京の在中華人民共和国日本国大使館駐在は3回を数える。90年から91年には中国課長を、2006年から10年まで特命全権大使を務める。このほか、85年から87年には軍縮課長、94年にはアトランタ総領事、01年には軍備管理・科学審議官、02年には駐ミャンマー特命全権大使、04年には沖縄担当大使を歴任。現在は宮本アジア研究所代表、日中友好会館副会長、日本日中関係学会会長。著書に『これから、中国とどう付き合うか』（日本経済新聞出版社）、『激変ミャンマーを読み解く』（東京書籍）、『習近平の中国』（新潮新書）。

■編者　日本日中関係学会

21世紀の日中関係を考えるオープンフォーラムで、「誰でも参加できる」「自由に発言できる」「中国の幅広い人々と交流していく」をキャッチフレーズに掲げている。主な活動としては、①研究会・シンポジウムを随時開催、②毎年、「宮本賞」学生懸賞論文を募集、③学生を中心とした青年交流部会を開催、④ビジネス実務者による中国ビジネス事情研究会の開催、⑤ホームページ「中国NOW」で、中国の政治・経済などの情報を提供、⑥newsletter（年3回）の発行、などがある。会員は約450名。

若者が考える「日中の未来」vol.3
日中外交関係の改善における環境協力の役割

2017年3月31日初版第1刷発行

監　修　宮本雄二（みやもと　ゆうじ）
編　者　日本日中関係学会
発行者　段景子
発売所　株式会社日本僑報社
　　　　〒171-0021 東京都豊島区西池袋3-17-15
　　　　TEL03-5956-2808　FAX03-5956-2809
　　　　info@duan.jp
　　　　http://jp.duan.jp
　　　　中国研究書店 http://duan.jp

2017 Printed in Japan.　ISBN978-4-86185-236-7　C0036

日中関係学会会員の本

学生懸賞論文集
若者が考える「日中の未来」シリーズ

若者が考える「日中の未来」Vol.1
日中間の多面的な相互理解を求めて

2014年に行った第3回宮本賞（学生懸賞論文）で、優秀賞を受賞した12本を掲載。若者が考える「日中の未来」第一弾。

```
監修  宮本雄二
編集  日本日中関係学会
定価  2500円＋税
ISBN  978-4-86185-186-5
刊行  2015年
```

若者が考える「日中の未来」Vol.2
日中経済交流の次世代構想

2015年に日本日中関係学会が募集した第4回宮本賞（日中学生懸賞論文）で、最優秀賞などを受賞した13本の論文を全文掲載。

```
監修  宮本雄二
編集  日本日中関係学会
定価  2800円＋税
ISBN  978-4-86185-223-7
刊行  2016年
```

日中関係学会会員の本

日中対立を超える「発信力」
～中国報道最前線 総局長・特派員たちの声～

段躍中 編

1972年以降、かつて経験したことのない局面を迎えていると言われる日中関係。双方の国民感情の悪化も懸念される2013年夏、中国報道の最前線の声を緊急発信すべくジャーナリストたちが集まった！

四六判240頁 並製 定価1350円＋税
2013年刊 ISBN 978-4-86185-158-2

中国の"穴場"めぐり

日本日中関係学会 編

宮本雄二氏、関口知宏氏推薦!!
「ディープなネタ」がぎっしり！
定番の中国旅行に飽きた人には旅行ガイドとして、また、中国に興味のある人には中国をより深く知る読み物として楽しめる一冊。

A5判160頁 並製 定価1500円＋税
2014年刊 ISBN 978-4-86185-167-4

上海万博とは何だったのか
日本館館長の184日間

江原規由 著

上海万博で大人気を博した日本。その人気の秘訣はなんだったのか？中国の経済、社会、そして、人々のダイナミズムとエネルギー、中国と世界の関係など、上海万博をフィルターにして論じる。

A5判232頁並製 定価1800円＋税
2011年刊 ISBN 978-4-86185-121-6

NHK特派員は見た
中国仰天ボツネタ＆マル秘ネタ

加藤青延 著

中国取材歴30年の現NHK解説委員・加藤青延が現地で仕入れながらもニュースにはできなかったとっておきのボツネタを厳選して執筆。

四六判208頁 並製 定価1800円＋税
2014年刊 ISBN 978-4-86185-174-2

日中関係が困難なときだからこそ
中国潮流

杉田欣二 著

中国社会と日中関係の目まぐるしい変化を観察し、日中ビジネス専門紙に連載したコラムを一冊に収録。現在の日中関係を把握するうえでぜひ読んでおきたい一冊。

A5判208頁 並製 定価1500円＋税
2013年刊 ISBN 978-4-86185-154-4

日中関係とODA
対中ODAをめぐる政治外交史入門

岡田実 著

菱田雅晴・法政大学教授推薦!!
中国との関係をどう結ぶか、具体的な対処案を真剣に描こうとするひとびと、あるいは、日中関係を、国交正常化以来の歩みとして基礎から学ぼうとするひとびとに、本書を薦めたい。

四六判208頁 並製 定価1800円＋税
2014年刊 ISBN 978-4-86185-174-2

新中国に貢献した日本人たち

中日関係史学会 編
武吉次朗 訳

元副総理・故藤田正晴氏推薦!!
埋もれていた史実が初めて発掘された。登場人物たちの高い志と壮絶な生き様は、今の時代に生きる私たちへの叱咤激励でもある。
－後藤田正晴氏推薦文より

A5判454頁 並製 定価2800円＋税
2003年刊 ISBN 978-4-93149-057-4

なんでそうなるの？
―中国の若者は日本のここが理解できない

段躍中 編

第11回中国人の日本語作文コンクール上位入賞作を一挙掲載した本書には、一般の日本人にはあまり知られない中国の若者たちの等身大の姿や、ユニークな「生の声」がうかがい知れる力作がそろっている。

A5判272頁 並製 定価2000円＋税
2015年刊 ISBN 978-4-86185-208-4

日本僑報社好評既刊書籍

悩まない心をつくる人生講義
アメリカの名門CarletonCollege発、全米で人気を博した
―タオイズムの教えを現代に活かす―

チーグアン・ジャオ 著
町田晶（日中翻訳学院）訳

2500年前に老子が説いた教えにしたがい、肩の力を抜いて自然に生きる。難解な老子の哲学を分かりやすく解説し米国の名門カールトンカレッジで好評を博した名講義が書籍化！

四六判247頁 並製 定価1900円＋税
2016年刊 ISBN 978-4-86185-215-2

日中中日翻訳必携 実戦編Ⅱ

武吉次朗 著

日中翻訳学院「武吉塾」の授業内容を凝縮した「実戦編」第二弾！脱・翻訳調を目指す訳文のコツ、ワンランク上の訳文に仕上げるコツを全36回の課題と訳例・講評で学ぶ。

四六判192頁 並製 定価1800円＋税
2016年刊 ISBN 978-4-86185-211-4

中国人の価値観
―古代から現代までの中国人を把握する―

宇文利 著
重松なほ（日中翻訳学院）訳

かつて「礼節の国」と呼ばれた中国に何が起こったのか？
伝統的価値観と現代中国の関係とは？
国際化する日本のための必須知識。

四六判152頁 並製 定価1800円＋税
2015年刊 ISBN 978-4-86185-210-7

Made in Chinaと日本人の生活
第六回日本人の中国語作文コンクール受賞作品集
中国のメーカーが与えた日本への影響

段躍中 編

駐日特命全権大使 程永華氏推薦!!
両国のより多くの人々がお互いの言語と文化を学び、民間交流の促進と友好関係の増進に積極的に貢献されるよう期待しております。
－程永華氏推薦文より

A5判216頁 並製 定価2000円＋税
2011年刊 ISBN 978-4-86185-110-0

春草
～道なき道を歩み続ける中国女性の半生記～

裘山山 著、于暁飛 監修
徳田好美／隅田和行 訳

東京工科大学 陳淑梅教授推薦!!
中国の女性作家・裘山山氏のベストセラー小説で、中国でテレビドラマ化され大反響を呼んだ『春草』の日本版。

四六判448頁 並製 定価2300円＋税
2015年刊 ISBN 978-4-86185-181-0

中国式コミュニケーションの処方箋

趙啓正／呉建民 著
村崎直美 訳

なぜ中国人ネットワークは強いのか？中国人エリートのための交流学特別講義を書籍化。
職場や家庭がうまくいく対人交流の秘訣。

四六判243頁 並製 定価1900円＋税
2015年刊 ISBN 978-4-86185-185-8

現代中国カルチャーマップ
百花繚乱の新時代

孟繁華 著
脇屋克仁／松井仁子（日中翻訳学院）訳

悠久の歴史とポップカルチャーの洗礼、新旧入り混じる混沌の現代中国を文学・ドラマ・映画・ブームなどから立体的に読み解く1冊。

A5判256頁 並製 定価2800円＋税
2015年刊 ISBN 978-4-86185-201-5

日本語と中国語の落し穴
同じ漢字で意味が違う
用例で身につく「日中同字異義語100」

久佐賀義光 著
王達 中国語監修

"同字異義語"を楽しく解説した人気コラムが書籍化！中国語学習者だけでなく一般の方にも。漢字への理解が深まり話題も豊富に。

四六判252頁 並製 定価1900円＋税
2015年刊 ISBN 978-4-86185-177-3

日中文化 DNA 解読
―心理文化の深層構造の視点から―

昨今の皮相な日本論、中国論とは一線を画す名著。
中国人と日本人の違いとは何なのか？
文化の根本から理解する日中の違い。

中国人と日本人　双方の違いとは何なのか？

中国人と日本人の違いとは何なのか？本書では経済や政治など時代によって移り変わる表層ではなく普段は気づくことのない文化の根本部分、すなわち文化のDNAに着目しそれを解読する。政治や経済から距離をおいて両国を眺めてみれば、連綿と連なる文化のDNAが現代社会の中で様々な行為や現象に影響をあたえていることが分かる。文化学者としての客観的な視点と豊富な知識から日本人と中国人の文化を解説した本書は中国、台湾でロングセラーとなり多くの人に愛されている。昨今の皮相な日本論、中国論とは一線を画す名著。

著者　尚会鵬
訳者　谷中信一
定価　2600円＋税
ISBN　978-4-86185-225-1
刊行　2016年

同じ漢字で意味が違う
日本語と中国語の落し穴
用例で身につく「日中同字異義語100」

中国日本商会発行
メルマガの人気コラム！

"同字異義語"を楽しく解説した人気コラムが書籍化！中国語学習者だけでなく一般の方にも。漢字への理解が深まり話題も豊富に。

著者　久佐賀義光
監修　王達
定価　1900円＋税
ISBN　978-4-86185-177-3
刊行　2015年

日本の「仕事の鬼」と中国の〈酒鬼〉

漢字を介してみる
日本と中国の文化

鄧小平訪日で通訳を務めたベテラン外交官の新著ビジネスで、旅行で、宴会で、中国人もあっと言わせる漢字文化の知識を集中講義！
日本図書館協会選定図書

編著　冨田昌宏
定価　1800円＋税
ISBN　978-4-86185-165-0
刊行　2014年

目覚めた獅子
中国の新対外政策

中国の新しい対外政策が分かる一冊

急激な成長を背景に国際社会での発言力を増す中国。今後この大国はどのように振る舞うのか？
経済のプロフェッショナルが、中国が世界経済の一員として歩むべき未来を提示する。

著者　黄衛平
訳者　森永洋花
定価　2800円＋税
ISBN　978-4-86185-202-2
刊行　2015年

現代中国カルチャーマップ
―百花繚乱の新時代―

悠久の歴史とポップカルチャーの洗礼

新旧入り混じる混沌の現代中国を文学・ドラマ・映画・ブームなどから立体的によみとく1冊。
具体的な事例を豊富に盛込み、20世紀後半以降の現代中国の文化現象に焦点をあてる。

著者　孟繁華
訳者　脇屋克仁／松井仁子
定価　2800円＋税
ISBN　978-4-86185-201-5
刊行　2015年

第12回中国人の日本語作文コンクール受賞作品集
訪日中国人、「爆買い」以外にできること
「おもてなし」日本へ、中国の若者からの提言

コンクール史上最多となる5190本の応募作のうち
上位入賞の81本を収録！！

中国の若者たちの生の声

第12回中国人の日本語作文コンクール受賞作品集。日中相互理解の促進をめざし、中国で日本語を学ぶ学生を対象にスタートしたこのコンクールには、12年でのべ3万人超が応募。中国で最も影響力のある作文コンクールとして、また貴重な世論として両国の関心が集まっている。

本書には、過去最多となった5190もの応募作から上位入賞81作品を収録。「訪日中国人、『爆買い』以外にできること」など3つのテーマに込められた、中国の若者たちの「心の声」を届ける！

編者　段躍中
定価　2000円＋税
ISBN　978-4-86185-229-9
刊行　2016年

2016.12.26　日本経済新聞　春秋

流行語にもなった「爆買い」。一時の勢いは衰えたともいわれるが、その隆盛を同じ国の若者はどう感じているのだろう。中国で日本語を学ぶ学生たちの作文集「訪日中国人、『爆買い』以外にできること」が出版されたので読んでみた。彼らの日本旅行記が印象深い。▼演歌好きの学生は初の訪問地に大阪を選ぶ。「浪花恋しぐれ」の舞台、法善寺横丁で盛り上がるため、店の人や客たちと大阪弁で話し込む。歌詞に登場する落語家について解説を受ける。帰国後、店での時間を思い出し感慨深い気持ちになった。「爆買いだけしない中国人、忘れがたい思い出を作ることは難しい」と記す。▼別の学生は長野県の農村にりんごのみずみずしさに「中国のものと全く違う」と思う。無農薬の野菜作りに悩む村人と、公害問題の解決に努力する日本人国内の汚染を体験しよう」と呼びかけている。▼「爆買い」が注目される裏に、マナーの悪さにまゆをひそめるニュアンスを読み取る学生もいる。前向きな好奇心、感受性、清潔感が行間からあふれ、何ともまぶしい。日本で年末年始、当の日本人も異国の出稼ぎラッシュがもうすぐ始まる。日本の若者も異国の出稼ぎラッシュがもうすぐ始まる。日本の若者も異国の素顔を知り、国を見つめ直す経験を積んでほしいと願う。　母

アメリカの名門 CarletonCollege 発、全米で人気を博した

悩まない心をつくる人生講義
―タオイズムの教えを現代に活かす―

元国連事務次長 明石康氏推薦！

無駄に悩まず、流れに従って生きる老子の人生哲学を、比較文化学者が現代人のため身近な例を用いて分かりやすく解説した。

"パンを手に入れることはもとより大事だが、その美味しさを楽しむことはもっと大事だ"
「老後をのんびり過ごすために、今はとにかく働かねば」と、精神的にも肉体的にも無理を重ねる現代人。いつかやってくる「理想の未来」のために人生を捧げるより今この時を楽しもう。2500年前に老子が説いた教えにしたがい、肩の力を抜いて自然に生きる。難解な老子の哲学を分かりやすく解説し米国の名門カールトンカレッジで好評を博した名講義が書籍化！人生の本質を冷静に見つめ本当に大切なものを発見するための一冊。

著者　尚会鵬
訳者　谷中信一
定価　2600円＋税
ISBN　978-4-86185-225-1
刊行　2016年

新中国に貢献した日本人たち

友好の原点ここにあり！！

埋もれていた史実が初めて発掘された。日中両国の無名の人々が苦しみと喜びを共にする中で、友情を育み信頼関係を築き上げた無数の事績こそ、まさに友好の原点といえよう。登場人物たちの高い志と壮絶な生き様は、今の時代に生きる私たちへの叱咤激励でもある。

　　　―故元副総理・後藤田正晴

新中国に貢献した日本人たち

編 者	中国中日関係史学会
訳 者	武吉次朗
定 価	2800円+税
ISBN	978-4-93149-057-4
刊 行	2003年

続 新中国に貢献した日本人たち

編 者	中国中日関係史学会
訳 者	武吉次朗
定 価	2900円+税
ISBN	978-4-86185-021-9
刊 行	2005年

尖閣諸島をめぐる「誤解」を解く
―国会答弁にみる政府見解の検証―

尖閣問題を冷静な話し合いで解決するためのヒント

孫崎享・岡田充共同推薦！

尖閣問題の矛盾点をつきとめ、こじれた問題を解決するためのヒントとして、日中関係の改善と発展を望むすべての人におススメしたい一冊だ。

著者　笘米地真理
定価　3600円＋税
ISBN　978-4-86185-226-8
刊行　2016年

尖閣列島・釣魚島問題をどう見るか

1．はじめに
2．歴史的事実はどうであったのか
3．明治政府の公文書が示す日本の領有過程
4．日本の領土に編入されてから
5．狭隘な民族主義を煽る口実としての領土問題
6．試される二十一世紀に生きる者の英知

著者　村田忠禧
定価　1300円＋税
ISBN　978-4-93149-087-1
刊行　2004年

日中国益の融和と衝突

日中間では、国益の融和と衝突が、ほぼ同率で存在している。両国は「運命共同体」という依存関係にあるが、同時に、国益を巡る対立と排斥も目立つ。日中関係の根本的な改善は、国民レベルの相互信頼を醸成し、互いに国益において戦略的妥協が求められている。

著 者　殷燕軍
訳 者　飯塚喜美子
定 価　7600円＋税
ISBN　978-4-86185-078-3
刊 行　2008年

中国はなぜ「海洋大国」を目指すのか
—"新常態"時代の海洋戦略—

世界とアジアの現在と未来

本書では、中国にとってあるべき「海洋大国」の姿を、国際海洋法・アメリカやインドなど大国との関係・比較戦略論など、感情論を排した冷静な分析を通して浮かび上がらせる。

著 者　胡波
訳 者　濵口城
発 行　富士山出版社
定 価　3800円＋税
ISBN　978-4-9909014-1-7
刊 行　2016年